W9-AEH-308

Maurice **Grevisse**

Le Petit Grevisse

Grammaire **française**

GREVISSE
LANGUE FRANÇAISE

Maurice **Grevisse**

Le Petit Grevisse

Grammaire **française**

de boeck · duculot

Pour toute information sur notre fonds, consultez notre site web : **www.deboeck.com**

© De Boeck Éducation s.a., 2009
Rue des Minimes 39,   B - 1000 Bruxelles

32ᵉ édition 2009
4ᵉ tirage 2013

Imprimé en Belgique

Dépôt légal 2009/0035/006

ISBN 978-2-8011-0087-5

Avant-propos

En 1939, Maurice Grevisse publiait le *Précis de grammaire française*, trois ans après la première édition du *Bon usage*. Le succès de ce manuel, dans le monde entier, auprès de plusieurs générations d'élèves comme d'innombrables adultes soucieux de vérifier leur bon usage de la langue, est dû à la clarté de son exposé (les termes « clairement » et « clair » sont tous deux présents dans le court avertissement de quinze lignes qui ouvre le volume), à la présentation systématique des différentes parties du discours, à l'exposé exhaustif des règles régissant l'organisation des phrases simples et des propositions subordonnées, à la somme des exemples illustrant chaque cas présenté. Ce succès considérable amena le grammairien à remanier sans relâche son ouvrage. Sans cesse, Maurice Grevisse recherchait des exemples nouveaux dans la fréquentation des grands auteurs français, il se tenait aussi à l'affût de l'évolution de la langue et des recherches des linguistes, pour améliorer ses ouvrages de référence. Presque chaque année, il préparait ainsi une nouvelle édition, revue et améliorée, de son *Précis*.

Les années passant, on aurait pu craindre que ce travail de description des règles de fonctionnement de la langue apparût dépassé. Il n'en est rien. Malgré l'évolution, lente et progressive, de la langue française, malgré le développement de nouvelles théories grammaticales, malgré les propositions, en France, au Québec, en Suisse ou en Belgique, de modifications de certaines règles orthographiques ou morphologiques, le *Précis* est resté un ouvrage de référence partout reconnu et apprécié.

Néanmoins, comme tous les grands monuments de notre patrimoine culturel, il requiert de temps à autre quelques travaux d'aménagement pour conserver l'éclat de sa jeunesse. Comme Maurice Grevisse nous a quittés en 1980, d'autres ont voulu poursuivre ce travail permanent d'actualisation, en écoutant les conseils du poète haïtien René Depestre :

De temps à autre il est bon et juste
de conduire à la rivière
la langue française
et de lui frotter le corps
avec des herbes parfumées qui poussent en amont
de mes vertiges d'ancien nègre marron

Ce beau travail me fait avancer à cheval
sur la grammaire de notre Maurice Grevisse
la poésie y reprend du poil de la bête (...).

La trentième édition, en 1995, a été l'occasion d'une refonte complète de l'ouvrage, tout en respectant la logique d'ensemble de la grammaire, ainsi que la terminologie retenue par M. Grevisse. En effet, contrairement à ce que l'on pourrait croire, une relecture attentive, ligne à ligne, du *Précis* de 1939 (ou plus exactement de sa vingt-huitième édition revue de 1969) n'a guère entraîné de modifications fondamentales dans les descriptions linguistiques. Pour une double raison : d'abord, parce que la langue, dans sa structure et son usage, évolue lentement ; ensuite, parce que le système descriptif choisi par le grammairien est à la fois cohérent et plus nuancé qu'une lecture superficielle (et parfois caricaturale) ne le laisse croire. Cette refonte a d'ailleurs été réalisée en plein accord avec les principes et les règles présentés et discutés de manière exhaustive dans le *Bon Usage*. Le présent volume propose ainsi des renvois systématiques aux paragraphes de la quatorzième édition du *Bon Usage*, afin que le lecteur puisse y retrouver très aisément des développements plus importants, des exemples plus nombreux, des particularités qui n'ont pu être retenues dans ce manuel nécessairement plus succinct.

Le découpage des parties reste donc identique aux éditions précédentes. Les modifications de présentation sont essentiellement d'ordre visuel, afin d'assurer un meilleur confort de lecture et une subdivision mieux articulée des différentes parties de chapitres. Par contre, les exemples sont très souvent renouvelés. Ceux qu'avait retenus M. Grevisse reflétaient les idées de son temps et étaient souvent choisis parmi les auteurs de son époque. Depuis lors, les modes de vie ont continué à évoluer, de nouveaux auteurs sont apparus, la francophonie s'est ouverte à de plus larges horizons. Il est donc opportun de tenir compte de cette évolution pour montrer combien des règles ancestrales continuent à régir la langue la plus actuelle, mais avec des accents renouvelés.

Il est, par exemple, un lieu de changement plus rapide que celui de la syntaxe, c'est le lexique. Si les propositions subordonnées ont peu changé (l'étiquetage en a été modifié par les linguistes, mais non la structure dans son usage réel), les mots qu'elles contiennent vieillissent plus vite ou se transforment. Pour deux raisons, parce que la néologie est une force vive de l'usage, et parce que la législation vient aider à modifier les règles du jeu. Présenter comme exemples de néologisme les termes «pénicilline, télévision, autoroute» semble aujourd'hui assez cocasse pour des élèves nés bien après l'apparition de ces inventions. De même, «U.R.S.S.» est un acronyme dépassé par les évolutions géopolitiques. Mais les phénomènes linguistiques perdurent, et il n'est guère difficile de trouver de nouvelles occurrences, comme «informaticien», «vidéothèque» ou «sida».

Par contre, ce que M. Grevisse n'avait pas prévu, c'est l'interventionnisme législatif répété dans le champ linguistique. Comme à l'époque de Richelieu, les États veulent aujourd'hui imprimer leur marque dans l'évolution de la langue, sanctionner des usages en émergence ou favoriser des évolutions socio-linguistiques. C'est ainsi que, ces dernières années, plusieurs pays francophones ont légiféré pour normaliser certaines incohérences orthographiques ou reconnaître la féminisation des titres, grades et fonctions. Là, le pouvoir politique use de tout son poids pour accélérer des évolutions, ce que le grammairien qui travaille dans le long terme ne pouvait imaginer. Il faut désormais prendre cela en compte.

L'alphabet phonétique international est ainsi introduit pour faire apparaître plus clairement les remarques liées à la prononciation, et relever quelques usages spécifiques à l'oral, dimension à laquelle le *Précis* accordait peu de place. Dans les appendices, une première partie présente précisément les nombreuses variations qui existent dans la langue française, comme dans toutes les langues. Les principales d'entre elles sont liées aux usages différents dans les pratiques orales et écrites. Mais ces variations sont aussi dues aux situations spécifiques de communication présentes dans des communautés linguistiques constituées selon des critères géographiques, culturels, sociaux très disparates. Il y a dès lors de nombreux registres de langue, liés aux contextes multiples dans lesquels celle-ci est utilisée. Ensuite, les rectifications orthographiques publiées par le *Journal officiel de la République française* du 6 décembre 1990, ainsi que les règles de féminisation des noms édictées par diverses instances législatives, sont reproduites en fin d'ouvrage, et parfois signalées en notes de bas de page.

Ainsi, cette nouvelle édition de la grammaire veut à la fois rester fidèle à l'esprit qui présida à sa confection (c'est pourquoi elle reprend le nom du créateur dans son nouveau titre), et tenir compte des évolutions de la langue, en n'oubliant jamais qu'une grammaire est bien sûr un outil descriptif de la langue et de ses usages, mais qu'elle véhicule aussi une certaine conception du monde, des valeurs, une image de la littérature. Aujourd'hui, la littérature francophone ne se limite plus aux auteurs français, et Paris n'est plus la seule référence. Une place est donc ouverte, dans les exemples, aux auteurs belges, suisses, québécois, antillais, algériens, sénégalais... Une place aussi pour l'essai, l'aphorisme, le théâtre, voire le roman policier. Place encore aux écrivains féminins. Mais en jouant cette carte du métissage francophone, il faut se garder de ne retenir que certains effets de mode qui affectent les parlers contemporains. Il ne s'agit pas de courir derrière la dernière nouveauté, pour coller à l'actualité, mais d'intégrer les évolutions de la langue française qui semblent bien installées dans l'usage collectif, de faire place à la trace qu'en donnent aussi les auteurs francophones attentifs à promouvoir cette langue à travers leur création.

C'est en cela qu'une grammaire reste toujours indispensable pour prendre acte de l'état de la langue et de ses règles de fonctionnement, même quand certains pensent que la maîtrise de la grammaire et de l'orthographe n'est qu'un luxe périmé ou une contrainte dont on peut se passer sans dommage. Pourtant, si les règles élémentaires de l'orthographe semblent pouvoir être ignorées pour envoyer un bref message via un téléphone portable, il ne faut pas oublier que les logiciels qui permettent de composer le mot adéquat au départ de la pression des touches numériques ont dû intégrer la totalité du vocabulaire français, en respectant scrupuleusement toutes ses spécificités orthographiques. De la même manière, pour trouver une référence sur un site web, le serveur ne pourra être contacté s'il y a la moindre faute dans l'adresse composée. Dans ce simple geste, la maîtrise de l'orthographe doit être parfaite. Le lexique évolue, de nouveaux idiomes surgissent, au sein de groupes de jeunes, via des modes musicales, dans certaines zones où des sous-groupes se reconnaissent entre eux par l'usage d'un langage spécifique. Mais à chaque fois, si l'invention lexicale et syntaxique est grande, il s'agit de maîtriser les règles forgées en commun pour attester de son appartenance au groupe. Toute communication suppose la connaissance et la maîtrise des règles linguistiques pour participer à l'échange. Aujourd'hui comme hier. Avec cet avantage que l'accès aux sources de référence est désormais bien plus facile pour chacun. En cas d'hésitation sur le sens précis d'un mot, il n'est plus nécessaire de disposer d'un dictionnaire en dix volumes dans sa bibliothèque, tout internaute peut consulter en ligne le *Trésor de la langue française informatisé*, qui fait autorité en matière de lexicologie[1]. D'autres ressources linguistiques sont encore disponibles sur Internet, de la part d'organismes officiels, comme l'Académie française[2] ou

---

1. À l'adresse suivante : http://atilf.atilf.fr. On peut trouver ailleurs, sur Internet, d'autres types de dictionnaires, par exemple, à l'adresse http://www.dicorama.com.

2. À l'adresse http://www.academie-francaise.fr. On y trouve à la fois une version en ligne du *Dictionnaire de l'Académie française* et des remarques nombreuses sur l'usage de la langue.

la Délégation générale à la langue française et aux langues de France[1], ou d'amoureux de la langue française. C'est le signe que celle-ci reste un outil de communication extrêmement dynamique. Apprendre à la maîtriser au mieux, sans dogmatisme, mais avec rigueur, c'est bien l'enjeu d'un manuel de grammaire aujourd'hui. C'est dans ce cadre de référence foisonnant que veut résolument s'inscrire cette nouvelle édition revue du *Précis de grammaire française*, désormais intitulé le *Petit Grevisse*, en hommage à son créateur, et dans un souci affirmé de rappeler sa volonté de proposer un outil directement accessible et utile à tous.

Maurice Grevisse, dans l'avertissement qui ouvrait son *Précis*, avançait comme premier objectif, celui de s'efforcer «de présenter clairement la matière». Nous pensons, dans cette trente-deuxième édition, être resté fidèle à ce souhait, en ayant amélioré la lisibilité de l'ouvrage, tenu compte de quelques évolutions de la langue et modernisé le choix des exemples, dans le droit fil de l'observation et de la description du «bon usage» d'aujourd'hui.

Marc LITS
2009

---

1. À l'adresse http://www.culture.gouv.fr:80/culture/dglf/garde.htm. On trouve aussi des sites de défenseurs de la langue française (par exemple à l'adresse http://www.langue-fr.net) qui proposent de nombreux outils de travail (dictionnaires, règles et exercices d'orthographe, dossiers pédagogiques sur la langue française...) et des liens vers des sites spécialisés dans l'une ou l'autre question linguistique.

Notions préliminaires

1 L'homme exprime principalement ses idées, ses sentiments, ses volontés et ses sensations par la parole, et c'est le **langage parlé**, ou par l'écriture, et c'est le **langage écrit**. Le langage est un outil de communication privilégié pour entrer en contact avec les autres. Il a donc deux fonctions essentielles : l'expression et la communication [1] (**Bu** § 3).

C'est par phrases que nous pensons et que nous parlons ; la **phrase** est un assemblage organisé logiquement et grammaticalement pour exprimer un sens complet ; elle est la véritable unité linguistique.

Le langage est constitué de **sons** qui permettent de former des **mots**, lesquels sont donc un assemblage de sons porteurs de signification.

Le langage écrit représente les sons au moyen d'un système de signes ou caractères appelés **lettres**. Mais il faut se garder de confondre les lettres et les sons. Par exemple, le mot *eau* contient trois lettres mais un seul son. Ces sons s'appellent des **phonèmes**.

2 La **grammaire** (ou **linguistique**) est l'étude systématique des éléments constitutifs d'une langue. Elle comprend :
1° la **phonétique** ou science des sons du langage, des phonèmes ;
2° la **lexicologie** ou science des mots, elle étudie le lexique ;
3° la **morphologie** ou science des diverses formes que certains mots sont susceptibles d'utiliser ;

---

1. Le lecteur trouvera régulièrement des renvois à la quatorzième édition du *Bon Usage* de Maurice Grevisse et André Goosse (De Boeck-Duculot, 2008). Il pourra ainsi découvrir des développements plus importants des notions présentées ici, ou d'autres exemples. Ces renvois sont signalés par le symbole **Bu** ; ils indiquent les numéros des paragraphes auxquels le lecteur peut se référer.

4° la **syntaxe** ou ensemble des règles qui concernent le rôle et les relations des mots dans la phrase (**Bu** § 5) [1].

> **R**emarque
>
> À ces secteurs de base peuvent s'ajouter :
>
> a) la **prononciation** ou manière d'articuler les mots ;
> b) l'**orthographe** ou ensemble des règles permettant d'écrire correctement les mots ;
> c) l'**étymologie**, qui étudie l'origine des mots ;
> d) la **sémantique**, qui est la science des significations des mots.

---

1. Dans le présent ouvrage, on a choisi d'étudier conjointement la *morphologie* et la *syntaxe* des parties du discours. D'autre part, il a paru bon de placer l'étude de la *phrase* et de la *proposition* avant celle des diverses espèces de mots : la connaissance de certaines variations morphologiques des mots suppose, en effet, celle de leurs relations dans la proposition.

Les éléments de la langue

A Les sons

1. Sons et syllabes

3 Les **sons** du langage ou **phonèmes** sont des émissions d'air produites par l'appareil phonateur (ou vocal).

Les principaux organes de la *phonation* (ou émission vocale) sont : les *poumons* ; le *larynx,* sorte d'entonnoir cartilagineux, au travers duquel se tendent, bordant une fente appelée *glotte,* les deux paires de *cordes vocales* ; le *pharynx* (arrière-bouche) ; le *voile du palais* (le petit appendice charnu qui pend au milieu, à l'entrée du gosier, est la *luette*) ; la *langue* ; les *lèvres* (**Bu** § 16).

L'ensemble des mouvements qui règlent la disposition des organes vocaux sur le passage du souffle expiratoire s'appelle *articulation*. La *base d'articulation* est la position des organes vocaux à l'état d'indifférence (donc pendant le silence avec respiration normale).

4 Une **syllabe** est un son ou un groupe de sons que l'on prononce par une seule émission de voix : *Eau, mi-di, é-lé-phant* (**Bu** § 19).

5 Les sons se divisent en voyelles et consonnes.

L'Association phonétique internationale a établi un système de transcription dans lequel chaque phonème est retranscrit par un seul et même signe. La langue française parlée compte ainsi seize voyelles, dix-sept consonnes (plus une, si l'on y intègre le [ŋ] emprunté à l'anglais) et trois semi-voyelles.

L'alphabet phonétique international					
VOYELLES		CONSONNES		SEMI-VOYELLES ou SEMI-CONSONNES	
[a]	date	[b]	*b*on	[j]	*y*eux
[ɑ]	pâte	[d]	*d*éjà	[w]	*ou*i
[e]	pré	[f]	*f*ier	[ɥ]	c*u*ir
[ɛ]	mère	[g]	*g*are		
[ə]	chemin	[k]	*c*ar		
[i]	cri	[l]	*l*oup		
[o]	rose	[m]	*m*ain		
[ɔ]	note	[n]	*n*on		
[ø]	lieu	[p]	*p*ar		
[œ]	peur	[R]	*r*ose		
[u]	trou	[s]	*s*ol		
[y]	pur	[t]	*t*as		
		[v]	*v*er		
[ã]	manger	[z]	*z*éro		
[ɛ̃]	matin	[ʃ]	*ch*at		
[ɔ̃]	saison	[ʒ]	*j*ardin		
[œ̃]	lundi	[ɲ]	a*gn*eau		
		[ŋ]	smoki*ng*		

Le double point après une voyelle montre qu'elle est longue: *alors* [alɔ:R].
L'apostrophe devant une voyelle marque la présence d'un h aspiré ou signale
qu'il y a un hiatus empêchant la liaison: *hum!* ['ym]; *un héros* [œ̃'eRo].
Si une lettre est placée entre parenthèses, par exemple l'e dit muet [ə], c'est
que le son ainsi désigné peut ne pas être prononcé: *fenêtre* [f(ə)nɛtR(ə)].

2. Les voyelles

6 On appelle **voyelles** des sons produits par les vibrations des cordes vocales
et s'échappant sans avoir été arrêtés nulle part dans le canal vocal (**Bu**§ 22-29).

7 Les voyelles sont orales ou nasales.
Elles sont dites **orales** quand le souffle qui les produit s'échappe uniquement par la bouche: [a], [ɑ], [e], [ɛ], [ə], [i], [o], [ɔ], [ø], [œ], [u], [y].
Elles sont dites **nasales** quand le souffle s'échappe par le nez et par la
bouche à la fois: [ã], [ɛ̃], [ɔ̃], [œ̃].

Remarques

1. Dans l'articulation des voyelles, l'ouverture buccale est plus ou moins grande : les voyelles sont :
   - **ouvertes** quand elles s'articulent avec une ouverture buccale plus grande que pour l'articulation d'autres voyelles : *Mère, note, car, lin, plan* ;
   - **fermées** quand elles s'articulent avec une ouverture buccale plus petite que pour l'articulation d'autres voyelles : *Cri, dé, feu, mur, sou, rose.*

2. D'après leur durée, les voyelles sont :
   - **longues** : *Corps, mur, tige, rage* ;
   - **brèves** : *Morte, lu, prix, bac.*

3. D'après le point d'articulation (c'est-à-dire la zone du palais en face de laquelle la langue se masse), les voyelles sont :
   - **antérieures**, lorsque la langue se masse en avant dans la bouche : *Date, mère, pré, cri, lin, brun* ;
   - **postérieures**, lorsque la langue se masse en arrière dans la bouche : *Sou, rose, note, pâte, bon, plan.*

N.B.

L'**a** qui n'est ni ouvert ni fermé, pour l'articulation duquel la langue est étendue, est une voyelle **mixte** : *Parisien.*

4. Pour l'articulation correcte des voyelles (comme aussi pour l'articulation des consonnes), les muscles de l'appareil vocal doivent être tendus avec un effort suffisant pendant toute la durée de l'articulation ; ainsi articulées, les voyelles sont dites **tendues** ; quand la tension n'est pas suffisante, les voyelles sont **relâchées**.

5. L'**e** sourd, demi-ouvert, demi-fermé (sans accent dans l'écriture) s'appelle **e muet** ou **caduc** parce que, en certains cas, il tombe dans la prononciation : *Gredin, rapp(e)ler, un(e) fenêtr(e).*

6. Selon sa place dans la syllabe, une voyelle est :
   - **libre**, quand elle termine la syllabe (la syllabe est dite alors *ouverte*) : *Dé-fi-nir* ;
   - **entravée**, quand elle ne termine pas la syllabe (la syllabe est dite alors *fermée*) : *Per-tur-ba-tion.*

7. Le **timbre** d'une voyelle est le caractère propre et distinctif dû à la combinaison de la note fondamentale avec des sons accessoires appelés *harmoniques*. Tout changement dans la disposition des cavités pulmonaires et bucco-nasales modifie le timbre de la voyelle. En particulier, le timbre varie avec le degré d'ouverture de la bouche : *Rose* [o] fermé, *note* [ɔ] ouvert.

8. D'après leur **hauteur**, c'est-à-dire d'après le degré d'élévation de la voix, les voyelles sont plus ou moins *graves* ou plus ou moins *aiguës.*

Tableau des voyelles

	ANTÉRIEURES		POSTÉRIEURES	
	Fermées	Ouvertes	Fermées	Ouvertes
Orales	[i] *cri*		[u] *sou*	
	[e] *dé*	[ɛ] *mère*	[o] *rose*	[ɔ] *note*
		[a] *date*		[ɑ] *pâte*
	[ø] *feu*	[œ] *leur*		
	[y] *mur*			
	[ə] *gredin*			
Nasales		[ɛ̃]		[ɔ̃] *bon*
		brin		[ɑ̃] *plan*
		[œ̃]		
		brun		

3. Les consonnes

8 Les **consonnes** sont des bruits de frottement ou d'explosion produits par le souffle qui, portant ou non les vibrations des cordes vocales, rencontre dans la bouche divers obstacles résultant de la fermeture ou du resserrement des organes (**Bu** § 30-34).

Remarques

1. D'après la voie d'échappement du souffle, on distingue:
   - les consonnes **orales**: [b], [p], [d], [t], [g], [k], [v], [f], [z], [s], [ʒ], [ʃ], [l], [ʀ];
   - les consonnes **nasales**: [m], [n], [ɲ]; (et [ŋ], dans des mots étrangers);
   - l'**h** « **aspiré** ». Cette appellation est doublement impropre: 1° parce que, quand l'*h* dit aspiré est vraiment un son, il comporte non une *aspiration*, mais une intensité particulière du souffle *expiré*; 2° parce que l'*h* aspiré n'existe plus comme son en français moderne: c'est un simple signe graphique, qui a pour effet d'empêcher l'élision et la liaison. Toutefois il se fait parfois entendre réellement dans certaines interjections comme *ha! hé! holà!* ou encore quand la syllabe initiale d'un mot commençant par un *h* « aspiré » est frappée d'un accent d'insistance: *C'est une honte! [setyn' ɔ̃t].*

2. D'après le degré d'ouverture ou de fermeture des organes, on distingue:
   - les consonnes **occlusives** (ou **explosives**), qui s'articulent de telle manière que le souffle, d'abord arrêté par la fermeture complète des organes buccaux s'échappe brusquement: [b], [p], [d], [t], [g], [k];
   - les consonnes **fricatives**, dans l'articulation desquelles il y a resserrement des organes buccaux, sans fermeture complète: [v], [f], [z], [s], [ʒ], [ʃ]. ▼

▼ Les consonnes [s], [z], sont souvent appelées **sifflantes**; les consonnes [ʃ], [ʒ], sont souvent appelées **chuintantes**;
- la consonne **liquide** [l], dont l'émission comporte comme un «écoulement» du souffle sur les côtés de la langue;
- la consonne **vibrante** [ʀ], dont l'articulation (du moins pour l'*r* parisien) comporte une vibration du dos de la langue sur le voile du palais.
(Dans l'articulation de l'*r* roulé, c'est la luette qui vibre.)

3. D'après l'endroit où les organes buccaux se touchent, on distingue:
- les consonnes **labiales** (lèvres): [b], [p], [m], et **labio-dentales** (lèvres et dents): [v], [f];
- les consonnes **dentales** (langue et dents): [d], [t], [z], [s], [l], [n];
- les consonnes **palatales** (langue et palais): [ʒ], [ʃ], [ɲ];
- les consonnes **vélaires** (langue et voile du palais): [g], [k], [ʀ], [ŋ].

4. Les consonnes sont **sonores** quand le souffle qui les produit est pourvu des vibrations des cordes vocales; elles sont **sourdes** quand le souffle qui les produit n'est pas pourvu des vibrations des cordes vocales.

5. Dans la prononciation, une consonne est **simple** quand elle est produite par une seule émission vocale; elle est **double** quand elle fait l'impression d'être émise deux fois de suite; ainsi [m] se prononce simple dans *sommet,* mais il se prononce double dans *sommité.*

6. Il y a trois **semi-voyelles** ou **semi-consonnes** (🅑🅤 § 35):
[y] (qu'on nomme *ué*), comme dans *lui, juin, fuir;*
[w] (qu'on nomme *oué*), comme dans *oui, poids;*
[j] (qu'on nomme *yod*), comme dans *pied, yeux.*

7. Une **diphtongue** résulte de l'émission rapide d'une voyelle et d'une semi-voyelle: *Œil* [œj], *yeux* [jø].
Il y a **synérèse** lorsque deux voyelles contiguës se fondent, dans la prononciation, en une seule émission: la première voyelle fait alors fonction de semi-voyelle: *diamant* [djamã]. Les poètes ont souvent recouru à cet usage, pour des raisons de métrique.
C'est le duel effrayant de deux spectres d'airain. (V. Hugo)
Il y a **diérèse** lorsque les éléments d'une diphtongue se trouvent dissociés et deviennent deux voyelles autonomes:
J'ai su tout ce détail d'un anci-en valet. (P. Corneille)

8. Lorsque deux consonnes se trouvent en contact phonétique, elles tendent à s'**assimiler** l'une à l'autre.
L'assimilation est *progressive* quand la première consonne impose son caractère à la seconde, quant à la sonorité: *subsister* (prononcé [sybzʒiste]); ▼

▼ la consonne sonore [b] fait devenir sonore, en la changeant en [z],
la consonne [s], sourde par nature.
L'assimilation est *régressive* dans le cas contraire : *absent* (prononcé [apsã]) ;
la consonne sourde [s] fait devenir sourde, en la changeant en [p],
la consonne [b], sonore par nature.
Il y a **dissimilation** lorsque deux consonnes identiques, se trouvant dans
le voisinage l'une de l'autre, se différencient ; ainsi quand le mot latin
peregrinum est devenu en français *pèlerin,* il y a eu *dissimilation* du premier
[ʀ] par le second.

Tableau des consonnes

			Labiales	Dentales	Labiales	Dentales
Orales	Occlusives	sonores	[b] *bal*	[d] *dur*		[g] *gare*
		sourdes	[p] *pot*	[t] *tir*		[k] *col*
	Fricatives	sonores	[v] *vol*	[z] *zut*	[ʒ] *jour*	
		sourdes	[f] *fer*	[s] *sol*	[ʃ] *char*	
	Liquides			[l] *lac*		[ʀ] *rat*
	Semi-voyelles	postérieures	[w] *oui*			
		antérieures	[y] *nui*		[j] *yeux*	
Nasales			[m] *mer*	[n] *non*	[ɲ] *digne*	[ŋ] *smoking*

B Les signes

1. L'alphabet

9 La langue écrite note les différents sons du français au moyen de
vingt-six lettres, dont l'ensemble constitue l'*alphabet* (**Bu** § 84-86).
Ces lettres sont **majuscules** (ou **capitales**) : A, B, C, D, E, F, G, H, I, J, K,
L, M, N, O, P, Q, R, S, T, U, V, W, X, Y, Z ;
ou **minuscules** : a, b, c, d, e, f, g, h, i, j, k, l, m, n, o, p, q, r, s, t, u, v,
w, x, y, z.

10 Il y a six lettres-voyelles : *a, e, i, o, u, y* ; les autres lettres sont les
lettres-consonnes.

> ## ®emarques
>
> Parce que notre alphabet ne possède pas autant de lettres qu'il y a de phonèmes à représenter, et aussi parce que notre orthographe n'a pas évolué en même temps que la prononciation et qu'en outre, cette orthographe s'est souvent conformée à l'étymologie, il se fait:
>
> 1° qu'il faut, pour représenter certains sons, combiner deux lettres : *eu* pour [ø], *ou* pour [u], *on* pour [ɔ̃], *ch* pour [ʃ], *gn* pour [ɲ] ;
> 2° qu'une même graphie peut représenter des phonèmes différents : *Cage*, [kaʒ], *cire* [siʀ] ; *gare, gène; nation, partie; tache, orchestre; ville, béquille;*
> 3° qu'un même phonème est, selon les mots, représenté par différentes graphies: [o] dans *trône, beau, Saône*; [a] dans *cage, femme;* [ɛ̃] dans *lin, étain, simple, symbole, syntaxe, Reims;* [f] dans *faner, phare;* [ʒ] dans *joli, geôle.*
>
> D'autre part, il arrive souvent qu'une ou plusieurs lettres, disparues dans la prononciation depuis le moyen âge, sont pourtant toujours exigées par l'orthographe : *Doigt, tort, vert, lourd.*

2. Les signes orthographiques

11 Les **signes orthographiques** sont : les accents, le tréma, la cédille, l'apostrophe et le trait d'union.

12 **Les accents**

On distingue trois sortes d'accents : l'accent *aigu* ('), l'accent *grave* (`) et l'accent *circonflexe* (^) (**Bu** § 103).

– L'accent **aigu** se met, en général, sur le *e* représentant le son [e] non suivi d'un *d*, d'un *f* ou d'un *z* finals :

  Vérité, coupés. (Sans accent aigu: *pied, clef, chanter, nez,* etc.)

– L'accent **grave** se met :

  1° Sur le *e* représentant le son [ɛ], à la fin d'une syllabe ou devant *s* final :

  Père, procès.

  2° Sur *a* dans *deçà, déjà, delà, voilà, holà* (mais non dans *cela).*

  3° Sur *a, u, e,* dans certains mots, qui peuvent, par ce moyen, être distingués d'autres mots, homonymes :

  à, a; là, la; çà, ça; où, ou; dès, des.

– L'accent **circonflexe** se met sur *a, e, i, o, u,* et indique soit la chute d'une voyelle ou d'un *s* de l'ancienne orthographe :

Bâtir (autref. *bastir*), *tête* (autref. *teste*), *âge* (autref. *eage*) ;
soit la prononciation longue de certaines voyelles[1] :
Cône, infâme, extrême.

Parfois l'accent circonflexe sert à distinguer des homonymes :

dû (participe passé de devoir), du (article contracté) ;

crû (participe passé de croître), cru (participe passé de croire) ;

mûr (adjectif), mur (nom).

13 Le **tréma** (¨) se met sur les voyelles *e, i, u,* le plus souvent pour indiquer que, dans la prononciation, elles se séparent de la voyelle qui les précède ou qui les suit (**Bu** § 105) :

Haïr, aiguë, contiguïté.

14 La **cédille** (¸) se place sous le *c* devant *a, o, u,* pour indiquer que ce *c* doit être prononcé [s] (**Bu** § 106) :

Avança, leçon, reçu.

15 L'**apostrophe** (') se place en haut et à droite d'une consonne pour marquer l'élision de *a, e, i* (**Bu** § 107) :

L'arme, d'abord, s'il pleut.

16 Le **trait d'union** (-) sert à lier plusieurs mots (**Bu** § 108-110) :

Arc-en-ciel, dit-il, toi-même.

On emploie le trait d'union :

    1° Dans certains mots composés[2] : *Arc-en-ciel, vis-à-vis, après-midi, c'est-à-dire, porte-clé* (mais non *portefeuille*), etc.

    2° Entre le verbe et le pronom personnel (ou *ce, on*) placé après lui : *Dit-il, voit-on, est-ce vrai ?*

    3° Entre le verbe à l'impératif et les pronoms personnels compléments formant avec lui un seul groupe phonétique, sans la moindre pause possible : *Crois-moi, prends-le, dites-le-moi, faites-le-moi savoir.* (Mais sans trait d'union : *Veuille me suivre, viens me le raconter.*)

    4° Avant et après le *t,* consonne euphonique : *Répliqua-t-il, chante-t-elle, convainc-t-on ?*

---

1. Les rectifications de l'orthographe française publiées dans le *Journal officiel de la République française* du 6 décembre 1990 proposent de nouvelles règles pour l'emploi de l'accent circonflexe, dont la suppression de cet accent, sauf pour certaines exceptions, sur les lettres *i* et *u*. L'usage du tréma est également modifié. Ces règles sont détaillées plus loin **[voir § 495].**

2. Les rectifications de l'orthographe française portent également sur les mots composés **[voir §§ 503, 504, 510]** et sur l'écriture des noms de nombre **[voir § 496].**

5° Dans les noms de nombre composés, entre les parties qui sont l'une et l'autre moindres que cent[1] : *Quatre-vingt-dix-huit, cinq cent vingt-cinq.*

6° Devant *ci* et *là* joints aux diverses formes du pronom *celui* ou à un nom précédé d'un adjectif démonstratif : *Celui-ci, ceux-là, cette personne-ci, ces choses-là ;* et dans les expressions composées où entrent *ci* et *là* : *Ci-contre, ci-joint, là-haut, jusque-là, par-ci, par-là,* etc.

7° Entre le pronom personnel et l'adjectif *même* : *Moi-même, nous-mêmes,* etc.

C La prononciation

1. L'accent d'intensité

17 L'**accent d'intensité** (on dit aussi **accent tonique**) consiste dans un appui particulier de la voix sur une des syllabes d'un mot ou d'un groupe de mots (**Bu** § 39).
Les syllabes frappées de l'accent d'intensité sont **toniques** ; les autres sont **atones.**

Une syllabe est dite *protonique* quand elle précède immédiatement la syllabe tonique ; elle est dite *posttonique* quand elle suit immédiatement la syllabe tonique.

18 **Accent de mot.** Dans les mots français considérés isolément, l'accent d'intensité frappe la dernière syllabe articulée (donc l'avant-dernière syllabe écrite – la pénultième – quand la finale est en -*e* muet) :

> *Véri**té**, senti**ment**, l'indiffé**renc**(e), les mon**tagn**(es),*
> *ils déses**pèr**(ent).*

Accent de groupe. Dans la phrase, l'accent d'intensité frappe la dernière syllabe articulée, non pas de chaque mot, mais de chaque groupe de mots unis par le sens et prononcés sans aucun repos de la voix (chaque groupe est un seul *groupe rythmique*) :

> *Prenez votre **livr**(e).*
> *Comme vous le sa**vez**, / je pars de**main**.*
> *Un grand bruit **d'homm**(es) / et de che**vaux** / avait suc**cédé** /*
> *au si**lenc**(e).*

---

1. Les rectifications de l'orthographe française étendent cette règle à toutes les parties des noms de nombre composés [**voir § 496**].

Remarques

1. Les articles, les adjectifs démonstratifs ou possessifs, certains pronoms, les prépositions, les conjonctions, n'ont pas d'accent d'intensité.

2. Il faut se garder de confondre l'accent d'intensité avec les *accents,* signes orthographiques [voir § 12].

3. L'accent d'intensité doit encore être distingué de l'**accent d'insistance**, qui affecte telle ou telle syllabe prononcée avec une énergie particulière (on l'appelle encore tantôt *affectif* ou *expressif* quand il exprime une émotion ou un sentiment subjectif, tantôt *intellectuel* quand il met en relief le contenu intellectuel de l'énoncé ou souligne un mot jugé essentiel); cet accent d'insistance ne supprime pas l'accent d'intensité (**Bu** § 39b):

> C'est **dé**testable!
> C'est un spectacle é**pou**vantable!
> N'oubliez pas l'importance du **sur**moi chez Freud!

4. **Ton.** Le *ton* est proprement le degré de hauteur musicale d'un son: tel son est plus ou moins aigu, plus ou moins grave.
   Dans un sens large, le ton est la manière particulière de parler relativement aux mouvements de la pensée ou des sentiments: une phrase peut être dite sur un ton impérieux, doctoral, badin, doucereux, etc.

5. **Intonation.** Les sons, associés pour former des mots ou des phrases, se prononcent rarement d'une manière *uniforme*: l'intensité, la hauteur musicale, la durée des syllabes donnent au débit une *intonation* particulière (**Bu** § 40).
   À ce propos, il faut observer que d'ordinaire la phrase française comporte deux parties: dans la première, qui est *ascendante*, le ton s'élève progressivement jusqu'à une note qui est la plus haute de la phrase; dans la seconde, qui est *descendante,* le ton s'abaisse par degrés jusqu'à une note qui est la plus basse de toutes. Les phrases interrogatives n'ont pas de partie descendante: elles se terminent généralement sur la note la plus haute.
   Les phrases exclamatives ont le plus souvent une intonation descendante.

2. La liaison

19 Une consonne finale, muette devant un mot isolé, se prononce, dans certains cas, devant la **voyelle** ou l'**h muet** initial du mot suivant, et s'appuie même si intimement sur ce mot que, pour l'oreille, elle fait corps avec lui plutôt qu'avec le mot auquel elle appartient: c'est ce qui s'appelle faire une **liaison** (**Bu** § 41-43):

> Sans‿ordre, un petit‿homme.

Remarques

1. Certaines consonnes changent de prononciation dans les liaisons :
   s et *x* se prononcent [z] : *pas à pas* [pazapa], *deux hommes* [døzɔm] ;
   d se prononce [t] : *grand effort* [gʀɑ̃tɛfɔʀ] ;
   g se prononce [k] : *sang et eau* [sɑ̃keo].

2. La liaison n'a lieu qu'entre des mots unis par le sens, et la moindre pause l'empêche toujours. D'ailleurs, beaucoup de liaisons qui se font dans le discours soutenu ou dans la lecture d'un texte littéraire, ne se font pas dans la conversation ordinaire.

3. L'élision

20 L'**élision** est la suppression, dans la prononciation, d'une des voyelles finales *a, e, i*, devant un mot commençant par une voyelle ou un *h muet* (**Bu** § 44-45).
Les élisions qui se font dans la prononciation ne sont pas toujours marquées dans l'écriture :
Faible escorte, il a presque échoué.
Quand elles le sont, la voyelle élidée est remplacée par une apostrophe :
L'or, d'abord, l'heure, s'il t'aperçoit.

21 a) L'élision de l'**a** est marquée par l'apostrophe dans l'article *la* :
L'église, l'heure.
et dans le pronom atone *la*, devant les pronoms *en, y*, ou devant un verbe :
Cette voix, je l'entends. Elle a réussi : je l'en félicite.
Elle refuse de partir : je l'y contraindrai.
(Mais : *Laisse-la entrer, envoie-la ouvrir* : ici *la* est accentué.)

b) L'élision de l'**e** est marquée par l'apostrophe :
   1° Dans l'article *le* :
   L'aveugle, l'homme.
   2° Dans les pronoms *je, me, te, se, le* (atone), devant les pronoms *en, y*, ou devant un verbe :
   J'ai, il m'entend, je t'invite, il s'avance, on l'aperçoit, je m'en doute, il s'y perd. (Mais : *Fais-le asseoir* : ici *le* est accentué.)
   3° Dans *de, ne, que, jusque, lorsque, puisque, quoique*, et dans les locutions conjonctives composées avec *que* :
   Fables d'Ésope, il n'a pas, ce qu'on a, qu'on est bien !, je veux qu'il parte, jusqu'ici, lorsqu'il dit.

> *Lorsqu'*à *des propositions...* (Littré). *Lorsqu'*en 1637... (Acad.).
>
> *Puisqu'*on veut. *Quoiqu'*un homme soit mortel.
>
> Avant *qu'*il vienne.

4° Dans le pronom *ce* devant *en* et devant l'*e* ou l'*a* initial d'une forme simple ou composée du verbe être :

> *C'*est, *ç'*a été, *c'*eût été, *c'*en est fait.

5° Dans *presqu'île, quelqu'un(e)*. (Mais non dans *presque entier, presque achevé, quelque autre*, etc.)

6° Dans *entre*, élément des cinq verbes *s'entr'aimer, entr'apercevoir, s'entr'appeler, s'entr'avertir, s'entr'égorger.*

Mais sans apostrophe : *entre eux, entre amis, entre autres*, etc.

®emarque

L'Académie a abandonné, dans les mots suivants, l'apostrophe qui marquait l'élision de l'*e* final de *entre*, et a soudé les éléments composants :

s'entraccorder, s'entraccuser, entracte, s'entradmirer, entraide, s'entraider, entrouverture, entrouvrir.

---

c) L'élision de l'**i** est marquée par l'apostrophe dans la conjonction *si* devant *il(s)* :

> *S'*il vient, *s'*ils viennent.
>
> Dis-moi *s'*il part.

22 L'élision n'a pas lieu devant le nom *un* (chiffre ou numéro), ni devant *oui, huit, huitain, huitaine, huitième, onze, onzième, yacht, yak, yatagan, yole, yucca*, ni devant certains noms propres tels que : *Yougoslavie, Yémen, Yucatan*, etc. :

> *Il suffit de oui, de non.* (V. Hugo)
>
> *Il me fit signe que oui.*
>
> *Le un, le huit et le onze sont les numéros gagnants de la loterie.*

Toutefois on peut dire :

> *Je crois qu'oui. Je lui fis signe qu'oui.* (A. France)
>
> *Je pense qu'oui.* (La Bruyère) *Il dit qu'oui.* (M. de Sévigné)
>
> *Par un beau soleil d'onze heures.* (Ch.-A. Sainte-Beuve)
>
> *Le bouillon d'onze heures.*

Pour *ouate*, l'usage hésite ; cependant on dit plus souvent *l'ouate que la ouate.*

◨ Les mots

1. Les parties du discours

23 Les mots du français peuvent être rangés en neuf catégories ou **parties du discours.**

a) Les mots variables

Cinq espèces de mots sont **variables**:

1° Le **nom** ou **substantif**, qui sert à désigner, à «nommer» les êtres ou les choses.

2° L'**article**, qui sert à marquer un sens complètement ou incomplètement déterminé du nom qu'il précède.

3° L'**adjectif**, qui se joint au nom pour le qualifier ou pour le déterminer.

4° Le **pronom**, qui, en général, représente un nom, un adjectif, une idée, une proposition.

5° Le **verbe**, qui exprime l'existence, l'action ou l'état.

Ⓝ.B.

– Le **nom**, l'**article**, l'**adjectif** et le **pronom** varient:

en **genre**, pour indiquer, en général, le sexe des êtres;

en **nombre**, pour indiquer qu'il s'agit:

soit d'un seul être ou objet,

soit de plusieurs êtres ou objets.

Les adjectifs possessifs, les pronoms possessifs, les pronoms personnels varient, non seulement en *genre* et en *nombre*, mais aussi en *personne*.

– Le **verbe** varie:

en **nombre**;

en **personne**, pour indiquer qu'il s'agit:

soit de la personne qui parle: 1re personne,

soit de la personne à qui l'on parle: 2e personne,

soit de la personne (ou de la chose) dont on parle: 3e personne;

en **temps**, pour indiquer à quel moment se situe le fait;

en **mode**, pour indiquer de quelle manière est connue et présentée l'action (ou l'état, ou l'existence).

Au participe, le verbe varie quelquefois en *genre*.

---

b) Les mots invariables

Quatre espèces de mots sont **invariables** :

1° L'**adverbe**, qui modifie un verbe, un adjectif ou un autre adverbe.

2° La **préposition**, qui marque un rapport entre le mot devant lequel elle est placée et un autre mot.

3° La **conjonction**, qui unit deux mots, deux groupes de mots ou deux propositions.

4° L'**interjection**, qui marque l'irruption d'un sentiment personnel dans le discours.

> **Remarque**
>
> Il faut mentionner à part les deux **présentatifs** *voici* et *voilà*, qui servent à annoncer, à présenter [voir § 431].

2. L'origine des mots

24 Les mots de la langue française proviennent :

1° D'un **fonds latin**. Vers le Vᵉ siècle, les parlers gaulois ont été supplantés par le *latin populaire*, qui s'est peu à peu transformé *en langue romane,* selon des lois dont la principale est celle de la persistance de la syllabe tonique : *bastonem, radicinam, animam,* par exemple, ont abouti à *bâton, racine, âme* (**Bu** § 6).

2° D'un certain nombre de **mots gaulois** ou **germaniques**. Au fonds latin – dans lequel se sont maintenus un petit nombre de mots *gaulois* – l'invasion franque du Vᵉ siècle a mêlé un apport assez considérable de mots *germaniques,* qui nous ont donné, par exemple : *banc, bannière, héron,* etc.

Les différents dialectes romans formèrent de part et d'autre d'une ligne de démarcation qui irait approximativement de La Rochelle à Grenoble, deux grands domaines linguistiques : au nord, celui de la **langue d'oïl**, et au sud, celui de la **langue d'oc**. À partir du XIIᵉ siècle, le *francien* ou dialecte de l'Île-de-France prit le pas sur les autres dialectes.

3° De différents **emprunts** faits au latin écrit, au grec, aux dialectes et à diverses langues (**Bu** § 153-159).

  1. *Latin*. À partir du XIIᵉ siècle, le vocabulaire roman s'est enrichi, par *formation savante,* de quantité de mots calqués par les lettrés sur des mots du latin écrit. Mais certains de ces mots avaient déjà été transformés en mots romans par le peuple ; ainsi un même terme latin a pu produire un mot populaire et un mot savant, c'est-à-dire des **doublets** : *navigare* a donné *nager* (mot populaire) et *naviguer*

(mot savant) ; *potionem* a donné *poison* (mot populaire) et *potion* (mot savant).

2. ***Grec***. Le grec a fourni au français, par formation populaire, un certain nombre de mots, qui ont passé par la forme latine : *baume, beurre, trésor,* etc. Il lui a fourni en outre, par formation savante, nombre de mots, transportés dans la langue, soit indirectement, en passant par le latin, soit directement (surtout au XIXe s.) : *amnésie, enthousiasme, téléphone,* etc.

3. ***Dialectes***. Le français a emprunté aux différents dialectes, surtout au provençal et au gascon, un certain nombre de mots : *auberge, badaud, fadaise, goujat,* etc.

4. ***Langues romanes***. L'**italien** et l'**espagnol** ont fait entrer dans le français un assez grand nombre de mots : *balcon, bambin, opéra, carnaval,* etc.; *abricot, adjudant, cigare,* etc. Le **portugais** n'a fourni qu'un petit contingent de termes : *acajou, autodafé,* etc.

5. ***Langues du Nord***. L'**allemand** a fait passer dans le lexique français d'assez nombreux mots relatifs surtout aux choses militaires : *sabre, choucroute, trinquer,* etc. L'**anglais** nous a fourni un notable apport qui s'est accru, à partir du XIXe siècle, de nombreux termes concernant le sport, la marine, le commerce, la politique, la mode : *handicap, paquebot, chèque, budget, magazine, blue-jean,* etc. Une centaine de mots nous viennent du **néerlandais** : *cambuse, kermesse, matelot,* etc. Quelques termes de marine nous ont été fournis par les **langues scandinaves** : *cingler, vague,* etc.

6. ***Apports divers***. Le français a admis aussi un certain nombre de mots venus de l'**arabe** : *alcool, algèbre,* etc.; de l'**hébreu** : *chérubin, zizanie,* etc.; des **langues africaines** ; *baobab, chimpanzé,* etc.; du **turc** : *bey, tulipe,* etc.; des **langues** de l'**Inde** ou de l'**Extrême-Orient** : *avatar, jungle, bonze, thé,* etc.; des **langues américaines** : *ananas, caoutchouc,* etc.; de l'**argot** : *cambrioleur, maquiller, mégot,* etc.

3. La formation des mots

25 La langue française est un organisme vivant en perpétuel devenir : des mots meurent, d'autres naissent. Elle forme des mots par *dérivation,* par *composition,* et, dans une moindre mesure, par *onomatopées* et par *abréviation.*

Certains mots du vocabulaire français sont des **emprunts** faits à d'autres langues : *redingote* (de l'anglais *riding-coat*), *kimono* (du japonais). Il y a de **faux emprunts**, mots artificiellement fabriqués sur le modèle de mots étrangers : *footing,* sport pédestre (tiré de l'anglais *foot,* pied, sur le modèle de *rowing,* sport nautique, etc.).

D Les mots

Certains mots sont **calqués** par transposition des éléments dont ils sont formés dans la langue d'origine: *gratte-ciel,* par exemple, est un calque de l'anglo-américain *sky-scraper.*

Les mots sont venus par *formation populaire* ou par *formation savante*. Dans la formation populaire, ils proviennent de l'usage naturel et spontané qu'en fait la masse des gens qui les emploient; dans la formation savante, ils résultent de l'action délibérée de lettrés.

> ## ℝemarques
>
> 1. On appelle **archaïsme** un mot tombé en désuétude, un tour de phrase ou une construction hors d'usage:
>   *Occire* (tuer), *idoine* (propre à), *moult* (beaucoup, très).
> 2. On appelle **néologisme** un mot nouvellement créé ou un mot déjà en usage, mais employé dans un sens nouveau; il y a donc des *néologismes de mots* et des *néologismes de sens*:
>   *Informaticien, vidéothèque, motoriste, mot-valise.*
>   *La déferlante* (des investissements japonais), *une puce* (en informatique), *une souris* (d'ordinateur), *une mère porteuse.*

a) La dérivation

26 La **dérivation impropre**, sans rien changer de la figure des mots, les fait passer d'une catégorie grammaticale dans une autre (**Bu** § 194-199).

a) Peuvent devenir **noms**:

1° des adjectifs:

Un **malade**, le **beau**;

2° des infinitifs:

Le **sourire**, le **savoir**, un **aller-simple**;

3° des participes présents ou passés:

Un **trafiquant**, un **raccourci**, une **issue**.

> ## ℝemarque
>
> En les faisant précéder de l'article, on peut donner à des pronoms, à des impératifs, à des mots invariables, le caractère de noms:
> Le **moi**, un **rendez-vous**, le **bien**, les **devants**, de grands **bravos**.

b) Peuvent devenir **adjectifs**:

1° des noms:

Un ruban **rose**;

2° des participes:

>   *Un spectacle **charmant**, un livre **illustré**;*

3° des adverbes:

>   *Des gens très **bien**.*

c) Peuvent devenir **adverbes** des noms, des adjectifs:

>   ***Pas** grand, voir **clair**.*

d) Peuvent devenir **prépositions** des adjectifs, des participes:

>   ***Plein** ses poches, **durant** dix ans, **excepté** les enfants.*

e) Peuvent devenir **conjonctions** certains adverbes:

>   ***Aussi** j'y tiens. **Ainsi** (= par conséquent) je conclus que...*

f) Peuvent devenir **interjections** des noms, des adjectifs, des formes verbales:

>   ***Attention! Bon! Suffit!***

27 La **dérivation propre** crée des mots nouveaux en ajoutant à des mots simples certaines terminaisons appelées **suffixes** (🅱 **§ 161-176**).
Ces suffixes servent à former des *substantifs*, des *adjectifs*, des *verbes* ou des *adverbes*.
Le *radical* est, dans un mot, l'élément essentiel, celui qui exprime fondamentalement le sens de ce mot; on peut le reconnaître en dégageant, dans les divers mots de la famille à laquelle appartient le mot considéré, l'élément commun à tous ces mots: dans *détourner*, le radical est *tour* (*contour, pourtour, détour, entourer, entourage*, etc.). On dit parfois aussi *racine*, mais strictement parlant, *radical* et *racine* ne sont pas synonymes: tandis que le radical est ordinairement un mot complet, la racine n'est qu'un fragment de mot, un monosyllabe irréductible auquel on aboutit en éliminant, dans un mot, tous les éléments de formation secondaire: par exemple: *struct* dans *instruction*.

> **ℝemarque**
> La dérivation est dite *régressive* quand elle procède par suppression
> d'une syllabe finale: *galop* est formé sur *galoper*; *démocrate*, sur *démocratie*.

D Les mots

Principaux suffixes formateurs de substantifs		
SUFFIXES	**SENS**	**EXEMPLES**
-ade	*collection, action*	colonnade, glissade.
-age	*collection, action, produit, état*	feuillage, déminage, cirage, servage.
-aie, -eraie	*plantation*	chênaie, hêtraie, châtaigneraie.
-ail	*instrument*	épouvantail.
-aille	*collection, action, péjoratif*	pierraille, trouvaille, ferraille.
-ain, -aine	*habitant de, collection*	châtelain, trentaine, douzaine.
-aire	*objet se rapportant à*	moustiquaire.
-aison	*action ou son résultat*	crevaison, pendaison.
-an	*habitant de*	Persan.
-ance, -ence	*action ou son résultat*	alliance, puissance, présidence.
-ard	*se rapportant à, péjoratif*	montagnard, brassard, criard.
-as, -asse	*collection, péjoratif*	plâtras, paperasse.
-at	*état, institution*	secrétariat, pensionnat.
-ateur	*objet, profession*	accumulateur, administrateur.
-atoire	*lieu*	observatoire.
-ature, -ure	*action ou son résultat, état, fonction, lieu, collection*	coupure, magistrature, verdure, filature, chevelure.
-eau, -elle -ceau, -ereau -eteau, -isseau	*diminutif*	drapeau, ruelle, lionceau, lapereau, louveteau, arbrisseau.
-ée	*contenu, ayant rapport à*	cuillerée, matinée.
-(e)ment	*action ou son résultat*	logement, recueillement, bâtiment.
-er, -ier, -ière	*agent, réceptacle, arbre*	écolier, herbier, archer, poirier, théière.
-erie, -ie	*qualité, action, lieu*	fourberie, causerie, brasserie, folie.
-esse	*qualité*	finesse.
-et, -ette, -elet(te)	*diminutif*	livret, fourchette, osselet, tartelette.
-eur	*qualité*	grandeur.
-eur, -euse	*agent, instrument*	chercheur, torpilleur, mitrailleuse.
-ien, éen	*profession, nationalité*	historien, lycéen, Parisien.

-il	lieu	chenil.
-ille	diminutif	brindille, faucille.
-in	diminutif	tambourin.
-ine	produit	caféine.
-is	lieu, résultat d'une action	logis, fouillis.
-ise	qualité	sottise.
-isme	disposition, croyances, métier	chauvinisme, royalisme, journalisme.
-ison	action ou son résultat	guérison.
-iste	profession, qui s'occupe de	archiviste, gréviste.
-ite	produit, maladie	anthracite, bronchite.
-itude	qualité	platitude.
-oir, -oire	instrument, lieu	arrosoir, baignoire.
-on, -eron -eton, -illon }	diminutif	veston, aileron, caneton, oisillon.
-ose	maladie, produit	tuberculose, cellulose.
-ot, -otte	diminutif	Pierrot, menotte.
-té	qualité	fierté.

Principaux suffixes formateurs d'adjectifs

SUFFIXES	SENS	EXEMPLES
-able, -ible	possibilité active ou passive	blâmable, éligible.
-aire	qui a rapport à	légendaire.
-ais, -ois	qui habite	marseillais, namurois.
-al, -el	qui a le caractère de	royal, mortel.
-an	qui habite, disciple de	persan, mahométan.
-ard	caractère, péjoratif	montagnard, vantard.
-âtre	approximatif, péjoratif	noirâtre, bellâtre.
-é	qui a le caractère de	azuré, imagé.
-esque	qui a rapport à	livresque.
-et, -elet	diminutif	propret, aigrelet.
-eur, eux	caractère	rageur, courageux.
-er, -ier	caractère	mensonger, saisonnier.
-ien	qui habite, qui s'occupe de	parisien, historien.
-if	caractère	tardif, craintif.
-in	caractère, diminutif	enfantin, blondin.
-ique	caractère, origine	volcanique, ibérique.

-issime	superlatif	richissime. ▼
-iste	caractère, relatif à un parti	égoïste, socialiste.
-ot	diminutif	pâlot.
-u	qualité	barbu, feuillu.
-ueux	qualité	luxueux, majestueux.

Suffixes formateurs de verbes

La grande majorité des verbes nouveaux est formée au moyen du suffixe **-er**; quelques-uns sont en **-ir**: *rougir, maigrir,* etc.

Certains verbes en **-er** sont formés au moyen d'un suffixe complexe, qui leur fait exprimer une nuance diminutive, péjorative ou fréquentative:

-ailler:	*traînailler*	**-iller**:	*mordiller*
-asser:	*rêvasser*	**-iner**:	*trottiner*
-ayer:	*bégayer*	**-iser**:	*neutraliser*
-eler:	*bosseler*	**-ocher**:	*effilocher*
-eter:	*voleter*	**-onner**:	*chantonner*
-eyer:	*grasseyer*	**-oter**:	*vivoter*
-(i)fier	*momifier*	**-oyer**	*foudroyer*

Pour le suffixe *-ment,* formateur d'adverbes, voir [voir § 407].

b) La composition

28 Par la **composition**, on forme des mots nouveaux (**Bu** § 177):

1° En combinant entre eux deux ou plusieurs mots français:

Chou-fleur, sourd-muet, portemanteau, pomme de terre.

Comme on le voit, tantôt les éléments composants sont soudés, tantôt ils sont reliés entre eux par le trait d'union, tantôt encore ils restent graphiquement indépendants.

2° En faisant précéder un mot simple d'un **préfixe**, c'est-à-dire d'une particule sans existence indépendante:

*In*actif, *mé*content.

> **R**emarques
>
> 1. Certains préfixes existent cependant comme mots indépendants:
> *entre, sur, sous, contre,* etc.
> 2. L'orthographe du préfixe peut être modifiée: ainsi *in-* devient *il-, ir-,* par assimilation régressive [voir § 8, Rem. 8], dans *illettré, irréflexion;* dans *impoli, imbuvable,* etc., il y a simple accommodation graphique.

3° En combinant entre eux des racines ou des radicaux grecs ou latins :
Agri/cole, herbi/vore, bio/graphie, baro/mètre.

> **N.B.**
> Certains mots sont venus par **formation parasynthétique** : à un mot simple
> s'ajoutent simultanément un préfixe et un suffixe :
> *Éborgner, encolure, atterrir.*

29 Principaux préfixes (Bu § 183-186)

D'origine latine

ad- [*a, ac, af, ag, al, an, ap, ar, as, at*] (tendance, direction) : abattre, annoter, apporter.

anté-, anti- (avant) : antédiluvien, antidater.

bien- : bienfaisant.

b- [*bis, bé*] (deux) : bipède, bissection, bévue.

circon-, circum- (autour) : circonférence, circumnavigation.

cis- (en deçà) : Cisjordanie, cisalpin.

con- [*co, col, com, cor*] (avec) : concitoyen, colocataire, collatéral, compatriote, corrélation.

contre- (opposition, à côté de) : contrecoup, contresigner.

dé- [*des, dis, di*] (séparation, etc.) : décharger, dissemblable.

en-, em- (éloignement) : enlever, emmener.

entr(e)-, inter- (au milieu, à demi, réciproquement) : s'entraider, entrelacer, entrevoir, intersection.

ex- [*é, ef, es*] (hors de) : exproprier, écrémer, effeuiller, essouffler.

extra- (hors de, superlatif) : extravagant, extra-fort.

for- [*four, fau, hor*] (hors de) : forban, fourvoyer, faubourg, hormis.

-in- [*il, im, ir*] (négation) : inactif, illettré, imbuvable, irresponsable.

mal- [*mau, malé*] (mal) : maladroit, maudire, malédiction.

mé-, més- (mal, négation) : médire, mésaventure.

mi- (moitié) : milieu, mi-carême.

non- (négation) : non-sens.

outre-, ultra- (au-delà de) : outrepasser, ultra-violet.

par-, per- (à travers, complètement) : parsemer, parachever, perforer.

pén(é)- (presque) : pénombre.

post- (après) : postdater.

pour-, pro- (devant, à la place de) : pourvoir, pourchasser, projeter.

pré- (devant, avant) : préavis, présupposer.

re- [*ra, ré, res, r*] (répétition, contre, intensité) : revoir, rafraîchir, réagir, ressortir, remplir.

semi- [demi] : semi-remorque.

sou(s)- [*sub*] (dessous) : soulever, subvenir.

sur-, super- (au-dessus) : surcharge, superstar.

trans- [*tres, tré, tra*] (au-delà, déplacement) : transpercer, tressaillir, trépasser, traduire.

vice, vi- (à la place de) : vice-président, vicomte.

D'origine grecque

a-, an- (privation): amoral, anaérobie.
amphi- (autour, double): amphibie.
ana- (renversement): anagramme.
anti-, anté- (opposition):
    antialcoolique, antéchrist.
apo- (éloignement): apostasie.
arch(i)- (au-dessus de): archiconnu.
cata- (changement): catastrophe.
di(s)- (double): diptère, dissyllabe.
dys- (difficulté): dysfonctionnement.
épi- (sur): épiderme.

eu- (bien): euphonie, euphémisme.
hémi- (demi): hémicycle.
hyper- (au-dessus): hypertrophie,
    hyperespace, hypercritique.
hypo- (au-dessous): hypogée.
méta- (changement): métaphore.
para- (à côté): paradoxe.
péri- (autour): périphrase.
syn- [*sym, syl, sy*] (avec): synthèse,
    symbole, syllabe, symétrie.

30 **Mots ou radicaux latins et grecs.** Nombre de termes savants sont formés à l'aide de mots ou radicaux latins et grecs.

Éléments latins

agri- (champ): agricole.
-cide (qui tue): parricide, suicide.
-cole (ayant rapport à la culture):
    viticole, horticole.
-culture (act. de cultiver): apiculture,
    ostréiculture.
-fère (qui porte): crucifère.
-fique (qui produit): frigorifique.

-fuge (qui met en fuite, qui fuit):
    fébrifuge, centrifuge.
-grade (pas, degré): plantigrade,
    centigrade.
omni- (tout): omniscient, omnivore.
-pare (qui produit): ovipare.
-pède (pied): quadrupède.
-vore (qui mange): granivore,
    carnivore.

Éléments grecs

aéro- (air): aéroport, aérolithe.
-algie (douleur): névralgie.
anthropo- (homme): anthropométrie.
archéo- (ancien): archéologie.
auto- (soi-même): autobiographie.
biblio- (livre): bibliographie.
bio- (vie): biographie, biodégradable.
céphale (tête): céphalopode,
    microcéphale.
chromo-, -chrome (couleur):
    chromosome, monochrome.
chrono-, chrone (temps): chronomètre,
    isochrone.

cosmo-, -cosme (monde): cosmographie,
    cosmonaute, microcosme.
-cratie, -crate (pouvoir): démocratie,
    aristocrate.
dactylo-, dactyle (doigt):
    dactylographie, ptérodactyle.
dynamo- (force): dynamomètre.
gast(é)r(o)- (ventre): gastéropode,
    gastro-entérite.
-gène (engendrant): hydrogène.
géo- (terre): géologie.
-gramme (écrit, poids): télégramme,
    décagramme. ▼

grapho-, -graphie, -graphe (écrit, étude):
graphologie, biographie, sismographe.

hydr(o)-, -hydre (eau): hydrographie,
anhydre.

logo-, logie, -logue (discours):
logopédie, biologie, dialogue.

-mane, -manie (folie): cocaïnomane,
mégalomanie.

méga(lo)- (grand): mégalithique.

mono- (seul): monothéisme.

morpho-, -morphe (forme):
morphologie, anthropomorphe.

nécro- (mort): nécrophage, nécrologie.

neuro-, névr(o)- (nerf): neurologie,
névropathe, névralgie.

-nome, -nomie (règle): métronome,
gastronomie.

ortho- (droit): orthopédie.

paléo- (ancien): paléographie.

patho-, -pathe, -pathie (maladie):
pathogène, psychopathe, télépathie.

phago-, -phagie, -phage (manger):
phagocyte, aérophagie,
anthropophage.

phil(o)-, -phile (ami): philatélie,
philosophe, bibliophile.

-phobe, -phobie (haine): anglophobe,
agoraphobie.

phono-, -phone, -phonie (voix,
son): phonétique, microphone,
téléphonie.

photo- (lumière): photographie.

ptéro-, -ptère (aile): ptérodactyle,
hélicoptère.

-scope, -scopie (regard): spectroscope,
endoscopie.

-technie (science): pyrotechnie.

télé- (loin): téléphone, télévision.

-thérapie (guérison): hydrothérapie.

thermo-, -therme (chaleur):
thermomètre, isotherme.

-tomie (coupe): laparotomie.

c) Autres formations

31 Les **onomatopées** sont des mots imitatifs qui reproduisent approximativement certains sons ou certains bruits (**Bu** § 200) :

Cocorico, glouglou, tic-tac, frou-frou.

> **N.B.**
>
> Les onomatopées sont souvent formées par réduplication d'une même syllabe.
> On notera qu'elles ne reproduisent jamais exactement les bruits ou les cris
> dont elles voudraient donner une représentation phonétique. Le cri du canard,
> par exemple, évoqué en France par *couin-couin*, l'est en Italie par *qua-qua*, en
> Allemagne par *gack-gack (gick-gack, pack-pack, quack-quack)*, en Angleterre par
> *quack*, au Danemark par *rap-rap*, en Hongrie par *hap-hap*.

32 La langue parlée résiste naturellement aux mots trop longs, et souvent, elle les abrège. Tantôt elle réduit certaines expressions à leurs
seules lettres initiales: Sida (syndrome d'immunodéficience acquise), OTAN
(Organisation du Traité de l'Atlantique Nord); tantôt elle ôte à certains

mots leurs syllabes finales (ou initiales) : *Auto*[mobile], *ciné(ma)*[tographe], *micro*[phone], *métro*[politain], [auto]*bus* (**Bu** § 190).

33 Parmi les actions qui s'exercent dans le domaine de la formation des mots, il y a lieu de signaler encore : l'analogie, la contamination, l'étymologie populaire et la tautologie.

L'**analogie** est une influence assimilatrice qu'un mot exerce sur un autre au point de vue de la forme ou du sens ; ainsi *bijou-t-ier* a un *t* d'après les dérivés comme *pot-ier, cabaret-ier ; amerr-ir* a deux *r* devant le suffixe d'après *atterr-ir*.

La **contamination** est une sorte de croisement de deux mots ou expressions d'où résulte un mot ou une expression où se retrouve un aspect de chacun des éléments associés : ainsi le tour *je me souviens* est issu de la contamination de *je me rappelle* et *il me souvient*.

L'**étymologie populaire** est un procédé suivant lequel un mot se trouve rattaché, dans la conscience du sujet, à tel mot ou à telle expression qui paraissent en fournir l'explication : ainsi *choucroute* – venu en réalité de l'alsacien *sûrkrût*, proprement « herbe (krût) aigre (sûr) » – est rattaché par l'étymologie populaire aux mots français *chou* et *croûte*.

La **tautologie** est une expression pléonastique [voir § 70] qui revient à dire deux fois la même chose, généralement par répétition littérale : *au jour d'aujourd'hui*.

> **Ⓝ.B.**
>
> 1. Un **gallicisme** est une construction propre et particulière à la langue française : *il ne voit goutte ; je me porte bien*.
> 2. Un **barbarisme** est une incorrection d'ordre lexicologique ou morphologique ; il consiste à donner à un mot une forme ou un sens que n'autorisent pas le dictionnaire ou la grammaire, par exemple : *ils s'asseyèrent* [pour *ils s'assirent*], *c'est l'acceptation ordinaire de ce mot* [pour *c'est l'**acception** ordinaire de ce mot*].
> 3. Un **solécisme** est une incorrection d'ordre syntaxique, par exemple par non-respect des règles de l'accord du verbe ou de l'emploi de tel ou tel mode.

4. Les familles de mots

34 Une **famille de mots** est l'ensemble de tous les mots qui peuvent se grouper autour d'un radical commun d'où ils ont été tirés par la dérivation et par la composition :

> *Arme, armer, armée, armement, armure, armurier, armet, armoire, armoiries, armorier, armoriste, armorial, armateur, armature, désarmer, désarmement, alarme, alarmer, alarmant, alarmiste, armistice.*

> ### ℝemarque
>
> Parfois, comme c'est le cas dans la famille du mot *arme*, le radical n'a subi aucune modification, mais le plus souvent le radical des mots d'une même famille se présente sous plusieurs formes: la famille de *peuple*, par exemple, offre les radicaux *peupl*, *popul*, *publ*:
>
> **Peupl**ade, **popul**aire, **publ**ic, etc.

5. Les mots apparentés

35 Les **homonymes** sont des mots de prononciation identique, mais différant par le sens et souvent par l'orthographe (🅑 § 204) :

> *Livre* [d'images], *livre* [de beurre].
>
> *Chair, cher, chère, chaire.*

36 Les **paronymes** sont des mots proches l'un de l'autre par leur forme extérieure (🅑 § 205) :

> *Précepteur, percepteur.*   *Événement, avènement.*

37 Les **synonymes** sont des mots qui présentent des analogies générales de sens, mais différant entre eux par des nuances d'acception (🅑 § 206) :

> *Châtier, punir.*   *Casser, rompre, briser.*

Les **antonymes** ou contraires sont des mots qui, par le sens, s'opposent directement l'un à l'autre (🅑 § 207) :

> *Riche, pauvre.*   *Naître, mourir.*

6. Les règles de coupure de mots

38 Il est parfois nécessaire de couper certains mots, par exemple en fin de ligne. Cette division doit se faire en respectant le découpage des mots en syllabes, et en tenant compte de certaines règles particulières. Les règles principales sont les suivantes (🅑 § 20) :

1. On ne sépare pas deux voyelles, ni une voyelle et une semi-voyelle :

> *Thé**â**-tre, dé**o**-dorant, av**ia**-teur, atten-**tion**, com-**bien**.*

2. Quand il y a une seule consonne entre deux voyelles, la coupure se place avant la consonne :

> *Bâ-ti-ment, dé-mé-na-geur, ca-pi-tu-ler.*

   Si cette consonne est un *x*, il n'y a pas de coupure possible, sauf si ce *x* est prononcé comme un son unique :

> *Taxa-tion* [ta**ks**asjɔ̃], *auxi-liaire* [o**ks**iliɛʀ], *mais deu-xième* [døziɛm].

3. Quand il y a deux consonnes différentes, ou une consonne redoublée entre des voyelles, la coupure se place entre les deux consonnes :

   Par-don, es-timation, frac-ture, pos-sibilité, al-laitement.

   Cependant, les deux consonnes ne se séparent pas quand :

   a) elles représentent un seul son :

   Élé-phant, hypo-thèse, déta-cher, gro-gner.

   b) la deuxième consonne est *r* ou *l* et la première autre que *r* ou *l* :

   Pota-ble, nu-cléaire, dé-fla-gration, pro-priétaire.

4. Quand il y a trois consonnes, la coupure se fait après la deuxième consonne :

   Cons-titution, obs-tétrique.

   Cependant, on ne sépare pas les consonnes lorsqu'elles représentent un son unique :

   Mar-cher [marʃe], *am-phithéâtre, Or-phée.*

   Si la dernière consonne est *r* ou *l*, la coupure s'effectue après la première consonne :

   Ap-pliquer, res-trein-dre, des-cription.

5. Quand il y a quatre consonnes, la coupure se fait après la deuxième consonne, pour autant que ne soient pas séparées des consonnes représentant un son unique :

   Obs-truction, ins-trument, cons-tructif, mais ar-thropodes [artrɔpɔd(ə)].

Remarques

1. Un *y* placé entre deux voyelles ne peut être coupé :
   Rayon, appuyer.

2. Certaines coupures ne respectent pas les règles énoncées ci-dessus, lorsque des préfixes ou des suffixes peuvent être isolés. La coupure se place toujours après les préfixes *dé-* et *pré-* :
   Bis-annuel, re-structurer, endo-scopie, dé-structurer, pré-scolaire.

3. La coupure, en fin de ligne, se marque par un trait d'union. Ce dernier n'est pas repris à la ligne suivante. Cette coupure ne peut s'effectuer après une apostrophe :
   Pres-qu'île, aujour-d'hui.

4. On évitera de rejeter à la ligne suivante une syllabe seulement composée d'une consonne et d'un *e* muet, et d'isoler en fin de ligne une syllabe formée par une voyelle seule.

Partie 2

La phrase
La proposition

A Les termes essentiels

1. La phrase

39 Nous pensons et nous parlons, non pas par mots séparés, mais par assemblages de mots ; chacun de ces assemblages, logiquement et grammaticalement organisés, est une *phrase* (🅑 § 211).
La phrase est *simple* ou *composée*.

a) La phrase simple

40 Ses éléments (🅑 § 213)
La phrase simple dit d'un être ou d'un objet :

Ce qu'il fait ou subit :
> *Le chien aboie. L'arbre est abattu par le bûcheron.*

Ce qu'il est, qui il est :
> *L'or est un métal. Notre chef sera Marie.*

Dans quel état il est, ce qu'il est :
> *Mon père est malade. Le ciel est bleu.*

Dans l'ensemble que forme la phrase simple :
a) le **verbe** est l'élément fondamental, auquel se rattachent directement ou indirectement les divers mots constituant l'ensemble ;
b) le **sujet** est l'élément qui désigne l'être ou l'objet dont on dit ce qu'il fait ou subit, ce qu'il est, etc.

c) l'**attribut** est l'élément exprimant la qualité, la nature ou l'état qu'on rapporte, qu'on « attribue » au sujet par l'intermédiaire d'un verbe.

La proposition

La phrase simple comprend *un seul verbe* : elle forme, dans le langage, l'assemblage le plus simple exprimant un sens complet : cet assemblage est appelé *proposition*.

Une *proposition* est donc un assemblage logique de mots se rapportant directement ou indirectement à un *verbe*, base de l'ensemble et au moyen desquels on exprime un fait, un jugement, une volonté, une sensation, un sentiment, etc. :

> *La neige tombe.*
> *L'homme est mortel.*
> *Le ministre a récompensé les gagnants du concours.*
> *Qu'il parle !*
> *J'ai froid.*

Les termes de la proposition

Considérée dans ses éléments essentiels, la proposition comprend :

1° Ou bien deux termes ; un **sujet** et un **verbe intransitif** :

> *La terre* —— *tourne*

2° Ou bien trois termes :

soit : un **sujet**, un **verbe copule** et un **attribut** :

> *Sa maladie* —— *est* —— *contagieuse*
>
> *La situation* —— *devient* —— *difficile*

soit : un **sujet**, un **verbe transitif** et un **complément d'objet direct** :

> *Mon frère* —— *regarde* —— *la télévision*

Ⓡemarques

1. Chacun de ces termes peut être accompagné d'un ou de plusieurs compléments :

2. Comme la proposition comporte plusieurs termes, elle comprend, en principe, plusieurs mots. Cependant il arrive qu'on fasse comprendre sa pensée sans exprimer tous les termes essentiels de la proposition [voir § 72]; celle-ci peut même être réduite à un seul mot:

Malheur aux vaincus! Silence! Attention!
[Viens-tu?] Non! Pars!

b) La phrase composée

41 Tandis que dans la phrase *simple,* on n'a qu'un *seul verbe,* dans la **phrase composée,** on a *plusieurs verbes* dont chacun est la base d'une proposition distincte. Voici une phrase composée de trois propositions (Bu § 1109):

Je — vous — avertis — que — vous | arriverez | en retard

si

vous | attendez | votre ami

2. Le sujet

a) Définition

42 Le **sujet** est le mot ou groupe de mots désignant l'être ou la chose dont on exprime l'action ou l'état (Bu § 230):

Le journaliste —— *parle.*   *La neige* —— *tombe.*

Pour trouver le sujet, on place avant le verbe la question *qui est-ce qui?* pour les personnes, et *qu'est-ce qui?* pour les choses. On peut aussi l'identifier en l'encadrant de *c'est ... qui.*

> *Le journaliste parle; qui est-ce qui parle ? **Le journaliste.***
> *La neige tombe; qu'est-ce qui tombe? **La neige.***
> *C'est **le journaliste** qui parle. C'est **la neige** qui tombe.*

b) La nature du sujet (Bu § 232)

43 Le sujet peut être:

1° Un nom:

> ***Le soleil** brille.*

2° Un pronom :

Nous *travaillons.* **Tout** *passe.*

3° Un infinitif :

Lire *permet d'accéder au fonds secret de l'autre.* (P. Drevet)

4° Une proposition :

Qui a bu *boira.*

Remarques

1. Peuvent être pris comme noms, et par suite, être sujets :

L'adjectif :

Le vrai *peut quelquefois n'être pas vraisemblable.* (N. Boileau)

Le participe (présent ou passé) :

Les manquants *sont nombreux.*

La blessée *souffre.*

Les mots invariables :

Les si, les car, les pourquoi *ont engendré bien des querelles.*

2. À l'impératif, le sujet n'est pas exprimé :

Venez ici!

3. L'infinitif et le participe peuvent avoir un sujet [**voir § 461, 4°** et **voir § 382**] :

Il entend **un enfant** *crier.* (J. de La Fontaine)

La chance *aidant, nous réussirons.*

La pierre *ôtée, on vit le dedans de la tombe.* (V. Hugo)

---

c) **Sujet apparent. Sujet réel**

44 Dans les verbes impersonnels exprimant des phénomènes de la nature :
il pleut, il neige, il gèle, il tonne, etc., le pronom neutre *il,* **sujet apparent,**
est un simple signe grammatical annonçant la personne du verbe, mais ne
représentant ni un être, ni une chose faisant l'action (🄑 **§ 231**).

Les verbes impersonnels *il faut, il y a,* et les verbes employés impersonnellement, outre le **sujet apparent** *il,* ont un **sujet réel,** répondant à la question *qu'est-ce qui?* ou *qui est-ce qui?* placée avant eux :

Il *faut* **du courage** (= du courage est nécessaire; qu'est-ce qui est
nécessaire? Du courage = sujet réel).

Il *manque* **un élève** (qui est-ce qui manque? Un élève = sujet réel).

Il *convient* **de partir** (qu'est-ce qui convient? De partir = sujet réel).

Il	faut	du courage	Il	manque	un élève

d) La place du sujet

45 **Avant le verbe** (🅑 § 236)

Le sujet se place généralement avant le verbe :

Notre défiance justifie la tromperie d'autrui. (La Rochefoucauld)

Après le verbe

Le sujet se place parfois après le verbe, notamment :

1° Dans les interrogations directes si la question porte sur le verbe et que le sujet soit un pronom personnel, ou l'un des pronoms, *ce, on* :

*Comprends-**tu** ?*

*Est-**ce** possible ?*

*Part-**on** ?*

2° Dans les interrogations directes commençant par un mot interrogatif attribut ou complément d'objet direct :

*Quel est **cet enfant** ?*

*Que dis-**tu** ?*

*Que pense **ton frère** de mon idée ?*

®emarques

1. Si l'interrogation ne commence pas par un mot interrogatif et que le sujet ne soit ni un pronom personnel ni l'un des pronoms *ce, on,* ce sujet se place avant le verbe et on le répète après le verbe par un pronom personnel :

   ***L'accusée** dit-**elle** la vérité ?*

   ***Tout** est-**il** prêt ?*

2. Si l'interrogation commence par un mot interrogatif non attribut ni complément d'objet direct et que le sujet ne soit ni un pronom personnel ni *ce* ou *on,* ce sujet se met facultativement en inversion :

   *Où conduit **ce chemin** ?*   *Où **ce chemin** conduit-il ?*

   *Comment va **votre mère** ?*   *Comment **votre mère** va-t-elle ?*

   Toutefois, après *pourquoi,* ce sujet ne se met guère en inversion :

   *Pourquoi **le café** empêche-t-il de dormir ?*

3. Quand l'interrogation commence par *est-ce que,* l'inversion du sujet n'a jamais lieu :

   *Est-ce que **j'**écris mal ?* (Molière)

   *Est-ce que **ma cause** est injuste ou douteuse ?* (Id.)

3° Dans certaines propositions au subjonctif marquant le souhait, la suppo-sition, l'opposition, le temps :

*Puissiez-**vous** réussir!   Vive **le roi** !   Soit **le triangle** ABC.*
*Tombe sur moi **le ciel** pourvu que je me venge!* (P. Corneille)
*Vienne **la nuit** sonne **l'heure**.* (G. Apollinaire)

4° Dans la plupart des propositions incidentes :

*Mon ami, lui dit **Taor**, garde cet argent, il te sera utile pour ton voyage.*
(M. Tournier)

5° Dans les propositions où l'attribut est mis en tête :

*Rude est **la couche** et lente **l'ombre** au soleil cru du sang versé.* (H. Juin)

Inversion facultative

Le sujet se met *facultativement* après le verbe :

1° Dans les propositions commençant par *à peine, aussi, aussi bien, ainsi, au moins, du moins, en vain, vainement, peut-être, sans doute* :

*À peine est-**il** hors de son lit, à peine **il** est hors du lit.* (Académie)

> **℞emarque**
>
> Si le sujet n'est ni un pronom personnel, ni *ce* ou *on*, il se place avant le verbe et se répète facultativement après lui par un pronom personnel :
>
> *À peine **le soleil** était-**il** levé, à peine **le soleil** était levé.* (Acad.)

2° Dans les propositions relatives, si le sujet est autre chose qu'un pronom personnel ou l'un des pronoms *ce, on* :

*Les efforts que **ce travail** vous demandera, ... que vous demandera **ce travail**.*

3° Dans les propositions commençant par un complément circonstanciel ou par certains adverbes (temps, lieu, manière), si le sujet est autre qu'un pronom personnel ou que l'un des pronoms *ce, on* :

*Dans la salle, **une clameur** s'éleva, ... s'éleva **une clameur**.*
*Ici aimait à travailler **le chercheur** qui entretenait une correspondance suivie avec les sociétés savantes du monde entier.* (S. Bemba)
*Ici **les vendeurs** parlent anglais.*

4° Dans des propositions infinitives [voir § 461, 4°], quand l'infinitif n'a pas de complément d'objet direct et que son sujet est autre chose qu'un pronom personnel ou relatif :

*J'entends **le chien** aboyer, j'entends aboyer **le chien**.*

Mais quand la proposition infinitive dépend de *faire,* si le sujet de l'infinitif est autre chose qu'un pronom personnel ou relatif, ce sujet se met après l'infinitif :

*J'ai fait taire **les lois.*** (J. Racine)

3. Le verbe et ses compléments

a) Le verbe

46 Le **verbe** est le mot ou groupe de mots qui exprime l'action, l'existence ou l'état du sujet, ou encore l'union de l'attribut au sujet (**Bu** § 767) :

Pour le *verbe copule,* voir [voir § 58, Rem. 1].

b) Les compléments du verbe

47 Les compléments du verbe sont (**Bu** § 276) :
1° le complément **d'objet** (direct ou indirect) ;
2° le complément **circonstanciel** ;
3° le complément **d'agent** du verbe passif.

1° Le complément d'objet

48 **Le complément d'objet direct** (**Bu** § 279)
Le *complément d'objet direct* est le mot ou groupe de mots qui se joint au verbe sans préposition pour en compléter le sens en marquant sur qui ou sur quoi passe l'action ; il désigne la personne ou la chose auxquels aboutit, comme en ligne droite, l'action du sujet :

J' —— aime —— ma mère

Julie —— prend —— son livre

Remarques

1. Il convient d'interpréter dans un sens large la notion d'*objet* et d'y inclure tout ce qui n'est pas nettement circonstance ou agent. Ainsi, dans les phrases suivantes, on a des compléments d'objet directs :
   Le chien conduit **l'aveugle**.
   J'habite **cette maison**.
2. L'infinitif complément d'objet direct est parfois introduit par une des prépositions vides **à** ou **de** :

   J' —— aime —— à lire

   Le code de la route —— interdit —— de conduire en état d'ivresse

   Comparez :

   J' —— aime —— la lecture

   Le code de la route —— interdit —— la conduite en état d'ivresse

3. Dans *Je bois* **du vin, de la bière, de l'eau** ; *je mange* **des épinards** ; *il n'a pas* **de pain**, on a des **compléments d'objet partitifs.** On observera que *de* ne garde pas là sa valeur ordinaire de préposition : combiné (ou fondu) avec *le, la, l', les*, il forme les articles partitifs *du, de la, de l', des* ; employé seul, comme dans *Il n'a pas* **de** *pain, j'ai mangé* **de** *bonnes noix*, il sert d'article partitif ou indéfini.

---

49 Pour reconnaître le complément d'objet direct, on place après le verbe la question *qui ?* ou *quoi ?*
  J'aime ma mère ; j'aime qui ? **ma mère**.
  J'écoute une chanson ; j'écoute quoi ? **une chanson**.

On peut observer que le complément d'objet direct est le mot qui devient sujet quand la proposition peut être mise au passif :
  Le berger garde **les moutons**. (**Les moutons** *sont gardés par le berger*.)

50 Nature du complément d'objet direct

Le complément d'objet direct peut être :

1° Un nom :
> J'ai emprunté son **vélo**.

2° Un pronom :
> Vous **me** connaissez. Prenez **ceci**.

3° Un mot pris substantivement :
> Il demande **le pourquoi** et **le comment** de chaque chose.
> Aimons **le beau, le vrai**.

4° Un infinitif :
> Je veux **partir**.

5° Une proposition :
> J'affirme **que ce livre m'appartient**.

51 Le complément d'objet indirect

Le *complément d'objet indirect* est le mot ou groupe de mots qui se joint au verbe par une préposition pour en compléter le sens en marquant, comme par bifurcation, sur qui ou sur quoi passe l'action ; parfois il indique l'être à l'avantage ou au désavantage de qui l'action se fait (**Bu** § 281) :

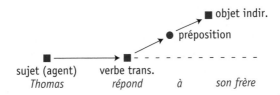

N.B.

Des grammairiens distinguent, comme espèce particulière du complément d'objet indirect, le complément *d'attribution*, toujours associé à un complément d'objet direct (parfois sous-entendu) et désignant la personne ou la chose à laquelle est destinée l'action : *Je rapporte le journal **à nos voisins**.* Certains considèrent ce complément comme une variété du complément circonstanciel, tout en admettant que, dans tel ou tel cas, il est à la fois complément d'objet indirect et complément circonstanciel.

▼

```
     ▼
    J' ── use ── de ── ce remède

    Le tabac ── nuit ── à ── la santé

    Nous ── parlons ── à ── nos parents

    Elle ── doute ── de ── l'avenir

    Je ── donne ── des jouets ── aux ── enfants abandonnés

    On ── s'est battu ── contre ── cette sanction injuste
```

> **®emarque**
>
> Les pronoms personnels compléments d'objet indirects *me, te, se,* avant le verbe
> – *moi, toi,* après un impératif – *nous, vous, lui, leur,* avant ou après le verbe
> – se présentent sans préposition; la même observation s'applique au pronom
> relatif *dont* complément d'objet indirect[1]:
> *On **me** nuit: obéis-**moi**; on **lui** obéit; obéissez-**lui**.*
> (Comparez: *on nuit **à** ton père,* etc.)

52 Pour reconnaître le complément d'objet indirect, on peut, en consultant le sens, placer après le verbe l'une des questions *à qui? à quoi? de qui? de quoi? pour qui? pour quoi? contre qui? contre quoi?*

*Le tabac nuit à la santé; le tabac nuit à quoi? **à la santé**.*
*Elle hérite d'une maison; elle hérite de quoi? **d'une maison**.*

53 **Nature du complément d'objet indirect**
Le complément d'objet indirect peut être:
1° Un nom:
*Pardonnons **à nos ennemis**.*

2° Un pronom:
*Je **lui** obéirai. Elle doute **de tout**.*

3° Un mot pris substantivement:
*J'accorderai mon aide **aux démunis**.*

4° Un infinitif:
*On l'encourage **à se battre**.*

---

1. On peut, il est vrai, en recourant à l'étymologie, voir la préposition *de* dans le relatif *dont,* qui vient du latin vulgaire *de unde,* renforcement de *unde,* d'où.

5° Une proposition :
*Je doute **que vous réussissiez.***

54 Un complément d'objet direct ou indirect peut être commun à plusieurs verbes, pourvu que chacun d'eux puisse séparément admettre ce complément.
*Cet appareil détecte et signale **tous les faux contacts.***

Mais si les verbes se construisent différemment, le complément s'exprime avec le premier verbe selon la construction requise par celui-ci, et se répète par un pronom avec les autres verbes, selon la construction demandée par chacun d'eux :
*Il apprécie **mes amis** et **leur** fait confiance.*

On ne pourrait pas dire : *Il apprécie et fait confiance **à** mes amis.*

ⓡemarques

1. Le complément d'objet direct ou indirect se place généralement *après* le verbe. Il précède le verbe :
   a) Lorsque c'est un pronom personnel (voir détails **[voir § 236]**) :
   *Je **vous** écoute, je **lui** obéis.*
   b) Dans certaines tournures interrogatives ou exclamatives, ou encore dans certaines locutions figées :
   ***Que** dites-vous ?   **Quel livre** prenez-vous ?*
   ***À quoi** pensez-vous ?   **Quel courage** elle montre !*
   ***À quels dangers** il s'expose !*
   ***Chemin** faisant.   **À Dieu** ne plaise !*
   c) Quand on veut, en le mettant en tête, lui donner du relief ; on doit alors le répéter par un pronom personnel :
   ***Le bien**, nous **le** faisons.* (J. de La Fontaine)
   ***Cette décision**, je m'**y** tiendrai.*

2. Lorsqu'un verbe a plusieurs compléments d'objet directs ou indirects, ceux-ci doivent être, en principe, de même nature grammaticale :
   *J'ai perdu **ma force** et **ma vie.*** (A. de Musset)
   *Prenez **ceci** et **cela.***
   *Il sait **lire** et **écrire.***
   *Elle a écrit **à ses parents** et **à ses amis.***

   À l'époque classique, on en usait, en cela, plus librement qu'on ne fait aujourd'hui ; et même de nos jours, la règle ci-dessus laisse quelque latitude :
   *Ah ! savez-vous **le crime** et **qui vous a trahie** ?* (J. Racine)

> *Elle savait **la danse, la géographie, le dessin, faire** de la tapisserie et **toucher** du piano.* (G. Flaubert)
> *Tu veux **partir** et **que je te suive**.* (M. Barrès)

2° Le complément circonstanciel

55 Le **complément circonstanciel** est le mot ou groupe de mots qui complète l'idée du verbe en indiquant quelque précision extérieure à l'action (temps, lieu, cause, but, etc.) (**Bu** § 312) :

> ***Vers le soir,*** *je me revêtis **de mes armes** (...), et sortant **secrètement du château**, j'allai me placer **sur le rivage**...* (F.R. de Chateaubriand)

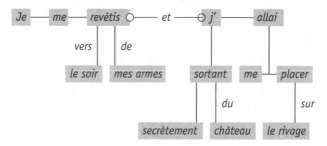

Les **principales circonstances** marquées par le complément circonstanciel sont :

La cause : *Agir **par jalousie**.*
Le temps (époque) : *Nous partirons **dans trois jours**.*
Le temps (durée) : *Elle a travaillé **toute sa vie**. Il resta là **trois mois**.*
Le lieu (situation) : *Vivre **à la campagne**.*
Le lieu (direction) : *Je vais **aux champs**.*
Le lieu (origine) : *Je reviens **de Montréal**.*
Le lieu (passage) : *Elle s'est introduite **par le soupirail**.*
La manière : *Il marche **à pas pressés**.*
Le but : *Travailler **pour la gloire**. S'entraîner **pour gagner**.*
L'instrument : *Il le perça **de sa lance**.*
La distance : *Se tenir **à trois pas** de quelqu'un.*
Le prix : *Ce bijou coûte **cinq mille euros**.*
Le poids : *Ce colis pèse **cinq kilos**.*
La mesure : *Allonger une robe **de deux centimètres**.*
La partie : *Saisir un poisson **par les ouïes**.*
L'accompagnement : *Il part **avec un guide**.*
La matière : *Bâtir **en briques**.*

L'opposition : *Je te reconnais **malgré l'obscurité**.*
Le point de vue : *Égaler quelqu'un **en courage**.*
Le propos : *Parler, discourir, **d'une affaire**.*
Le résultat : *Il changea **l'eau en vin**.*

> **R**emarque
> Le complément circonstanciel est le plus souvent introduit par une préposition.

56 Nature du complément circonstanciel
Le complément circonstanciel peut être :
1° Un nom :
> *Il meurt **de faim**.*

2° Un pronom :
> *C'est **pour cela** qu'il a été récompensé.*

3° Un mot pris substantivement :
> *Il a oublié de mettre l'accent **sur les « où »** et les **« là »**.*

4° Un infinitif :
> *Elle travaille **pour vivre**.*

5° Un adverbe :
> *Nous partirons **bientôt**.*

6° Un gérondif [voir § 294, Rem.] :
> *Il est tombé **en courant**.*

7° Une proposition :
> *Nous commencerons **quand vous voudrez**.*

3° Le complément d'agent (Ⓑ § 317-319)

57 Le **complément d'agent** du verbe passif désigne l'être ou la chose indiquant l'auteur, l'*agent* de l'action que subit le sujet ; il s'introduit par une des prépositions *par* ou *de* :
> *L'accusé est interrogé **par le juge**.*

*J'étais craint **de mes ennemis.***

*Nous fûmes agréablement surpris **par une odeur de pain frais et de feu de bois.***

> **N.B.** Moyen pratique
> Pour reconnaître le complément d'agent, on tourne la phrase par l'actif: si le complément introduit par une des prépositions *par* ou *de* devient sujet du verbe actif, c'est bien un complément d'agent.

4. L'attribut

58 L'**attribut** est le mot ou groupe de mots exprimant la qualité, la nature, l'état, qu'on rapporte, qu'on «attribue» au sujet ou au complément d'objet par l'intermédiaire d'un verbe (**Bu** § 242-252).

Prenons le sujet *ce livre;* quand nous attribuons à ce sujet la qualité d'*épais,* c'est comme si nous unissions l'idée d'*épaisseur* à l'idée de *ce livre,* de façon à faire coïncider exactement les deux idées pour les lier en un seul bloc, par une ficelle; cette ficelle, c'est le verbe copule (*être, sembler, devenir,* etc.):

sujet : → *ce livre*

← attribut : *épais*

← verbe copule : *est*

Ce livre est épais.

Il y a deux espèces d'attributs:
1° L'attribut **du sujet**

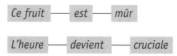

Ce fruit —— est —— mûr

L'heure —— devient —— cruciale

2° L'attribut **du complément d'objet** (direct ou indirect)

On —— a nommé —— mon amie —— directrice

Il —— use —— de —— cette plante —— comme remède

ℝemarques

1. L'appellation de *verbe copule* signifie proprement «verbe lien»; on peut se représenter concrètement le verbe copule (on dit aussi, plus simplement: la copule) soit par la ficelle dont il a été parlé plus haut, soit par le signe = employé pour unir les deux membres d'une égalité.

2. Le plus souvent l'attribut du sujet ou du complément d'objet se construit sans préposition; avec certains verbes il est introduit par une des prépositions vides, *de, en, pour, comme*:

Il —— est traité —— d'idéaliste

Il —— parle —— en expert

Elle —— passe —— pour téméraire

Je —— le —— regarde —— comme mon ami

Elle —— se sert —— de —— son bâton —— comme arme

---

59 L'attribut peut être relié au sujet (**Bu** § 243):

a) par le verbe **être** (c'est le cas le plus fréquent);
b) par un **verbe d'état** contenant l'idée du verbe *être* à laquelle se trouve implicitement associée:
   1° l'idée de devenir: *devenir, se faire, tomber* (par ex.: *tomber* malade);
   2° l'idée de continuité: *demeurer, rester;*
   3° l'idée d'apparence: *paraître, sembler, se montrer, s'affirmer, s'avérer, avoir l'air, passer pour, être réputé, être pris pour, être considéré comme, être regardé comme, être tenu pour;*
   4° l'idée d'appellation: *s'appeler, se nommer, être appelé, être dit, être traité de;*
   5° l'idée de désignation: *être fait, être élu, être créé, être désigné pour, être choisi pour, être proclamé;*
   6° l'idée d'accident: *se trouver* (par ex.: Il *se trouva* ruiné tout d'un coup);

c) par certains **verbes d'action** à l'idée desquels l'esprit associe implicitement l'idée du verbe *être,* par exemple: *Il mourut pauvre = il mourut [étant] pauvre.*

Parmi ces verbes on peut signaler:

aller	courir	fuir	partir	sortir
s'en aller	dormir	marcher	passer	tomber
s'arrêter	s'éloigner	mourir	régner	venir
arriver	entrer	naître	se retirer	vivre, etc.

60 Les verbes qui relient l'attribut au complément d'objet sont des **verbes d'action** à l'idée desquels on associe implicitement l'idée du verbe *être,* par exemple: *On la nomma ambassadrice. Je trouve ce livre intéressant.*

Parmi ces verbes on peut signaler:

accepter pour	élire	reconnaître pour
accueillir en	ériger en	regarder comme
admettre comme	estimer	rendre
affirmer	établir	réputer
appeler	exiger	retenir
choisir pour	faire	savoir
consacrer	imaginer	sentir
considérer comme	instituer	souhaiter
créer	juger	supposer
croire	laisser	tenir pour
déclarer	nommer	traiter de
désigner pour	préférer	traiter en
désirer	prendre pour	trouver
dire	présumer	voir
donner	proclamer	vouloir, etc.

61 Nature de l'attribut

L'attribut peut être (**Bu** § 303-304):

1° Un nom:

   *La Terre est **une planète**. La classe l'a choisi comme **délégué**.*

2° Un mot pris substantivement:

   *Ceci est **un à-côté**.*

3° Un pronom :
*Vous êtes **celle** que j'ai choisie.*

4° Un adjectif ou une locution adjective :
*L'homme est **mortel**.*
*Nous sommes **sains et saufs**.*
*On la dit **sévère**.*

5° Un adverbe :
*Ce garçon est très **bien**.*

6° Un infinitif :
*Chanter n'est pas **crier**.*

7° Un infinitif introduit par *à* :
*Cette maison est **à vendre**.*

8° Une proposition :
*Mon avis est **qu'il se trompe**.*

62 **Place de l'attribut**
L'attribut se place le plus souvent après le verbe ; on le place en tête de la phrase quand il est ou contient un mot interrogatif ou encore pour des raisons de style :
***Quels** sont vos projets ?*
***Rude** est la couche et **lente** l'ombre au soleil cru du sang versé.* (H. Juin)

◾ Déterminants et compléments

1. Les déterminants du nom

63 Le nom peut être accompagné d'autres mots qui précisent, déterminent, complètent l'idée qu'il exprime. Au groupe du nom peuvent appartenir :

a) Un **article** (🔵 § 578-584) :
La porte.   Une maison.   De l'eau.

b) Une **épithète**, c'est-à-dire un adjectif qualificatif placé généralement à côté d'un nom et exprimant, sans l'intermédiaire d'un verbe, une qualité de l'être ou de l'objet nommé (🔵 § 321) :
*Voyages, coffrets **magiques** aux promesses **rêveuses**, vous ne livrerez plus vos trésors intacts.* (Cl. Lévi-Strauss)

N.B. Moyen pratique

La différence qu'il y a entre l'*attribut* et l'*épithète*, c'est que:

a) l'*attribut* suppose un lien qu'on noue entre lui et le sujet (ou le complément d'objet): il y a une copule (parfois implicite); voir la figure: on noue la ficelle:

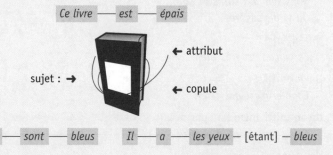

b) l'*épithète* ne suppose pas ce lien; il n'y a pas de copule; pas de ficelle à nouer:

Je prends ce livre épais.

Remarque

L'épithète est dite **détachée** quand elle est jointe au nom (ou au pronom) d'une façon si peu serrée qu'elle s'en sépare par une pause, généralement indiquée par une virgule; elle s'écarte même souvent du nom (ou du pronom) et est fort mobile à l'intérieur de la proposition (**Bu** § 332-334).

L'épithète détachée a quelque chose de la nature de l'attribut, et l'on peut concevoir qu'elle suppose une copule implicite:

*Le paysan, **furieux**, leva la main.* (G. de Maupassant)
***Légère** et **court vêtue**, elle allait à grands pas.* (J. de La Fontaine)
*Le soleil descend, **calme** et **majestueux**, à l'horizon.*
*L'inondation s'étendait toujours, **sournoise**.*

c) Un **adjectif** numéral, possessif, démonstratif, relatif, interrogatif, exclamatif, indéfini :

> **Deux** amis.   **Ce** livre.   **Tout** homme.
>
> **Quels** livres avez-vous dans **votre** bibliothèque ?

d) Un **adverbe** pris adjectivement :

> La note **ci-dessous**.
>
> Dans la **presque** nuit. (M. Donnay)
>
> Cela était bon au temps **jadis**. (Académie)
>
> Nous avons fait le voyage avec des gens très **bien**.

e) Une **apposition**, c'est-à-dire un nom, un pronom, un infinitif, une proposition, que l'on place à côté du nom[1] pour définir ou qualifier l'être
ou la chose que ce nom désigne ; l'apposition est comparable à l'attribut,
mais le verbe copule est absent (**Bu** § 340-343) :

> L'hirondelle, **messagère du printemps**.
>
> Elle fit le geste de **découper**.
>
> Une enfant **prodige**.
>
> Les chefs **eux-mêmes** étaient découragés.
>
> Je désire une seule chose, **réussir**.
>
> Je désire une seule chose, **que vous soyez heureux**.

Remarques

1. Le nom apposé désigne toujours le *même* être ou la *même* chose que le nom
   auquel il est joint.

2. Le nom apposé précède parfois le nom auquel il est joint :
   > C'est l'heure où, **troupe joyeuse**, les élèves quittent la classe.

3. Dans des expressions comme *le mois de mai, la ville de Montréal, le royaume de
   Belgique, l'île de Chypre, le nom de mère, la comédie des Plaideurs,*

---

1. C'est le plus souvent à un *nom* que l'apposition se joint, mais elle peut aussi se joindre à un *pronom*
[voir § 64, 4°], à un *adjectif*, à un *infinitif*, à une *proposition* :

> Cet homme grossier, et malhonnête, **qui pis est**, m'exaspère.
>
> Consoler, **cet art si délicat**, est parfois difficile.
>
> Des vagues énormes déferlent, **spectacle impressionnant**.

où les deux noms sont unis par la préposition vide *de* et désignent le même être ou la même chose, c'est le second nom qui est l'apposition[1] :

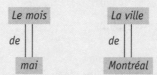

4. Dans *cet amour de petite fille, mon idiot de voisin* et autres expressions semblables, on peut considérer que le second nom est construit comme une apposition pour mettre en relief le premier nom[2].

5. Il est sans intérêt de chercher à reconnaître, dans des expressions comme le *mont Sinaï, le musée Grévin, le philosophe Platon, le capitaine Renaud, Sa Majesté le Roi* – dont les éléments ne sont pas joints par *de* –, quel est l'élément qui est l'apposition ; on peut se contenter de dire qu'on a là des « éléments juxtaposés ».

f) Un **complément déterminatif**, c'est-à-dire un nom, un pronom, un infinitif, un adverbe, une proposition [voir § 485, Rem. 1], se subordonnant au nom pour en limiter le sens (**Bu** § 346-349) :

*Comprenez-vous l'importance **de cela** ?*
*L'ardeur **de vaincre** cède à la peur **de mourir**.* (P. Corneille)
*Les hommes **d'autrefois**.*
*L'espoir **qu'elle guérira** me soutient.*

---

1. Si l'on admet cette façon de voir, on pourra employer la méthode suivante pour distinguer l'apposition d'avec le complément déterminatif : dans *le mois de mai* ou dans *le titre de roi*, on reconnaîtra que *mai* et *roi* sont des appositions parce qu'on peut dire : « *mai* est un mois », « *roi* est un titre ». Mais dans *la rue du Vallon*, le nom *vallon* est un complément déterminatif, car le vallon n'est pas une rue.

2. D'aucuns, estimant que le second nom exprime l'idée dominante, tiennent que c'est le premier nom qui est l'apposition.

Remarques

1. Le complément déterminatif peut avoir des sens très variés[1]. Il peut indiquer notamment :

l'espèce : *un cor **de chasse*** ;
l'instrument : *un coup **d'épée*** ;
le lieu : *la bataille **de Waterloo*** ;
la matière : *une statue **de bronze*** ;
la mesure : *un trajet **de dix kilomètres*** ;
l'origine : *un jambon **d'Ardenne*** ;
la possession : *la maison **de mon père*** ;
la qualité : *un homme **de cœur*** ;
le temps : *les institutions **du moyen âge*** ;
la totalité : *une partie **de cette somme*** ;
la destination : *une salle **de sport*** ;
le contenu : *une tasse **de lait***.

2. La préposition qui introduit ce complément est le plus souvent *de*, mais ce peut être aussi *à, autour, en, envers, contre, par, pour, sans*, etc.
*Une planche **à** dessin, un sirop **contre** la toux,*
*la bonté **envers** tous.*

3. Tandis que le nom apposé désigne *le même* être ou objet que le nom auquel il est joint, le nom complément déterminatif désigne *un autre* être ou objet que le nom qu'il complète.

4. Un grand nombre de noms d'action ou d'agent peuvent prendre un complément déterminatif *d'objet*, analogue au complément d'objet direct des verbes correspondants :
*L'oubli **des injures** (comparez : oublier les injures).*
*Le détenteur **du secret** (comparez : détenir un secret).*

5. Deux noms peuvent avoir un complément commun s'ils admettent chacun séparément la même préposition après eux :
*Le début et la fin **d'un poème**.*
(On ne dirait pas : *Les ravages et la lutte contre la drogue*. Il faudrait dire, par exemple : *Les ravages **de** la drogue et la lutte **contre** ce fléau*.)

---

1. On observera que, dans beaucoup de cas, le complément déterminatif sans article joue le rôle d'une *locution adjective* équivalant à un qualificatif : *un coup d'audace* = *un coup **audacieux*** ; *un soleil **de printemps*** = *un soleil **printanier***.

2. Les déterminants du pronom (⒝ § 357-359)

64 Le pronom peut être accompagné d'autres mots qui le précisent, le déterminent, le complètent. Au groupe du pronom peuvent appartenir:

1° Un **article,** dans certains cas:

Ce livre est le mien.

De ces deux livres, prenez celui-ci, je prendrai l'autre.

C'est un tel qui me l'a dit.

2° Un **adjectif qualificatif** ou un participe passé adjectif, dans certains cas:

Il y a ceci de grave.

Quoi de nouveau?

Personne de blessé.

Eux seuls seront exempts de la commune loi! (J. de La Fontaine)

3° Un **adjectif numéral** ou **indéfini**, dans certains cas:

Nous deux.

Nul autre ne l'a dit.

C'est vous-même qui l'avez fait.

4° Une **apposition,** qui peut être un nom, un pronon, un infinitif, une proposition:

Moi, héron, que je fasse

Une si pauvre chère? (J. de La Fontaine).

Nous avons tous un rôle à jouer.

Je ne désire que ceci: réussir.

Je désire ceci: que vous soyez heureux.

5° Un **complément déterminatif:**

Chacun de vous a pu la voir.   Ceux de Lyon.

6° Une **proposition:**

Ceux qui vivent, ce sont ceux qui luttent. (V. Hugo)

3. Le complément de l'adjectif (⒝ § 360-363)

65 Le **complément de l'adjectif** peut être un nom, un pronom, un infinitif, un adverbe, une proposition:

Un vase plein d'eau.   Courageux entre tous.

Apte à nager.   Une femme très active.

Un enfant beau comme un ange.   Heureux à jamais.

Il peut être sûr qu'on le retrouvera.

.B.

Parmi les compléments de l'adjectif, il convient de signaler à part le **complément du comparatif** (et du **superlatif relatif**), qui exprime le deuxième terme de la comparaison :

*Thomas est plus curieux **que sa sœur.***
*Le jour n'est pas plus pur **que le fond de mon cœur.*** (J. Racine)
*Ce contrat est antérieur **à l'autre.*** (Académie)
*Pierre est le plus grand **de tous.***

Remarque

Deux adjectifs peuvent avoir un complément commun s'ils admettent chacun séparément la même préposition après eux :

*Un entraîneur exigeant et rigoureux **pour ses joueurs.***

On ne dirait pas : *Prêt et avide **de** combattre.* On tournerait ainsi : *Prêt **à** combattre et avide **de** le faire.*

4. Le complément des mots invariables (ⓑ § 364-367)

66 Certains mots invariables peuvent avoir un complément. Il y a :

1° Le **complément de l'adverbe** ; ce complément peut être un autre adverbe, un nom, un pronom :

*Vous arrivez **trop** tard.*
*Il y a trop **d'invités** à cette soirée.*
*Ils seront payés proportionnellement **à leurs compétences.***
*Heureusement **pour elle**, ses appels furent entendus.*

Remarque

On peut trouver préférable de considérer *beaucoup de, peu de,* etc., comme adjectifs indéfinis [**voir § 218, Rem. 1**] ; et *proportionnellement à, indépendamment de,* etc., comme locutions prépositives.

2° Le **complément de la préposition** ; ce complément est un adverbe :

*Elle se tient **tout** contre le mur.*
*J'écrirai **aussitôt** après votre départ.*

3° Le **complément de la conjonction de subordination**; ce complément est un adverbe:

*Elle part **bien** avant que l'heure sonne.*

*Il arrive **longtemps** après que le spectacle est fini.*

4° Le **complément du présentatif** (voici, voilà):

*Voici **le jour**.   **Le** voilà.   Voici **pour votre peine**.*

*Voilà **qu'un orage vint à éclater**.*

5° Le **complément de l'interjection**:

*Adieu **pour jamais**!   Gare **au premier qui rira**!* (A. Daudet)

*Gare **que la glace ne cède**!*

C Les mots de liaison

67 Les mots de liaison dans la proposition sont:

1° La **conjonction** de coordination, qui unit entre eux des éléments semblables (sujets, attributs, compléments, épithètes, appositions) (**Bu** § 1080-1095):

*La lecture **et** le cinéma offrent des occasions de distraction agréable dans les moments creux **ou** les heures pénibles de l'existence.*

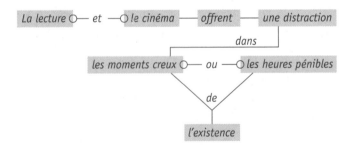

2° La **préposition**, qui unit certains compléments aux mots complétés (**Bu** § 1035-1037):

*Où est la sortie **de** cette salle?*

*Faites attention **à** la marche.*
*Il part **vers** le soir.*
*Nous luttons **contre** la mauvaise fortune.*

D Les mots indépendants

68 Certains mots n'ont aucune relation grammaticale avec les autres mots de la proposition. Ce sont :

1° L'**interjection** (Ⓑ § 1102-1108) :
Ah ! Je suis contente de vous voir.

2° Le **mot mis en apostrophe** : nom ou pronom désignant l'être animé ou la chose personnifiée à qui on adresse la parole (Ⓑ § 376) :
Poète, prends ton luth. (A. de Musset)
Baobab ! Je suis venu replanter mon être près de toi. (J.-B. Tati-Loutard)

3° Le **mot explétif**, qui est un pronom personnel marquant l'intérêt que prend à l'action la personne qui parle, ou indiquant qu'on sollicite le lecteur ou l'auditeur de s'intéresser à l'action (Ⓑ § 375) :
*On **vous** happe notre homme, on **vous** l'échine, on **vous** l'assomme.*
(J. de La Fontaine)
*Goûtez-**moi** ce vin-là.*

E L'ellipse et le pléonasme

69 1° L'**ellipse** est l'omission d'un ou de plusieurs mots qui seraient nécessaires pour la construction régulière de la proposition (Ⓑ § 217-218).

Tantôt c'est le sujet qui est omis :
Fais ce que dois. pour *Fais ce que [tu] dois.*

Tantôt c'est le verbe (on a alors une proposition *elliptique* : [voir § 72]) :
Combien ce bijou ? pour *Combien [coûte] ce bijou ?*
Heureux les humbles ! pour *Heureux [sont] les humbles !*

Tantôt c'est à la fois le sujet et le verbe :
Loin des yeux, loin du cœur. pour *[Qui est] loin des yeux [est] loin du cœur.*

Dans certains cas, l'ellipse consiste à ne pas répéter un élément précédemment exprimé, ou ce qui est commun à deux éléments coordonnés :

Pour comprendre le monde, il faut parfois se détourner ; pour mieux servir les hommes, les tenir un moment à distance. (A. Camus)
Cela remonte au quinzième ou seizième siècle.

70 2° Le **pléonasme** est une surabondance de termes : il ajoute des mots non exigés par l'énoncé strict de la pensée. Il peut servir à donner plus de force ou de relief à tel ou tel élément de la proposition (**Bu** § 15) :

*On cherche les rieurs, et **moi** je les évite.* (J. de La Fontaine)

N.B.

Quand il n'ajoute rien à la qualité stylistique ou à la force de l'expression, le pléonasme est qualifié de vicieux : *Une panacée **universelle**. Sortir **dehors**.*

F Les espèces de propositions

71 Considérées dans leurs rapports réciproques, les propositions se divisent en (**Bu** § 1109) :
propositions *indépendantes,*
propositions *principales,*
propositions *subordonnées.*

1° Est **indépendante** la proposition qui ne dépend d'aucune autre et dont aucune autre ne dépend :

La moquerie est souvent indigence d'esprit. (J. de La Bruyère)

2° Est **principale** la proposition qui a sous sa dépendance une ou plusieurs autres propositions :

On a perdu bien peu *| quand on garde l'honneur.* (Voltaire)
Si nous nous préparons avec rigueur | et si nous nous entraînons régulièrement, | ***nous gagnerons la course.***

3° Est **subordonnée** la proposition qui est dans la dépendance d'une autre proposition :

Le cœur a ses raisons | ***que la raison ne connaît point.*** (B. Pascal)
Tant que la chance nous sourira, *nous resterons en tête.*

℞emarques

1. La proposition *indépendante* et la *principale* ont la même nature foncière : l'une et l'autre sont des « non subordonnées » ; on pourrait les comparer à des troncs d'arbres : l'indépendante est comme un tronc sans branches, la principale est comme un tronc avec une ou plusieurs branches.

2. Une proposition *subordonnée* peut avoir dans sa dépendance une autre proposition subordonnée : la première est alors *principale* par rapport à la seconde :

On ne devrait écrire des livres que pour y dire des choses qu'on n'oserait confier à personne. (E.M. Cioran)

1. On ne devrait écrire des livres

2. que pour y dire des choses
(subordonnée à 1 ; principale par rapport à 3)

3. qu'on n'oserait confier à personne
(subordonnée à 2).

72 **Propositions elliptiques**

Une proposition est dite *elliptique* lorsque son verbe n'est pas exprimé ; en raccourcissant l'expression, elle traduit la pensée avec une spontanéité, une vivacité ou une énergie particulières. Les propositions elliptiques se rencontrent surtout dans les dialogues, dans les ordres, dans les exclamations ou les interrogations, dans les proverbes, dans les comparaisons (**Bu** § 218) :

Que dites-vous ? Rien.   Silence !   Bien joué !

À quand votre visite ?   À chacun son métier.

Notre esprit cherche la vérité comme une plante [cherche] *la lumière.*

℞emarque

Parmi les propositions elliptiques, il faut signaler les propositions principales réduites à certains adverbes, à certains noms ou adjectifs, tels que :

apparemment, certainement, dommage, heureusement, nul doute, peut-être, possible, probablement, sans doute, sûrement, vraisemblablement.

Ces propositions ont sous leur dépendance une subordonnée introduite par *que :*

Apparemment *qu'il viendra.* (Académie)
[= Il y a apparence que...].

Heureusement *que vous m'avez averti.*
[= Il est heureux que... ou : Je suis heureux que...].

Peut-être *que vous avez raison* [= Il se peut que...].

Sans doute *qu'à la foire ils vont vendre sa peau.* (J. de La Fontaine)

F Les espèces de propositions

73 Si l'on considère les propositions au point de vue de la forme, on distingue :

1° La proposition **affirmative**, qui exprime qu'un fait est :
   La terre tourne autour du soleil.

2° La proposition **négative**, qui exprime qu'un fait n'est pas :
   La Mort ne surprend point le sage. (J. de La Fontaine)

3° La proposition **interrogative**, qui exprime une question portant sur l'existence d'un fait ou sur une circonstance de ce fait (**Bu** § 389-392) :
   Rodrigue, as-tu du cœur ? (P. Corneille)   *Qui vient ?*

Remarques

1. L'interrogation est **directe** lorsqu'elle est exprimée par une proposition principale ; elle est caractérisée par un *ton* spécial, qui s'élève progressivement jusqu'à la syllabe accentuée du mot qui appelle la réponse. Elle est marquée, dans l'écriture, par un point d'interrogation :
   As-tu lu ce livre ?   Tu pars déjà ?

   L'interrogation est **indirecte** lorsqu'elle est exprimée en dépendance d'une proposition principale dont le verbe indique qu'on interroge ou dont le sens général implique l'idée d'une interrogation ; elle comporte une proposition subordonnée contenant l'*objet* de l'interrogation ; elle se prononce comme une phrase ordinaire et n'est pas, dans l'écriture, marquée par le point d'interrogation :
   *Je te demande **si tu as lu ce livre**.   Dis-moi **si tu pars déjà**.*

   Comme on le voit, le verbe principal dont dépend la subordonnée de l'interrogation indirecte peut être non seulement un verbe du type *demander*, mais encore un verbe déclaratif ou perceptif (*dire, sentir, savoir, raconter, comprendre, ignorer*, etc.) à l'idée duquel s'associe l'idée de l'interrogation :
   *J'ignore **si tu nous retrouveras**.*

2. Transformée en interrogation indirecte, une interrogation directe commençant par un mot interrogatif ne subit pas de changement en ce qui concerne le mot introducteur :

Interrogation directe	Interrogation indirecte
Quel est votre nom ?	*Dites-moi quel est votre nom.*
Qui appelez-vous ?	*Je demande qui vous appelez.*

   Toutefois, dans le passage de l'interrogation directe à l'interrogation indirecte, à *est-ce que* devant un sujet correspond la conjonction *si* ;

▼

▼
au pronom interrogatif neutre *que* devant un verbe à un mode personnel correspond *ce que*; à *qu'est-ce qui* peut correspondre *ce qui* :

Interrogation directe	Interrogation indirecte
Est-ce que tu viens ?	Je te demande **si** tu viens.
Que pensez-vous ?	Je me demande **ce que** vous pensez.
Qu'est-ce qui arrive ?	Vous vous demandez **ce qui** arrive.

3. De l'interrogation véritable, qui ne préjuge pas la réponse, il faut distinguer l'interrogation **oratoire**, qui préjuge la réponse : elle n'interroge pas vraiment, mais n'est qu'une forme de style par laquelle on donne à une proposition affirmative ou négative un relief particulier :
Que ne m'a-t-elle écouté ?
Ne saurait-on ranger ces jougs et ces colliers ? (J. de La Fontaine)

4° La proposition **exclamative**, qui exprime la vivacité d'un cri, un sentiment de joie, de douleur, d'admiration, de surprise, etc. (Ⓑ § 400-401) :
Dieu ! que le son du cor est triste au fond des bois ! (A. de Vigny)
Que je suis content !
Quel courage elle a montré !

Ⓡemarque

On peut distinguer encore :

a) la proposition **énonciative**, qui exprime un fait (positif ou négatif) sans le colorer d'une nuance affective (Ⓑ § 381-382) :
La lumière se propage en ligne droite.
Le plomb ne rouille pas.

b) la proposition **impérative**, qui exprime un ordre, un conseil (Ⓑ § 406-407) :
Ouvre cette porte !
N'écoutez pas les flatteurs.

c) la proposition **optative**, qui exprime un souhait, un désir (Ⓑ § 408) :
Puissiez-vous réussir !

G Le groupement des propositions

74 On l'a vu [voir §§ 40 et 41], tantôt la phrase est *simple,* c'est-à-dire faite d'une seule proposition; elle n'a qu'un verbe, *base de la phrase*:

Les petits ruisseaux font les grandes rivières.

tantôt elle est *composée,* c'est-à-dire formée d'un système de propositions: à un verbe qui est la base de la phrase se subordonnent une ou plusieurs propositions remplissant les fonctions de sujet, d'objet, de complément circonstanciel, etc.

*Je **désire** que vous soyez heureux | et que vous profitiez de vos belles années.*

Il y a, dans une phrase, autant de propositions qu'on y trouve de verbes à un mode personnel, exprimés ou sous-entendus:

*Je **crois** | que la prochaine journée **sera** belle | si les brouillards matinaux **se dissipent** vite.*

*Ces jumeaux **se ressemblent** comme deux gouttes d'eau* [se ressemblent].

℞emarque

Outre les propositions dont le verbe est à un mode personnel, il y a des propositions *infinitives* [voir § 461, 4°] et des propositions *participes* [voir § 392]:

*J'entends | **le train arriver**.*

***La chance aidant**, je gagnerai.*

Les propositions *de même nature* peuvent, dans la phrase, être associées par *coordination* ou par *subordination*.

1. La coordination (Ⓑ § 260-273)

75 Sont dites **coordonnées** les propositions de même nature qui, dans une même phrase, sont liées entre elles par une conjonction (qui est une conjonction de coordination) :

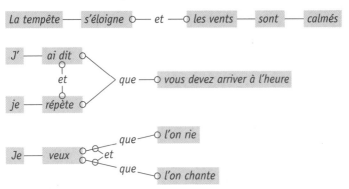

La coordination est dite (Ⓑ § 272) :

1° **Copulative** quand elle marque simplement au moyen de *et, ni, puis, aussi, ensuite, de plus,* etc., l'union de deux propositions :

  *L'homme aspire au bonheur, **et** s'épuise à le trouver.*

2° **Disjonctive** quand elle indique, le plus souvent au moyen de *ou,* que deux propositions s'excluent l'une l'autre ou forment une alternative :

  *Tu dormais **ou** tu étais éveillé.*

  *Nous vaincrons **ou** nous mourrons.*

3° **Adversative** quand elle indique, au moyen de *mais, au contraire, cependant, toutefois, néanmoins,* etc., que deux propositions sont mises en opposition l'une avec l'autre :

  *L'argent est un bon serviteur, **mais** c'est un mauvais maître.*

4° **Causale** quand elle indique, au moyen de *car, en effet,* etc., que le fait exprimé par la seconde proposition est la cause du fait exprimé par la première :

  *Il ne faut pas juger sur l'apparence, **car** elle est souvent trompeuse.*

5° **Consécutive** quand elle indique, au moyen de *donc, par conséquent,* etc., que le fait exprimé par la seconde proposition est la conséquence du fait exprimé par la première :

  *En été, l'eau est précieuse; **donc** ne la gaspillez pas.*

2. La juxtaposition (Bu § 262)

76 Sont dites **juxtaposées** les propositions de même nature qui, dans une même phrase, ne sont reliées entre elles par aucune conjonction:
La tempête s'éloigne, les vents sont calmés.
Je veux que l'on rie, que l'on chante.

ⓡemarques

1. La **parataxe** consiste à disposer côte à côte deux propositions (dont la seconde est parfois précédée de *et*) en marquant par l'intonation ou par la ponctuation le rapport de subordination qui unit l'une d'elles à l'autre (Bu § 1109):
Albe vous a nommé, je ne vous connais plus. (P. Corneille)
Qu'il ose, et il verra!

2. On appelle proposition **incidente** une proposition généralement courte, intercalée dans la phrase ou ajoutée à la fin de la phrase – mais sans avoir avec elle aucun lien grammatical – et indiquant qu'on rapporte les paroles de quelqu'un:
*Vous voyez, **reprit-il**, l'effet de la concorde.* (J. de La Fontaine)
*Les noix sur les chemins sont à ceux qui les ramassent, **disaient** les vendangeuses.* (C. Bille)

N.B.

Ces propositions *incidentes* appartiennent à une catégorie plus générale: celle des éléments insérés incidemment dans une proposition, à laquelle ils sont grammaticalement étrangers et dont ils interrompent le déroulement naturel. **L'élément incident** joue le même rôle qu'une proposition incidente; ce peut être (Bu § 213):

a) Une proposition avec un verbe:
*Cette entreprise coûtera, **on le devine**, beaucoup d'argent.*

*Vous voulez, **je vous en félicite**, réparer votre erreur.*
*C'était, **je pense**, un jour de fête.*

b) Un adverbe, une interjection, une locution sans verbe :
*Aucun de nous, **heureusement**, ne s'est obstiné dans l'erreur.*
*Nous avons, **Dieu merci**, échappé au danger.*
*Cette femme, **à mon avis**, se trompe.*

On notera que l'élément incident marque une intervention personnelle de celui qui parle ou qui écrit, destinée soit à apprécier, soit à appuyer, soit à atténuer, soit à rectifier, soit à exprimer une émotion, etc.

H L'ordre des mots

77 Construction habituelle

Selon l'ordre habituel de l'énonciation, les éléments de la proposition sont placés suivant un ordre réglé par leur fonction grammaticale : on met d'abord le *sujet,* point de départ de l'énoncé, puis le *verbe,* puis l'*attribut* ou le *complément.* Ainsi cet ordre habituel peut présenter les types d'enchaînement suivants :

sujet → verbe intransitif   *Le soleil brille.*

sujet → verbe copule → attribut   *Le soleil est ardent.*

sujet → verbe transitif → objet   *Le soleil réchauffe la terre.*

sujet → verbe → compl. circonst.   *Le soleil descend à l'horizon.*

Si le verbe a plusieurs compléments, d'ordinaire l'harmonie demande que le plus long soit à la fin de la phrase :
Idriss s'enfonça avec quelques autres dans le dédale intérieur
du bateau. (M. Tournier)
La nuit tombait sur mon lit vide et sur l'écho de ces conversations.
(D. Pennac)

Pour la place du sujet, [voir § 45] ; pour celle de l'attribut, [voir § 62] ; pour celle du pronom personnel complément d'objet, [voir § 236] ; pour celle de l'adjectif épithète, [voir § 197] ; pour celle de l'adverbe, [voir § 409].

L'ordre des mots n'est pas réglé uniquement par les fonctions grammaticales des éléments de la proposition. Souvent on ordonne les éléments de la phrase suivant un principe *logique,* qui tient compte des mouvements mêmes de la pensée, de l'ordre chronologique des faits, de leur importance relative.

En outre il y a un ordre *affectif,* qui suit les mouvements très variés des sentiments, et un ordre *esthétique,* qui produit des effets de surprise, d'emphase, de variété, etc.

78 Parmi les procédés dont dispose le langage pour mettre dans la phrase un ordre réglé par la logique, ou par l'harmonie, ou par le sentiment, il y a l'*inversion* et l'*anacoluthe.*

a) L'**inversion** est un renversement de l'ordre habituel des mots. Ainsi le sujet, l'attribut, le complément du verbe, peuvent occuper une autre place que celle qu'indiquerait la construction habituelle (**Bu** § 225) :

> *Tandis que la Princesse causait avec moi, faisaient précisément leur entrée le duc et la duchesse de Guermantes.* (M. Proust)
> *Grande fut ma surprise.*
> *Dans le plus petit village existe le sentier des amoureux.* (A. Chavée)
> *Pour cette seule raison, je vous pardonne.*

b) L'**anacoluthe** est une construction brisée : la phrase, commencée d'une manière, s'achève d'une autre manière (**Bu** § 226) :

> *Le nez de Cléopâtre, s'il eût été plus court, la face du monde aurait changé.* (B. Pascal)

79 **Mise en relief** (**Bu** § 455-458)

Pour mettre en relief un mot (sujet, attribut, complément) :

– tantôt on le place en tête de la phrase et on le reprend par un pronom :

> **Ce chanteur, il** est extraordinaire.
> **Pacifiste convaincu,** il l'avait toujours été. (J. Sternberg)

– tantôt on l'annonce par un pronom, qui crée comme un état d'attente :

> **Ils** arrivèrent, en effet, **ces fameux Comices.** (G. Flaubert)

Souvent aussi, pour la mise en relief, on se sert des tours présentatifs *c'est ... qui* ou *c'est ... que* (**[voir § 252]**, Rem. 1) :

> **C'est** moi **qui** suis le chef [comparez : *Je suis le chef*].
> **C'est** demain **que** je pars [comparez : *Je pars demain*].

I La ponctuation (Bu § 116-136)

80 La **ponctuation** est l'art d'indiquer, dans le discours écrit, par le moyen de signes conventionnels, soit les pauses à faire dans la lecture, soit certaines modifications mélodiques du débit, soit certains changements de registre dans la voix.

Les **signes de ponctuation** sont : le point (.), le point d'interrogation (?), le point d'exclamation (!), la virgule (,), le point-virgule (;), les deux points (:), les points de suspension (...), les parenthèses [( )], les crochets ([ ]), les guillemets (« »), le tiret (–), l'astérisque (*) et l'alinéa.

81 Le **point** indique la fin d'une phrase. Il se place aussi après tout mot écrit en abrégé (Bu § 119) :

> *Élisabeth Alione pleure en silence. Ce n'est pas une scène.*
> *L'homme a frappé sur la table légèrement.* (M. Duras)
> *Infin. pr.* (Infinitif présent)
> *P.S.* (Post scriptum). *L'U.E.O.* (Union de l'Europe occidentale)

82 Le **point d'interrogation** s'emploie après toute phrase exprimant une interrogation directe (Bu § 120-122) :

> *Qu'est-elle devenue ? Où est-elle ? Où se cache-t-elle ?*

83 Le **point d'exclamation** se met après une exclamation (Bu § 123) :

> *Malédiction ! On me persécute ! Assez ! Égorgez les chiens, le bouffon !*
> *Je suis la proie des chiens ! Debout !* (M. de Ghelderode)

84 La **virgule** marque une pause de peu de durée (Bu § 124-128).

a) *Dans une proposition*, on met la virgule :

1° En général, pour séparer les éléments semblables (sujets, compléments, épithètes, attributs) non unis par *et, ou, ni* :

> *Il fut la cause de cent douze suicides, de neuf crimes sensationnels,*
> *d'innombrables faillites, ruines et débâcles financières.* (J. Ray)

Remarque

Quand les conjonctions *et, ou, ni* sont employées plus de deux fois dans une énumération, on sépare par une virgule les éléments coordonnés :

Et la terre, et le fleuve, et leur flotte, et le port,
Sont des champs de carnage où triomphe la mort. (P. Corneille)

Les idées qui se présentent aux gens qui sont bien élevés,
et qui ont un grand esprit, sont ou naïves, ou nobles, ou sublimes.
(Ch. de Montesquieu)

▼

I La ponctuation

> *Non, le monde ni l'expérience, ni la philosophie, ni la mort*
> *ne se laissent enfermer au théâtre, dans le tribunal ni dans une leçon.* (M. Serres)

2° Pour séparer tout élément ayant une valeur purement explicative :

Chez les Guyaki, Indiens nomades du Paraguay, la division sexuelle des tâches est fortement marquée. (M.-Fr. Fauvet)

3° Après le complément circonstanciel placé en tête de la phrase ; toutefois, on omet ordinairement la virgule quand le verbe suit immédiatement ce complément circonstanciel placé en inversion :

Ce soir-là, leurs regards s'étaient rencontrés. (A. de Villiers de L'Isle-Adam)
Au sortir de ce bois coule la rivière de Parts. (Voltaire)

4° Pour isoler les mots qui forment pléonasme ou répétition :

Rien n'arrête leur course, ils vont, ils vont, ils vont ! (V. Hugo)
Et pourtant, moi, je connais bien Bérénice. (R. Dubillard)

5° Pour isoler les mots en apostrophe :

Sois sage, ô ma Douleur, et tiens-toi plus tranquille. (Ch. Baudelaire)

b) **Dans un groupe de propositions**, on met la virgule :

1° En général, pour séparer plusieurs propositions de même nature juxtaposées :

La terre a disparu, la maison baigne, les arbres submergés ruissellent,
le fleuve lui-même qui termine mon horizon comme une mer paraît noyé.
(P. Claudel)
L'habile homme est celui qui cache ses passions, qui entend ses intérêts, qui y sacrifie beaucoup de choses, qui a su acquérir du bien ou en conserver.
(J. de La Bruyère)

2° Avant les propositions introduites par les conjonctions de coordination autres que *et, ou, ni* :

Mon affolement est à son comble, car je ne découvre pas le premier de ces engins indispensables. (M. Leiris)
Ses yeux tournés vers le jardin se fermaient à moitié, mais maintenant il luttait pour ne pas dormir. (J. Green)
Je pense, donc je suis. (R. Descartes)

3° Avant les propositions compléments circonstanciels ayant une valeur simplement explicative :

Vous ne serez pas poursuivis, puisque vous avez payé vos dettes.

Mais, dans des phrases telles que les suivantes, on ne met pas la virgule, parce que la proposition complément circonstanciel est intimement liée par le sens à la principale et qu'aucune pause n'est demandée :

Nous commencerons quand vous voudrez.

Vous serez roi dès que vous voudrez l'être. (Voltaire)

Elle sort sans qu'on la voie.

4° Après les propositions compléments circonstanciels placées en tête de la phrase :

Quand vous commanderez, vous serez obéi. (J. Racine)

5° Pour isoler une proposition relative explicative :

Quelques médecins de la cour, qui revenaient de dîner, passèrent auprès de la chaise. (Voltaire)

6° Pour séparer la proposition participe ou la proposition incidente :

Un orage ayant éclaté, nous cherchâmes en hâte un abri.

– Vaurien, dit le duc, vas-tu, non content de ta désobéissance, me demander encore de l'argent ? (Ch. De Coster)

7° Ordinairement, pour marquer l'ellipse d'un verbe ou d'un autre mot exprimé dans une proposition précédente :

Le devoir des juges est de rendre la justice ; leur métier, de la différer. (J. de La Bruyère)

85 Le **point-virgule** marque une pause de moyenne durée. Il s'emploie pour séparer, dans une phrase, les parties dont une au moins est déjà subdivisée par la virgule, ou encore pour séparer des propositions de même nature qui ont une certaine étendue (🅑 § 129) :

L'objet de la guerre, c'est la victoire ; celui de la victoire, la conquête ; celui de la conquête, la conservation. (Ch. de Montesquieu)

(...) je sens tressaillir en moi quelque chose qui se déplace, voudrait s'élever, quelque chose qu'on aurait désancré, à une grande profondeur ; je ne sais ce que c'est, mais cela monte lentement ; j'éprouve la résistance et j'entends la rumeur des distances traversées. (M. Proust)

86 Les **deux points** s'emploient (🅑 § 130) :

1° Pour annoncer une citation, un discours direct :

Quand Verlaine dit : « L'espoir luit comme un brin de paille dans l'étable », c'est une superbe imagination lyrique. (M. Kundera)

Des voix s'élevèrent quelque part : « Nous sommes de la vie. Que nous importe l'ordre de la mort ! » (H. de Montherlant)

2° Pour annoncer l'analyse, l'explication, la conséquence, la synthèse de ce qui précède :

> *Il n'y a pour l'homme que trois événements : naître, vivre et mourir.*
> (J. de La Bruyère)

> *Et cela veut dire : donc, affaire classée.* (M. Thiry)

> *Les chemins sont ouverts : qui peut nous arrêter ?* (N. Boileau)

> *Du repos, des riens, de l'étude,*
> *Peu de livres, point d'ennuyeux,*
> *Un ami dans la solitude :*
> *Voilà mon sort, il est heureux.* (Voltaire)

87 Les **points de suspension** indiquent que l'expression de la pensée reste incomplète par réticence, par convenance ou pour une autre raison (🔵 § 131) :

> *Je me verrai trahir, mettre en pièces, voler,*
> *Sans que je sois... Morbleu ! je ne veux point parler.* (Molière)

> *Souvent, d'ailleurs, « gifle » n'était qu'un raccourci pour dire « fers »,*
> *« fouet », « corvées »...* (A. Maalouf)

> **ℝemarque**
> Les points de suspension sont superflus après *etc.*

88 Les **parenthèses** s'emploient pour intercaler dans une phrase quelque indication accessoire (🔵 § 132) :

> *On conte qu'un serpent voisin d'un horloger*
> *(C'était pour l'horloger un mauvais voisinage)*
> *entra dans sa boutique.* (J. de La Fontaine)

> *J'ai résolu d'écrire au hasard. Entreprise difficile : la plume*
> *(c'est un stylo) reste en retard sur la pensée.* (A. Gide)

89 Les **crochets** servent au même usage que les parenthèses, mais ils sont moins usités. On les emploie surtout pour isoler une indication qui contient déjà des parenthèses (🔵 § 133) :

> *Sartre a développé les théories de l'existentialisme dans ses essais*
> [cf. L'être et le néant (1943)], *mais aussi dans ses pièces de théâtre* [cf. Huis clos (1944)].

90 Les **guillemets** s'emploient pour encadrer une citation ou un discours direct (🔵 § 134) :

> *L'homme définit la femme non en soi mais relativement à lui ; elle n'est pas considérée comme un être autonome. « La femme, l'être relatif... »*
> *écrit Michelet.* (S. de Beauvoir)

Dans l'usage récent, les guillemets sont parfois employés au lieu de l'italique pour souligner certains mots dans une phrase (néologismes, mots étrangers, populaires ou familiers, mots que l'auteur veut mettre en évidence ou doter d'un sens particulier...). Il est préférable de recourir au soulignement s'il n'y a pas de caractère italique (dans l'écriture manuscrite, par exemple) et de réserver les guillemets pour l'encadrement des citations.

91 Le **tiret** s'emploie dans un dialogue pour indiquer le changement d'interlocuteur ou pour séparer du contexte des mots, des propositions (**Bu** § 135) :

> *Debout! dit l'Avarice, il est temps de marcher.*
> *– Hé! laissez-moi! – Debout! – Un moment.*
> *– Tu répliques?* (N. Boileau)

> *Il ne s'agissait pas de revenants – ces histoires ne l'intéressaient guère – mais de bien autre chose qu'il n'aurait su décrire, ni même désigner d'un nom.* (J. Green)

Il faut distinguer, typographiquement, le tiret du trait d'union, qui est plus court.

92 L'**astérisque**[1] est un petit signe en forme d'étoile qui indique un renvoi ou qui, simple ou triple, tient lieu d'un nom propre qu'on ne veut pas faire connaître, sinon parfois par la simple initiale (**Bu** § 114) :

> *On lui apporta du lanfois* [...] / le chanvre qu'on met*
> *sur la quenouille.* (J. Barbey d'Aurevilly)
> *Ceci se passait au château de R*.*
> *C'était chez madame de B***.*

93 L'**alinéa** marque un repos plus long que le point; c'est une séparation qu'on établit entre une phrase et les phrases précédentes, en la faisant commencer un peu en retrait à la ligne suivante, après un petit intervalle laissé en blanc (**Bu** § 118).

Dans l'usage typographique récent, des imprimeurs suppriment parfois le retrait en début d'alinéa, voire l'intervalle plus marqué entre deux alinéas.

L'alinéa s'emploie quand on passe d'un groupe d'idées à un autre groupe d'idées.

> *Quelques-uns ont repris du canard à l'orange. La conversation, de plus en plus facile, augmente à chaque minute un peu davantage encore l'éloignement de la nuit.*
> *Dans l'éclatante lumière des lustres, Anne Desbaresdes se tait et sourit toujours.*

---

1. Le mot *astérisque* est du genre masculin.

I La ponctuation

> *L'homme s'est décidé à repartir vers la fin de la ville, loin de ce parc.*
> *À mesure qu'il s'en éloigne, l'odeur des magnolias diminue, faisant*
> *place à celle de la mer.*
>
> *Anne Desbaresdes prendra un peu de glace au moka afin qu'on la laisse*
> *en paix.* (M. Duras)

94 La **barre oblique** a été introduite au XXe siècle pour remplacer une conjonction de coordination, en particulier dans des expressions elliptiques (**Bu** § 136) :

> *La portée sociologique du concept Langue / Parole est évidente.* (R. Barthes)

Les parties
du discours

Chapitre 1

Le n●m

▣ Définitions et espèces

95 Le **nom** ou **substantif** est un mot qui sert à désigner les êtres, les choses, les idées (Ⓑⓤ § 459) :

Louis, livre, chien, gelée, bonté, néant.

Une **locution substantive** est une réunion de mots équivalant à un nom :

Se moquer du qu'en-dira-t-on.

Nous aurons beaucoup d'autres 1er janvier pour échanger des vœux.
(É. Estaunié)

96 a) **Noms communs et noms propres**

Le nom **commun** est celui qui convient à tous les êtres ou objets d'une même espèce (Ⓑⓤ § 461) :

Tigre, menuisier, table.

Le nom **propre** est celui qui ne convient qu'à un seul être ou objet ou à un groupe d'individus de même espèce:

> *Jean, Liège, les Québécois.*

Les noms propres prennent toujours une majuscule.

b) Noms concrets et noms abstraits

Le nom **concret** est celui qui désigne un être ou une chose réels, ayant une existence propre, perceptible par les sens (Bu § 462):

> *Plume, fleuve, neige.*

Le nom **abstrait** est celui qui désigne une action, une qualité, une propriété considérée comme existant indépendamment du sujet qui l'exerce ou la possède:

> *Envol, patience, épaisseur, amour.*

c) Noms individuels et noms collectifs

Le nom **individuel** est celui qui désigne un individu, un objet particulier (Bu § 462):

> *Jardin, ballon, pomme.*

Le nom **collectif** est celui qui, même au singulier, désigne un ensemble, une collection d'êtres ou d'objets:

> *Foule, tas, troupeau.*

d) Noms simples et noms composés

Le nom **simple** est formé d'un seul mot (Bu § 463):

> *Ville, chef.*

Le nom **composé** est formé par la réunion de plusieurs mots exprimant une idée unique et équivalant à un seul nom:

> *Chemin de fer, arc-en-ciel.*

B Le genre du nom

97 Le français a deux genres: le **masculin** et le **féminin** (Bu § 464-467).

a) Les noms d'êtres animés sont, en général, du genre **masculin** quand ils désignent des hommes ou des animaux mâles; on peut les faire précéder de *un, le (l')*:

> *Le père, un cerf.*

Ils sont du genre **féminin** quand ils désignent des femmes ou des animaux femelles; on peut les faire précéder de *une, la (l')* :

La mère, une brebis.

b) Les noms d'êtres inanimés ou de notions abstraites sont, sans variation, les uns masculins, les autres féminins; leur genre s'explique par des raisons d'étymologie, d'analogie ou de forme.

1. Le féminin des noms § 491)

N.B.

Au point de vue orthographique, le féminin des noms d'êtres animés se marque:

1° en général, par *addition d'un e* à la forme masculine;

2° par *modification* ou *addition de suffixe*;

3° par une *forme spéciale*, de même radical cependant que celle du masculin – ou encore par un *terme spécial* dont le radical est entièrement différent de celui du masculin.

Il faut noter en outre que, pour certains noms d'êtres animés, il n'y a pas de variation de forme selon le genre[1].

---

a) Addition d'un e

Règle générale

98 On obtient le féminin de la plupart des noms d'êtres animés en écrivant à la fin de la forme masculine un **e,** qui souvent ne se prononce pas (Bu § 492).

*Ami, ami**e*** [ami].

*Ours, ours**e*** [uʀs].

N.B.

1. Dans les noms terminés par une *voyelle*, l'adjonction de l'*e* du féminin n'entraîne pas, quant à la prononciation, l'allongement de cette voyelle finale: l'*i*, l'*u* ont la même durée dans *amie, têtue* que dans *ami, têtu.*

2. Dans les noms terminés par une *consonne*, l'adjonction de l'*e* du féminin:
   a) tantôt ne modifie pas la prononciation du nom:
   Aïeul, aïeule [ajœl];

---

1. Ces dernières années, différents pays francophones ont adopté des règles de féminisation des noms de fonctions, de grades ou de métiers. Nous les mentionnons plus loin [**voir §§ 516-521**].

1 Le nom

▼

> b) tantôt fait reparaître, dans la prononciation, la consonne finale qui (sauf en liaison) ne se prononce pas au masculin :
> *Marchand, marchande* [marʃã]–[marʃãd]. *Parent, parente* [parã]–[parãt] ;
> c) tantôt, comme on va le constater, provoque un redoublement ou une modification de cette consonne finale, avec parfois une modification (phonétique ou même orthographique) de la voyelle qui précède.

99 Cas particuliers

1° Les noms en **-el** et en **-eau** (masc. ancien en *-el*) font leur féminin en **-elle** (**Bu** § 495) :

Intellectuel, intellectuelle.

Gabriel, Gabrielle.

Chameau, chamelle.

Mais à côté des féminins *Michelle* et *Danielle* existent aussi les formes *Michèle* et *Danièle.*

Fou (autrefois *fol*) a pour féminin *folle.*

2° Les noms en **-en**, **-on** redoublent l'*n* devant l'*e* du féminin (et il y a dénasalisation) :

Gardien, gardienne [gardjɛ̃], [gardjɛn].

Baron, baronne [barɔ̃], [barɔn].

Pour *Lapon, Letton, Nippon, Simon,* l'usage hésite : *Une Lapone* ou *Laponne, une Lettone* ou *Lettonne, une Nippone* ou *Nipponne, Simone ou Simonne* mais le redoublement du *n* semble plus rare.

Les noms en **-in** *(-ain)* ou en **-an** – sauf *Jean, paysan, Valaisan* et *Veveysan* – ne redoublent pas l'*n* (et il y a dénasalisation) ;

Orphelin, orpheline. Châtelain, châtelaine. Gitan, gitane.

Mais : *Jean, Jeanne. Paysan, paysanne.*

Valaisan, Valaisanne. Veveysan, Veveysanne.

3° Les noms en **-et** – sauf *préfet, sous-préfet* – redoublent le *t* devant l'*e* du féminin :

Cadet, cadette. Coquet, coquette.

Mais : *Préfet, préfète,* avec un accent grave sur l'*e* qui précède le *t.*

4° Les noms en **-at, -ot,** – sauf *chat, linot, sot* – ne redoublent pas le *t* :

Avocat, avocate. Idiot, idiote.

Mais : *Chat, chatte. Linot, linotte. Sot, sotte.*

Favori fait au féminin *favorite.*

5° Les noms en **-er** forment leur féminin en **-ère** (l'[e] devient [ɛ], et s'écrit avec un accent grave) :

Berger [bɛrʒe], *bergère* [bɛrʒɛr].

6° La plupart des noms en **-s** (précédé d'une voyelle) ou en **-x** ont leur féminin en **-se** (s prononcé [z]) :

Bourgeois [burʒwa], *bourgeoise* [burʒwaz].
Époux, épouse. Ambitieux, ambitieuse.
Andalou (anciennement *Andalous*) fait au féminin *Andalouse.*
Métis, vieux, roux font *métisse, vieille, rousse.*

7° Les noms en **-f** changent *f* en **v** devant l'*e* du féminin (**Bu** § 496) :

Captif, captive. Juif, juive. Veuf, veuve.

8° *Franc, Frédéric, Turc* changent le **c** en **-que** au féminin :

Franc, Franque. Frédéric, Frédérique. Turc, Turque.
Grec fait *Grecque* au féminin.

b) Modification ou addition de suffixe

100 Les noms en *-eur*

a) Les noms en *-eur* auxquels on peut faire correspondre un participe présent en changeant *-eur* en *-ant* font leur féminin en *-euse*[1] (*eu* devient fermé) (**Bu** § 502) :

Menteur, menteuse. Porteur, porteuse.

Exceptions : *Enchanteur, pécheur, vengeur* changent *-eur* en **-eresse** : *Enchanteresse, pécheresse, vengeresse.*
Éditeur, exécuteur, inspecteur, inventeur, persécuteur changent *-teur* en **-trice** : *Éditrice*, etc.

b) Les noms en *-teur* auxquels on ne peut faire correspondre un participe présent en changeant *-eur* en *-ant* font leur féminin en **-trice**[2] :

Directeur, directrice.

---

1. Ces noms sont de formation populaire ; leur finale se prononçait anciennement comme celle des noms en *-eux* (on prononçait, par exemple, *un menteux*, ainsi on comprend pourquoi leur féminin est en *-euse.*
2. Ces noms sont de formation savante. Leur féminin est emprunté ou imité du féminin latin en *-trix* ; par exemple, *directrice* reproduit le féminin latin *directrix.*

Remarques

1. *Inférieur, mineur, prieur, supérieur* (qui sont des comparatifs employés comme noms) forment leur féminin par simple addition d'un *-e* : *Inférieure, mineure, prieure, supérieure.*

2. *Ambassadeur* fait au féminin *ambassadrice. Empereur* fait *impératrice. Débiteur* fait *débiteuse* (qui débite) et *débitrice* (qui doit). *Chanteur* fait ordinairement *chanteuse* ; *cantatrice* se dit d'une chanteuse professionnelle spécialisée dans l'opéra.

3. Les termes de la langue juridique *bailleur, défendeur, demandeur, vendeur* – ainsi que *charmeur, chasseur,* quand ils sont employés dans la langue poétique – font leur féminin en *-eresse* : *Bailleresse, défenderesse, venderesse, charmeresse, chasseresse.*

   Dans l'usage courant, on a les féminins *demandeuse, vendeuse, charmeuse, chasseuse.*

4. La langue familière emploie *doctoresse* comme féminin de *docteur* (en médecine).

101 Féminin en *-esse*

Une trentaine de noms (presque tous en *-e*) ont leur féminin en *-esse* (Bu § 499) :

Abbé, abbesse	Faune, faunesse	Prêtre, prêtresse
Âne, ânesse	Hôte, hôtesse	Prince, princesse
Bougre, bougresse	Ivrogne, ivrognesse	Prophète, prophétesse
Chanoine, chanoinesse	Maître, maîtresse	Sauvage, sauvagesse
Comte, comtesse	Mulâtre, mulâtresse	Suisse, Suissesse
Devin, devineresse	Nègre, négresse	Tigre, tigresse
Diable, diablesse	Ogre, ogresse	Traître, traîtresse
Drôle, drôlesse	Pair, pairesse	Vicomte, vicomtesse
Druide, druidesse	Pauvre, pauvresse	
Duc, duchesse	Poète, poétesse	

c) Forme spéciale au féminin

102 Certains noms ont au féminin une **forme spéciale**, de même radical cependant que celle du masculin (Bu § 501) :

Canard, cane	Favori, favorite	Neveu, nièce
Chevreuil, chevrette	Fils, fille	Perroquet, perruche[2]
Compagnon, compagne	Gouverneur, gouvernante	Roi, reine
Daim, daine[1]	Héros, héroïne	Serviteur, servante
Diacre, diaconesse	Lévrier, levrette	Sylphe, sylphide
Dieu, déesse	Loup, louve	Tsar, tsarine
Dindon, dinde	Merle, merlette	
Empereur, impératrice	Mulet, mule	

103 Certains noms marquent la distinction des genres par **deux mots de radical différent** (🅑 § 503) :

Bélier, brebis	Homme, femme	Oncle, tante
Bouc, chèvre	Jars, oie	Papa, maman
Cerf, biche	Lièvre, hase	Parrain, marraine
Coq, poule	Mâle, femelle	Père, mère
Étalon, jument	Mari, femme	Sanglier, laie
Frère, sœur	Matou, chatte	Singe, guenon
Garçon, fille	Monsieur, madame,	Taureau, vache
Gendre, bru	ou mademoiselle	Verrat, truie

d) Noms ne variant pas en genre

104 Certains noms de personnes, terminés pour la plupart en -e, ont la **même forme pour les deux genres** (🅑 § 493) :

Un artiste, une artiste. Un élève, une élève.
Un bel enfant, une charmante enfant.

> **R**emarque
>
> Un grand nombre de noms d'animaux ne désignent que l'espèce et n'ont qu'une forme pour les deux genres. Pour indiquer le sexe, on ajoute un mot déterminant (🅑 § 504) :
> *Un éléphant **femelle**. Une souris **mâle**.*
> *La **femelle** du moustique.*

---

1. Les chasseurs disent aussi *dine*.

2. *Perruche* se dit de la femelle du perroquet ; il désigne aussi, sans distinction de sexe, un oiseau de la même famille que le perroquet, mais de taille plus petite.

105 Certains noms de personnes ne s'appliquant anciennement qu'à des hommes, ou pour lesquels le sexe de la personne n'a pas d'intérêt, n'ont **pas reçu de forme féminine**: *Auteur, bourreau, charlatan, cocher, déserteur, échevin, écrivain, filou, médecin, possesseur, professeur, successeur, vainqueur*, etc. [voir § 516-521] (**Bu** § 487).

> **R**emarques
>
> 1. Appliqués à des femmes, ces noms veulent au masculin les articles, adjectifs ou pronoms qui s'y rapportent:
> *Madame de Sévigné est **un grand** écrivain.*
> *Cette femme est **un excellent** professeur.*
>
> 2. Pour indiquer le féminin, on fait parfois précéder ces noms du mot *femme*:
> *Une **femme** auteur. (ordinairement sans trait d'union)*
> *Ce siècle est riche en **femmes** écrivains.*

De la même manière, certains noms ne s'appliquant qu'à des femmes n'ont **pas de forme masculine**: *Lavandière, sage-femme, nonne, matrone*, etc.

2. Les noms à double genre

106 1° **Aigle** est du masculin quand il désigne l'oiseau de proie ou, au figuré, un homme de génie; de même quand il désigne un pupitre d'église ou une décoration portant un aigle (**Bu** § 493):
*L'aire d'**un** aigle. (Académie)*
*Cet homme-là est **un** aigle. (Id.)*
*Il y a dans le chœur de cette église **un** aigle de cuivre.*
*L'aigle **blanc** de Pologne.*

Il est du féminin quand il désigne expressément l'oiseau femelle ou dans le sens d'étendard, d'armoiries:
*L'aigle est **furieuse** quand on lui ravit ses aiglons. (Académie)*
*Les aigles **romaines**. L'aigle **impériale**.*

2° **Amour**, le plus souvent, est masculin (**Bu** § 471):
*Amour **sacré** de la patrie. (Ch. Rouget de Lisle)*
*Il y a des combats secrets et des amours **cachés**. (B. Clavel)*

Il peut être féminin au pluriel, surtout en littérature, mais aussi dans l'usage courant:
*Mais le vert paradis des amours **enfantines**. (Ch. Baudelaire)*
*De **folles** amours. (Académie)*

®emarque
Amour est toujours masculin en termes de mythologie, de peinture
ou de sculpture :
*Peindre, sculpter de **petits** Amours.* (Académie)

3° **Délice.** Au pluriel, ce nom est du féminin (⒝ § 471) :
*Il fait **toutes** ses délices de l'étude.* (Académie)

Au singulier, *délice* est du masculin :
*Cette prose de Racine est **un** délice.* (J. Lemaitre)
*Manger des mûres est **un** délice.* (H. Bosco)

4° **Foudre** est féminin dans le sens de «feu du ciel» et aussi quand il
désigne de manière figurée ce qui frappe d'un coup soudain (⒝ § 470) :
*La foudre est **tombée**.* (Académie)
*Les foudres de l'excommunication furent **lancées** contre Galilée.*

Il est masculin dans les expressions *foudre de guerre, foudre d'éloquence*,
ainsi que dans la langue du blason et quand il désigne le faisceau enflammé,
attribut de Jupiter :
*Je suis donc **un** foudre de guerre.* (J. de La Fontaine)
*Une aigle tenant **un** foudre dans ses serres.* (Académie)

Foudre, grand tonneau (allem. *Fuder*), est masculin : *Un foudre de vin.*

5° **Gens**, nom pluriel signifiant *personnes,* est du masculin (⒝ § 490) :
***Tous** les gens **querelleurs**, jusqu'aux simples mâtins,*
Au dire de chacun étaient de petits saints. (J. de La Fontaine)

Cependant s'il est précédé *immédiatement* d'un adjectif ayant une termi-
naison différente pour chaque genre, il veut au féminin cet adjectif et tout
adjectif placé avant lui; quant aux adjectifs (et pronoms) qui suivent *gens*
et sont en rapport avec lui, on les laisse au masculin :
***Toutes** les **vieilles** gens.* (Académie)
***Quelles** honnêtes et **bonnes** gens!*
*Mais : **Quels bons** et honnêtes gens!*
*Ce sont les **meilleures** gens que j'aie **connus**.*

Les adjectifs qui ne précèdent *gens* que par inversion restent au masculin :
***Instruits** par l'expérience, les vieilles gens sont soupçonneux.* (Académie)

> **R**emarques
>
> 1. *Gens,* dans certaines expressions telles que *gens de robe, gens de guerre, gens d'épée, gens de loi, gens de lettres,* etc., veut toujours au masculin l'adjectif ou le participe:
> De **nombreux** *gens de lettres.* (Académie)
> **Certains** *gens d'affaires.* (Id.)
>
> 2. *Gent* signifiant *nation, race,* est féminin:
> **La** *gent* **marécageuse.** (J. de La Fontaine)
> *Une amende honorable, payée à* **la** *gent* **canine.** (Colette)

6° **Hymne** est masculin dans l'acception ordinaire, mais ordinairement féminin dans le sens de «cantique latin qui se chante à l'église» (**Bu** § 470):

La Marseillaise est l'hymne **national français**.
Toutes *les hymnes de cet admirable office.* (F. Mauriac)

7° **Œuvre** est toujours féminin au pluriel; il l'est généralement aussi au singulier (**Bu** § 470):

Toute *œuvre* **humaine** *est* **imparfaite.**
*Les Pensées de Pascal sont les fragments d'***une** *œuvre* **inachevée.**
(Académie)

Il est masculin quand il désigne, soit l'ensemble de la bâtisse, soit l'ensemble des œuvres d'un artiste, soit la transmutation des métaux en or, dans l'expression *le grand œuvre:*

Le gros *œuvre est* **achevé.**
L'œuvre **entier** *de Rembrandt.* (Académie)
Travailler **au grand** *œuvre.* (Id.)

8° **Orge** est féminin, sauf dans les deux expressions *orge mondé, orge perlé* (**Bu** § 470).

9° **Orgue**, au singulier, est du masculin (**Bu** § 471):

L'orgue de cette église est **excellent.**

Le pluriel *orgues* est également du masculin quand il désigne plusieurs instruments:

Les deux orgues de cette église sont **excellents.**

Le pluriel *orgues* est du féminin lorsqu'il désigne un instrument unique:

Les **grandes** *orgues.* (Académie)
Des orgues **portatives.** (Id.)

10° **Pâques** (avec *s* final), désignant la fête catholique, est masculin et singulier ; il prend la majuscule et rejette l'article (**Bu** § 473) :

Quand Pâques sera **venu**. (Académie)
Je vous paierai à Pâques **prochain**. (Id.)

Pâques est féminin pluriel dans les expressions *faire ses pâques* (remarquez la minuscule) ou *Joyeuses Pâques*, et quand il est accompagné d'un article :

Depuis les Pâques **précédentes**. (J. Malègue)

Pâque (sans s), désignant la fête juive ou orthodoxe, est féminin singulier ; il prend la minuscule et l'article, mais certains auteurs emploient la majuscule :

Les Juifs célébraient tous les ans **la pâque** *en mémoire de leur sortie d'Égypte.*
Des gâteaux de la Pâque **juive**. (A. Maurois)
Durant cette semaine de la Pâque **grecque**. (M. Barrès)

11° **Période**, féminin dans les acceptions ordinaires, est masculin quand il désigne le point où une chose, une personne est arrivée (**Bu** § 470) :

Démosthène et Cicéron ont porté l'éloquence à **son** *plus* **haut** *période.* (Académie)
Cet homme est **au dernier** *période de sa vie.* (Id.)

C Le nombre du nom

107 Le français distingue deux nombres (**Bu** § 505) :

le **singulier,** qui désigne un seul être ou un seul ensemble d'êtres :

Un livre, un essaim.

et le **pluriel,** qui désigne plusieurs êtres ou plusieurs ensembles d'êtres :

Des livres, des essaims.

1. Le pluriel des noms

a) Pluriel en -s

108 On forme le pluriel des noms en écrivant à la fin de la forme du singulier un **s**[1] (muet, sauf en liaison) (ⓑ§ 514) :

> *Un homme. Des hommes.*
>
> (en liaison : *des hommes avides* [dezɔmzavid]).

Ⓝ.B.

Le pluriel au point de vue phonétique. Jusqu'à la fin du XVIᵉ siècle, l'*s* du pluriel s'est prononcé. Aujourd'hui, en général, il n'y a plus, pour l'oreille, de différence entre la forme du pluriel et celle du singulier : *l'ami, les amis.* Toutefois il subsiste deux prononciations différentes selon le nombre :

1° quand on fait la liaison ;

2° dans la plupart des noms en -*al* : *un animal, des animaux ;*

3° dans quelques noms en -*ail* : *un émail, des émaux,* etc. ;

4° dans quelques autres noms : *un os, des os* [œ̃nɔs], [dezo] ; *un œuf, des œufs* [œ̃nœf], [dezø] ; *un œil, des yeux* [œ̃nœj], [dezjø], etc. En général, c'est par l'article ou par l'adjectif accompagnant le nom que l'oreille peut distinguer si ce nom est au singulier ou au pluriel.

---

109 Les noms terminés par **-s, -x** ou **-z** ne changent pas au pluriel :

> *Un pois, des pois.   Une croix, des croix.   Un nez, des nez.*

b) Pluriel en -x[2] (ⓑ§ 515)

110 Les noms en **-al** changent -*al* en **-aux** au pluriel :

> *Un cheval. Des chevaux.*

Exceptions : *Bal, cal, carnaval, chacal, festival, récital, régal* prennent simplement *s* au pluriel. De même quelques noms moins usités : *aval, bancal, cérémonial, choral, narval, pal,* etc.

---

1. **Origine de l's du pluriel.** Des six *cas* du latin (formes diverses par lesquelles se marquaient, au moyen de désinences particulières, les fonctions du nom dans la proposition), l'ancien français n'avait gardé que le *nominatif* (cas sujet) et l'*accusatif* (cas régime ou cas du complément), par exemple :

Singulier : suj. : *murs* (du lat., *murus*) ; compl. : *mur* (du lat., *murum*).

Pluriel : suj. : *murs* (du lat. *muri*) ; compl. : *murs* (du lat. *muros*).

Au XIIIᵉ siècle, le cas sujet disparut, et l'on n'eut plus que les formes-types *mur* pour le singulier et *murs* pour le pluriel. Ainsi s'explique que la lettre *s* est devenue le signe caractéristique du pluriel.

2. **Origine de ce pluriel en -x.** Dans l'ancienne langue, *l* se vocalisait en *u* (prononcé *ou*) devant l's du pluriel : *un cheval, des chevaus.* Or, au moyen âge, le groupe *-us* se notait ordinairement par un signe abréviatif ressemblant à la lettre *x* et qui finit par se confondre avec cette lettre ; tout en prononçant *chevaus* (pron. [ʃəvaws]), on écrivait *chevax.* Plus tard, on oublia la fonction du signe abréviatif *x* et on rétablit *u* dans l'écriture, tout en maintenant l'*x* : *des chevaux.*

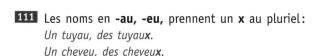

111 Les noms en **-au, -eu,** prennent un **x** au pluriel :
Un tuyau, des tuyaux.
Un cheveu, des cheveux.

Exceptions : *Landau, sarrau, bleu, pneu* prennent un *s :*
Des landaus, des sarraus, des bleus, des pneus.

112 Les noms en **-ail** prennent un **s** au pluriel :
Un éventail, des éventails.

Excepté les neuf noms : *bail, corail, émail, fermail, soupirail, travail, vantail, ventail, vitrail,* qui changent *-ail* en **-aux :**
Un bail, des baux.   Un corail, des coraux, etc.

Bétail n'a pas de pluriel (*bestiaux* est le pluriel de l'ancien nom *bestial*). Le pluriel *bercails* est peu usité.

113 Les noms en **-ou** prennent un **s** au pluriel :
Un clou, des clous.

Excepté les sept noms : *bijou, caillou, chou, genou, hibou, joujou* et *pou,* qui prennent un **x :**
Un bijou, des bijoux. Un caillou, des cailloux, etc.

c) Noms à double forme au pluriel

114 1° **Aïeul** fait au pluriel *aïeuls* quand on désigne précisément le grand-père paternel et le grand-père maternel ou encore le grand-père et la grand-mère (**Bu** § 519) :
*Ses deux **aïeuls** assistaient à son mariage.* (Académie)
*Ses **aïeuls** paternels ont célébré leurs noces d'or.*

Il fait *aïeux,* au sens d'*ancêtres :*
*Qui sert bien son pays n'a pas besoin d'**aïeux**.* (Voltaire)

> **R**emarque
> Régulièrement on dit : *les bisaïeuls* (É. Littré), *les trisaïeuls* (Id.).
> Cependant les pluriels *bisaïeux, trisaïeux* sont aussi en usage :
> *Nos **bisaïeux**.* (A. Maurois) *Jusqu'à nos **trisaïeux**.* (Destouches)

115 2° **Ail** fait au pluriel *aulx.*
*Il y a des **aulx** cultivés et des **aulx** sauvages.* (Académie)

Les botanistes disent également *ails* au pluriel :
*Il cultive des **ails** de plusieurs espèces.* (Académie)

116 3° **Ciel** fait au pluriel *cieux* quand il désigne l'espace indéfini où se meuvent les astres, le séjour des dieux ou le paradis :

> *L'immensité des **cieux**.* (Académie)
> *Celui qui règne dans les **cieux**.* (J.B. Bossuet)

Il fait *ciels* quand il signifie :
a) Baldaquin au-dessus d'un lit :
> *Des **ciels** de lit.*

b) Partie d'un tableau qui représente le ciel :
> *Ce peintre fait bien les **ciels**.* (Académie)

c) Climat :
> *Un de ces **ciels** perfides qui caressent et brûlent la peau tendre des citadins.* (A. France)

117 4° **Œil** fait au pluriel *yeux* :
> *Des **yeux** bleus.*
> *Les **yeux** du pain, du fromage, du bouillon.*
> *Tailler à deux **yeux**.*

Le pluriel *œils* appartient à certains noms composés :
> *Des **œils**-de-bœuf* (fenêtres rondes ou ovales).
> *Des **œils**-de-perdrix* (cors).
> *Des **œils**-de-chat* (pierres précieuses), etc.

2. Le pluriel des noms propres

118 Les noms propres **prennent** la marque du pluriel (**Bu**§ 526) :

1° Quand ils désignent des peuples ou certaines familles illustres :
> *Les Espagnols. Les Césars, les Bourbons, les Stuarts.*

2° Quand ils désignent des personnes possédant les talents, le caractère, etc. des personnages nommés ou plus généralement quand ils désignent des types (**Bu**§ 525) :
> *Existe-t-il encore des **Mécènes**?* (c.-à-d. des hommes généreux comme Mécène).
> *Les **Pasteurs** sont rares.*

La marque du pluriel n'apparaît cependant pas chez tous les auteurs.

119 Les noms propres **ne prennent pas** la marque du pluriel :

1° Quand ils désignent des familles entières (hors le cas signalé au [voir § 118, 1°]) (**Bu**§ 523) :
> *Les **Gagnon**. Les **Dupont** sont en voyage.*

2° Quand ils désignent, non des familles entières, mais des *individus* qui ont porté le même nom:

*Les deux **Corneille** ont composé des tragédies.*

3° Quand, par emphase, on leur donne l'article pluriel, quoiqu'on n'ait en vue qu'un seul individu:

*Les **Racine**, les **Boileau**, les **Molière**, les **La Fontaine** ont illustré le règne de Louis XIV.*

4° Quand ils désignent des titres d'ouvrages, de revues, etc. (Bu § 525):

*J'ai acheté deux **Iliade**.*

*Un paquet de «**Nouvel Observateur**».*

ℝemarque

120 Les noms propres désignant des œuvres par le nom de leur auteur peuvent prendre la marque du pluriel (Bu § 525):

*Aux **Breughels** du Musée d'Art Ancien. (M. Yourcenar)*

*Les **Raphaëls** du Vatican.*

*J'ai emprunté deux **Simenons**.*

Mais on peut aussi les laisser invariables:

*Ils se risquaient à acheter des **Matisse**. (F. Mauriac)*

*J'ai acheté deux **Simenon**.*

Les noms de marques entrés dans l'usage restent le plus souvent invariables:

*Deux **Renault**. Trois **Martini**.*

121 Les noms propres géographiques désignant plusieurs pays, provinces, cours d'eau, etc., prennent la marque du pluriel (Bu § 524):

*Les **Amériques**, les **Guyanes**, les deux **Sèvres**, les **Pyrénées**.*

Mais on écrira: *Il n'y a pas deux **France**. Il y a plusieurs **Montréal**.*

3. Le pluriel des noms composés [1] (Bu § 527)

a) Les éléments soudés (Bu § 533)

122 Les noms composés dont les éléments sont soudés en un mot simple forment leur pluriel comme les noms simples:

Des bonjours. Des entresols. Des passeports.

Des pourboires. Des portemanteaux.

---

1. Les rectifications de l'orthographe française autorisées depuis 1990 modifient sensiblement les règles d'écriture et les marques du pluriel pour les noms composés. On pourra s'y référer si souhaité **[voir § 497, 503, 504, 510]**, pour les étudier et les appliquer.

Exceptions : *Bonhomme, gentilhomme, madame, mademoiselle, monseigneur, monsieur* font au pluriel : *bonshommes, gentilshommes, mesdames, mesdemoiselles, messeigneurs (nosseigneurs), messieurs* [mesjø].
On dit parfois familièrement : *des madames, des monseigneurs, des monsieurs.*

b) Les éléments non soudés

Dans les noms composés dont les éléments ne sont pas soudés en un mot simple, on met au pluriel les éléments (*noms* et *adjectifs* seulement) qui, selon le bon sens, doivent prendre la marque du pluriel.

123 **Nom + nom en apposition. Nom + adjectif** (🅑🅤 § 528)

Quand le nom composé est formé de deux noms dont l'un est apposé à l'autre, ou d'un nom et d'un adjectif, les deux éléments prennent la marque du pluriel :

> *Des chefs-lieux, des oiseaux-mouches, des avocats-conseils.*
> *Des coffres-forts, des arcs-boutants, des allers-retours.*

Mais on trouve aussi la forme invariable *des aller-retour.*
L'Académie écrit : *des porcs-épics* [pɔʀkepik], *des reines-claudes, des pique-niques, des chauves-souris, des sauf-conduits, des guets-apens* [gɛtapɑ̃].
On écrit : *des grand-mères, des grand-tantes*, etc. **[voir § 192].**

124 **Nom + nom complément** (🅑🅤 § 528)

Quand le nom composé est formé de deux noms dont le second (avec ou sans préposition) est complément du premier, le premier nom seul prend la marque du pluriel :

> *Des arcs-en-ciel* [aʀkɑ̃sjɛl]. *Des chefs-d'œuvre. Des timbres-poste.*

125 **Mot invariable + nom** (🅑🅤 § 531)

Quand le nom composé est formé d'un mot invariable et d'un nom, évidemment le nom seul prend la marque du pluriel :

> *Des arrière-gardes. Des haut-parleurs. Des non-lieux.*
> *Des en-têtes. Des contre-attaques.*

On écrit : *des après-midi.*

126 **Verbe + complément** (🅑🅤 § 530)
Quand le nom composé est formé d'un verbe et d'un nom complément d'objet direct, le nom seul varie au pluriel, à moins que le sens ne s'y oppose :

> *Des bouche-trous. Des couvre-lits.*

Mais : *Des abat-jour. Des perce-neige.*

> **R**emarques
> 1. Dans certains noms composés, même au singulier, le complément d'objet direct a toujours la marque du pluriel: *Un casse-noisettes, un compte-gouttes, un porte-bagages, un presse-papiers,* etc.
> 2. Dans les noms composés à l'aide du mot *garde,* ce mot varie au pluriel quand le composé désigne une personne: *Des gardes-chasse, des gardes-malades;* il reste invariable quand le composé désigne une chose: *Des garde-robes.* Selon un ancien usage [voir § 362, Rem.], on écrit: *des ayants droit, des ayants cause.*

127 **Expressions toutes faites ou elliptiques** (𝐁𝐮 § 532)

Quand le nom composé est formé d'une expression toute faite ou d'une expression elliptique, aucun élément ne varie au pluriel:

Des meurt-de-faim. Des pince-sans-rire.

Des on-dit. Des coq-à-l'âne. Des pur-sang.

On écrit: *des terre-pleins* [lieux pleins de terre].

128 **Mots étrangers** (𝐁𝐮 § 532)

Dans les noms composés, les mots étrangers restent invariables:

*Des **mea-culpa**. Des **post-scriptum**. Des **vice**-rois. Les **mass-media**.*

Cependant on écrit: *des fac-similés, des orangs-outangs, des best-sellers.*

Quand le premier élément présente la terminaison *-o,* il reste invariable: *Les Gallo-Romains, des électro-aimants.*

On écrit: *des tragi-comédies.*

4. Le pluriel des noms étrangers

129 Les noms empruntés aux langues étrangères admettent la marque du pluriel français quand un fréquent usage les a vraiment francisés[1] (𝐁𝐮 § 534):

Des accessits. (Académie) *Des autodafés.* (Id.)

Des intérims, des salamis, des quotas.

130 a) Certains mots latins restent invariables, et notamment des mots de la langue liturgique (𝐁𝐮 § 535):

Des duplicata, des errata, des Avé, des Gloria, des Pater, des Te Deum.

---

1. Des rectifications orthographiques portent également sur le pluriel des noms étrangers [voir § 502].

L'Académie écrit toutefois:

Des Alléluias. Des bénédicités.

b) Les noms italiens tels que *soprano, impresario* faisaient anciennement leur pluriel en *-i*: *des soprani, des impresarii.* Mais le pluriel francais s'est progressivement imposé. On écrit: *des sopranos, des imprésarios, des scénarios, des bravos, des lazzis* (ou des *lazzi*), *des confettis, des sphaghettis* (🅑 § 536).

c) Les noms anglais en *-man* font ordinairement leur pluriel en changeant *-man* en *-men* (🅑 § 537):

*Un gentleman, des gentle**men**; un barman, des bar**men** (ou bar**mans**); un cameraman, des camera**men**, etc.*

Les noms anglais en *-y* changent parfois *-y* en *-ies* au pluriel:

*Une lady, des lad**ies**; un whisky, des whisk**ies**; un dandy, des dand**ies*** (ou *des ladys, des whiskys, des dandys*).

Mais on écrit toujours *des jury**s**.*

Les noms anglais terminés par une ou deux consonnes font leur pluriel par l'addition de *-es* (non prononcé):

*Un box, des box**es**; un match, des match**es**; un sandwich, des sandwich**es**, etc.*

Mais les pluriels à la française sont aussi acceptés:

*Des box, des match**s**, des sandwich**s**.*

5. Le pluriel des noms accidentels (🅑 § 520)

131 Les mots invariables pris comme noms, les mots employés occasionnellement comme noms (pronoms...) ainsi que les noms des lettres de l'alphabet, des chiffres, des notes de musique, ne changent pas au pluriel:

*Les **si**, les **car**, les contrats sont la porte*
Par où la noise entre dans l'univers. (J. de La Fontaine)

*Les **moi** divers qui meurent successivement en nous.* (M. Proust)

*Deux **mi**. Deux **a**.*

Cependant les infinitifs et les mots qui sont devenus des noms dans l'usage courant, ainsi que *avant, devant, arrière, derrière,* employés substantivement, prennent *s* au pluriel:

*Les **rires**. Prendre les **devants**.*

*Les **bonjours** qu'il nous lançait chaque matin.*

*Les **avants** (au football). Les **arrières** de l'ennemi.*

On écrit: *les **attendus**, les **considérants** d'un jugement.*

6. Cas particuliers

132 Certains noms ne s'emploient qu'au pluriel (⓫ § 508) :

Des agissements, les alentours, des annales, des armoiries, les bonnes grâces, les confins, les décombres, les frais, les funérailles, des menottes, des obsèques, des pierreries, etc.

D'autres ne se trouvent ordinairement qu'au singulier (⓫ § 507) :
– noms de sciences ou d'arts : *La botanique, la sculpture*, etc. ;
– noms de matières : *L'or, le plâtre*, etc. ;
– noms abstraits : *La haine, la soif*, etc. ;
– noms des sens, des points cardinaux : *L'odorat, le nord.*

> **R**emarque
> La plupart de ces noms admettent le pluriel quand on les emploie au figuré ou dans des acceptions particulières :
> *Je vous remercie de vos* **bontés**. *Des* **peintures** *abstraites.*

133 Certains noms changent de sens en changeant de nombre. Comparez :

Un **ciseau** *de sculpteur.*	*Mettre les* **ciseaux** *dans une étoffe.*
Une **lunette** *d'approche.*	*Mettez vos* **lunettes**.
Écrire une **lettre**.	*Des études de* **lettres**.
La **vacance** *du pouvoir.*	*Être en* **vacances**.

Chapitre 2

L'article

134 L'**article** est un mot que l'on place devant le nom pour marquer que ce nom est pris dans un sens complètement ou incomplètement déterminé; il sert aussi à indiquer le genre et le nombre du nom qu'il précède (Ⓑ § 578).

135 On distingue deux espèces d'articles: l'article *défini* et l'article *indéfini*.

A L'article défini (Ⓑ § 579)

1. Définition

136 L'article **défini** est celui qui se met devant un nom dont le sens est complètement déterminé:

Le livre de Grégoire.
La semaine prochaine.
Donnez-moi *la* clef (la clef que l'on sait).

137 L'article défini est (Ⓑ § 580):

le pour le masculin singulier;

la pour le féminin singulier ;
les pour le pluriel des deux genres.

138 L'article **élidé** est l'article *le, la,* dont la voyelle est remplacée par une apostrophe devant les mots commençant par une voyelle ou un *h* muet :

L'or, l'avion, l'habit, l'heure, l'horrible vision.

139 L'article **contracté** est le résultat de la fusion des prépositions *à, de,* avec les articles *le, les* :

à le se contracte en **au** ;
à les se contracte en **aux** ;
de le se contracte en **du** ;
de les se contracte en **des**.

2. Emploi

140 a) **Emploi général**

D'une manière générale, l'article défini se met devant les noms communs pris dans un sens complètement déterminé.

b) Emplois particuliers

En particulier, il s'emploie :

1° Parfois comme démonstratif :

> *Ah ! **le** détour (= ce détour) est bon.* (Molière)
> *Nous partons à l'instant.   Oh ! **le** beau papillon !*

2° Parfois comme possessif, surtout devant des noms désignant des parties du corps ou du vêtement, ou les facultés intellectuelles, quand l'idée de possession est suffisamment marquée par le sens général de la phrase :

> *__Les__ yeux lui sortent de __la__ tête.*
> *Il m'a saisi à __la__ gorge.*
> *Elle me prend par __la__ manche.*
> *Elle perd __la__ mémoire.*

3° Devant le nom complément du collectif général (désignant tous les êtres d'une espèce ou d'un groupe) :

> *La multitude __des__ étoiles étonne l'imagination.*

4° Parfois devant les noms propres de personnes :

> – Quand ils sont employés soit dans un sens emphatique (alors l'article est au pluriel), soit dans un sens méprisant (**Bu** § 588) :
> *__Les__ Corneille, __les__ Racine, __les__ Molière ont illustré la scène française.*
> *__La__ Brinvilliers.*

L'article se rencontre devant des noms de famille italiens ou devant des noms de cantatrices ou d'actrices célèbres :

Le Tasse, le Corrège, la Callas.

– Quand ces noms propres sont accompagnés d'une épithète ou déterminés par un complément :

Le grand Corneille. Le Racine des « Plaideurs ».

– Quand ils désignent soit plusieurs individus de même nom, soit des types, des familles entières, des peuples :

Les deux Corneille. Les Cicérons sont rares.

Les Gagné. Les Belges.

– Quand ils désignent des œuvres produites :

Les Raphaëls du Vatican.

Le Simenon que je préfère est « Pedigree ».

5° Devant les noms propres de continents, de pays, de provinces, de montagnes, de mers, de cours d'eau, d'îles (**Bu** § 588) :

L'Amérique, la France, le Manitoba, les Vosges, la Méditerranée, le Zambèze, la Sardaigne.

Les noms des petites îles et les noms masculins d'îles lointaines ne prennent pas l'article : *Malte, Madagascar, Bornéo.*

Les noms de villes rejettent l'article : *Dakar, Rome ;* sauf s'ils sont accompagnés d'une épithète ou d'un complément, ou encore s'ils étaient originairement des noms communs :

Le vieux Québec, le Paris d'autrefois, Le Havre, La Haye.

On dit cependant : *Paris entier, tout Paris.*

141 Devant **plus**, **moins**, **mieux**, suivis d'un adjectif ou d'un participe, l'article *le* reste invariable et forme avec ces adverbes des locutions adverbiales, quand il y a comparaison entre les différents degrés d'une qualité (**Bu** § 988) :

C'est au milieu de ses enfants qu'une mère est le plus heureuse (heureuse au plus haut degré).

Mais l'article s'accorde lorsqu'on fait la comparaison entre des êtres ou des objets différents :

Cette femme est la plus heureuse des mères, la mère la plus heureuse (elle est comparée aux autres mères).

N.B. Moyen pratique

Quand on peut placer après l'adjectif les expressions *au plus haut (bas) degré, le plus (moins, mieux) possible*, on laisse l'article invariable. Quand on peut placer après l'adjectif les mots *de tous, de toutes*, on fait accorder l'article.

B L'article indéfini

1. Définition (Bu§ 581)

142 L'article **indéfini** indique que l'être ou l'objet nommé est présenté comme non précisé, non déterminé, non encore connu :

> Je ne sais presque rien. (...) **Un** voyageur venu des sources du Nil nous annonce **une** comète. (M. Tournier)
> Je vois venir **une** femme.
> Donnez-moi **un** chocolat, **des** oranges.

143 L'article indéfini est (Bu§ 583) :

un pour le masculin singulier ;
une pour le féminin singulier ;
des pour le pluriel des deux genres.

2. Emploi

144 Outre les valeurs qu'il a dans l'emploi général (c.-à-d. la valeur numérale affaiblie ou celle de «un certain»), l'article indéfini peut avoir, dans des emplois particuliers, certaines valeurs expressives ; ainsi il s'emploie :

1° Avec une valeur de généralisation, devant un nom désignant un type (c.-à-d. considéré comme représentant tous les individus de l'espèce) :

> **Un** artiste se doit à son œuvre.

2° Avec une valeur emphatique, dans des phrases exclamatives :

> Il fait **une** chaleur ! Il a **des** oreilles !

Devant un nom propre, soit par mépris, soit par emphase, soit pour donner au nom propre la valeur d'un nom commun :

> On a vu **un** Néron comploter contre sa mère.
> **Un** Alexandre, **un** César, **un** Napoléon ont bouleversé le monde : ont-ils mieux mérité de l'humanité qu'**un** Pasteur ou qu'**un** Fleming ?
> **Un** Auguste aisément peut faire **des** Virgiles. (N. Boileau)

3. L'article partitif (Bu§ 582)

145 L'article **partitif** est celui qui se place devant le nom des choses qui ne peuvent se compter, pour indiquer qu'il s'agit d'une *partie* seulement ou d'une certaine *quantité* de ce qui est désigné par le nom :

> Prendre **du** sel, **de la** farine, **de l'**eau ; manger **des** épinards.

146 L'article partitif est (🅑 § 583) :

du *(de l')*	pour le masculin singulier ;
de la *(de l')*	pour le féminin singulier ;
des	pour le pluriel des deux genres.

> ## Ⓡemarques
>
> 1. L'article partitif résulte de la combinaison ou de la fusion de la préposition *de* (qui abandonne sa valeur ordinaire) avec l'article défini *le, la, l', les*.
>
> 2. *Des* est un article partitif quand il correspond au singulier *du, de la, de l'* : *J'ai mangé **des** épinards.*
>
> C'est un article indéfini quand il correspond au singulier *un* ou *une* (il désigne alors des choses nombrables) : *J'ai mangé **des** noix.*
>
> 3. La préposition *de* employée seule peut servir d'article partitif ou indéfini : *Il n'a pas **de** pain. J'ai mangé **de** bons épinards, **de** bonnes noix.*
>
> 4. De l'article partitif, qui se place devant des sujets ou des compléments d'objet directs, on distinguera *du, de la, de l', des* introduisant des compléments d'objet indirects, des compléments déterminatifs ou circonstanciels : *La paix **du** cœur, une corbeille **de** fruits, douter **de la** vie, tomber **des** nues.*

147 Devant les noms précédés d'un adjectif, au lieu de *du, de la, de l', des*, on met *de*, dans la langue soignée (🅑 § 584) :

*Pour entendre **de** bonne musique.* (J.-P. Sartre)

*Il partit en campagne avec **de** grandes espérances.* (A. France)

> ## Ⓡemarque
>
> La langue familière, au lieu du simple *de*, emploie toujours *du, de la, de l', des* : *J'ai **du** bon tabac, manger **de la** bonne soupe.*
>
> La langue littéraire aussi met souvent *du, de la, de l', des*, là où la règle traditionnelle demanderait *de* :
>
> *Il y a aussi une affluence de mendiants qui nous offrent **des** petits bouquets de roses.* (P. Loti)

Cependant on met *du, de la, de l', des* :

1° Quand l'adjectif sert à former un nom composé :

***Des** grands-pères.*

2° Quand l'adjectif fait corps avec le nom:

*De la bonne volonté, **des** jeunes gens, **des** petits pois.*

148 Devant un nom complément d'objet direct du sujet réel pris partitivement dans une phrase négative, on emploie le simple *de* si la négation est absolue, c'est-à-dire si le nom peut être précédé de l'expression «aucune quantité de»:

*Je n'ai pas **d'**argent, N'avez-vous pas **d'**amis?*

*Je ne bois jamais **de** vin.*

Mais on emploie *du, de la, de l', des,* si la phrase, malgré le tour négatif, implique, quant au nom, une idée affirmative:

*Elle ne boit que **de** l'eau.*

*N'avez-vous pas **des** amis pour vous aider? (tour négatif, mais sens positif).*

De même quand on veut insister sur le nom:

*Vous n'avez pas demandé **du** vin, mais de la bière.*

C La répétition de l'article (Bu § 576)

149 Si l'article est employé devant le premier nom d'une série, il doit l'être aussi devant chacun des autres:

*Au fur et à mesure, **des** frissons, **des** élans réfrénés,*

***des** exclamations étouffées agitaient la foule. (J. Zobel)*

Mais l'article ne se répète pas quand le second nom est l'explication du premier, ou qu'il désigne le même être ou objet, ou encore quand les noms forment un tout étroitement uni dans la pensée:

L'onagre ou âne sauvage.

Un collègue et ami.

Les arts et métiers.

150 L'article se répète devant deux adjectifs unis par *et* ou par *ou* lorsque ces adjectifs qualifient des êtres ou des objets différents, quoique désignés par un seul nom:

*Il y a **de** bons et **de** mauvais moments. (J. Renard)*

*Il y a donc **un** bon et **un** mauvais goût. (J. de La Bruyère)*

Mais on ne répète pas l'article si les deux adjectifs qualifient un seul et même être ou objet, un seul groupe d'êtres ou d'objets:

Un pitoyable et insupportable raisonnement. (J.B. Bossuet)

Les plus urgentes et confidentielles missions lui sont confiées.

®emarques

1. Si les deux adjectifs ne sont pas unis par *et* ou par *ou,* on doit répéter l'article :

   Une magnifique, une sublime artiste nous est révélée aujourd'hui.

2. Si le nom précède les deux adjectifs coordonnés, on peut avoir les tours suivants :

   1° *La langue latine et la langue grecque* (c'est le tour ordinaire) ;
   2° *La langue latine et grecque ;*
   3° *La langue latine et la grecque ;*
   4° *Les langues latine et grecque* (surtout dans le langage technique).

3. Dans une série de superlatifs relatifs se rapportant à un même nom, l'article doit être répété chaque fois :

   Il a perdu la plus tendre, la plus douce, la plus charmante des compagnes.

◻ L'omission de l'article (®§ 585-588)

151 On omet l'article :

1° Devant des compléments déterminatifs n'ayant qu'une simple valeur qualificative, ou désignant la destination d'un récipient.

   Un adverbe de lieu, une statue de marbre, une boîte à bijoux, une corbeille à papier.

2° Dans certains proverbes, dans certaines comparaisons ou certaines expressions sentencieuses :

   Noblesse oblige. Blanc comme neige.
   Il y a anguille sous roche.
   Pierre qui roule n'amasse pas mousse.

3° Dans certaines énumérations rapides :

   Vieillards, hommes, femmes, enfants, tous voulaient me voir.
   (Ch. de Montesquieu)

4° Devant le nom apposé ou attribué exprimant simplement une qualité :

   Le lion, terreur des forêts. (J. de La Fontaine)
   Vous êtes musicien ?

Mais on met l'article si le nom apposé ou attribut garde toute sa valeur substantive et marque une identification nettement soulignée :

Rome, l'unique objet de mon ressentiment. (P. Corneille)
Vous êtes le professeur?

5° Devant le nom mis en apostrophe:

Cieux, écoutez ma voix; terre, prête l'oreille. (J. Racine)
Vous êtes trop bon, docteur. (J. Romains)

6° Dans un grand nombre d'expressions où le complément est intimement lié au verbe ou à la préposition:

Avoir peur, donner congé, rendre justice, imposer silence, perdre patience, avoir à cœur, aller à cheval, avec soin, sans gêne, par hasard, sous clef, etc.

Notons encore les deux cas suivants (moins importants):

1° Souvent devant les noms unis au moyen de *soit... ou, tant... que, (ni) ... ni, (et) ... et*:

Il n'avait apporté avec lui ni livres, ni cahiers.
Soit terreur, soit courage, Cosette n'avait pas soufflé. (V. Hugo)

2° Dans les inscriptions, les titres d'ouvrages, les adresses, etc.:

Maison à vendre.
Dictionnaire alphabétique et analogique de la langue française.
Monsieur X., 20, rue du Commerce.

Chapitre 3

L'adjectif

152 **L'adjectif** est un mot que l'on joint au nom pour le qualifier ou pour le déterminer (**Bu** § 539).

*Un film **magnifique**. Des souliers **bruns**.*

Une **locution adjective** est une réunion de mots équivalant à un adjectif:

*Une personne **soupe au lait**.*
*Des étoffes **lie-de-vin**.*

153 On distingue:

a) les adjectifs **qualificatifs**;

b) les adjectifs **non qualificatifs**: *numéraux, possessifs, démonstratifs, relatifs, interrogatifs, exclamatifs* et *indéfinis*.

Il y a aussi l'*adjectif verbal*: on appelle ainsi le participe présent employé adjectivement [**voir § 373**]: *La brise **errante**. Les bois **jaunissants**.*

◫ Les adjectifs qualificatifs

154 L'adjectif **qualificatif** exprime une manière d'être, une qualité de l'être ou de l'objet désigné par le nom auquel il est joint:
> *Un livre **utile**. Un cinéaste **créatif**.*

1. Le féminin des adjectifs qualificatifs (🅑 § 540)

> **Ⓝ.B.**
> **155** Au point de vue orthographique, le féminin des adjectifs qualificatifs se marque:
> 1° en général, par *addition d'un* **e** à la forme masculine;
> 2° par *modification du suffixe*, dans les adjectifs en *-eur*.

a) Addition d'un *e* (🅑 § 541-542)

Règle générale

156 On obtient le féminin des adjectifs en écrivant à la fin de la forme masculine un **e**, qui souvent ne se prononce pas:
> *Un haut mur. La **haute** mer* [la'ot(ə)mɛr].
> *Un ciel bleu. Une robe **bleue*** [yn(ə)rɔbəblø].

Évidemment les adjectifs déjà terminés par un **e** au masculin ne changent pas au féminin:
> *Un sol **fertile**. Une époque **fertile** en événements.*

Toutefois *maître* et *traître*, adjectifs, font au féminin *maîtresse, traîtresse*:
> *La **maîtresse** branche. Une nappe d'eau **traîtresse**.*

> **Ⓝ.B.**
> 1. Dans les adjectifs terminés au masculin par une *voyelle*, l'adjonction de l'*e* du féminin n'entraîne pas, quant à la prononciation, l'allongement de cette voyelle finale: *l'i, l'u* ont la même durée dans *jolie* [ʒɔli], *menue* que dans *joli* [ʒɔli], *menu*.
> 2. Dans les adjectifs terminés au masculin par une *consonne*, l'adjonction de l'*e* du féminin:
> a) tantôt ne modifie pas la prononciation de l'adjectif: *Banal, banale;*

b) tantôt fait reparaître, dans la prononciation, la consonne finale qui (sauf en liaison) ne se prononce pas au masculin : *Petit, petite* [pəti], [pətit].
Lourd, lourde ;

c) tantôt, comme on va le constater, provoque un redoublement ou une modification de cette consonne finale, avec parfois une modification (phonétique ou même orthographique) de la voyelle qui précède.

Cas particuliers

157 Les adjectifs en **-el, -eil**, ainsi que **nul** et **gentil**, redoublent l'*l* devant l'*e* du féminin (**Bu** § 544) :

Cruel, cruelle. Pareil, pareille.
Nul, nulle. Gentil, gentille.

Jumeau (autrefois *jumel*) fait *jumelle* au féminin.

> ## ℝemarque
>
> *Beau, nouveau, fou, mou, vieux* font au féminin *belle, nouvelle, folle, molle, vieille*. Ces formes féminines sont tirées des masculins anciens : *bel, nouvel, fol, mol, vieil,* qui sont encore d'usage devant un nom masculin singulier commençant par une voyelle ou un *h* muet :
>
> *Un **bel** ouvrage, un **nouvel** habit, un **fol** espoir, un **mol** oreiller, un **vieil** avare.*

158 Adjectifs en -*n* (Bu § 544)

Les adjectifs en **-en, -on** redoublent l'*n* devant l'*e* du féminin (et il y a dénasalisation) :

Ancien, ancienne [ãsjɛ̃], [ãsjɛn]. *Bon, bonne* [bɔ̃], [bɔn].

Pour *lapon, letton, nippon,* l'usage hésite : *Une famille lapone* ou *laponne. La langue lettone* ou *lettonne. La flotte nippone* ou *nipponne,* mais le redoublement du *n* semble plus rare.

Les adjectifs en **-*in* (-ain, -ein), -un, -an** (sauf *paysan, valaisan* et *veveysan*), ne redoublent pas l'*n* (et il y a dénasalisation) :

Voisin, voisine [vwazɛ̃], [vwazin].
Hautain, hautaine [otɛ̃], [otɛn].
Plein, pleine. Commun, commune.
Persan, persane [pɛrsã], [pɛrsan].
Mais : *paysan, paysanne ; valaisan, valaisanne ; veveysan, veveysanne.*

Bénin, malin font au féminin *bénigne* [beniɲ], *maligne* [maliɲ] (lat. *benigna, maligna*).

159 Adjectifs, en *-t* (🅑§ 544)

Les adjectifs en **-et** redoublent le *t* devant l'*e* du féminin :
> *Muet, muette.*

Exceptions: Les neuf adjectifs *complet, incomplet, concret, désuet, discret, indiscret, inquiet, replet, secret* ne redoublent pas le *t* au féminin et prennent un accent grave sur l'*e* qui précède (lat. *completa*, etc.):
> *Complet, complète. Concret, concrète.*

Mais les adjectifs en **-at, -ot**, sauf *boulot, maigriot, pâlot, sot, vieillot*, ne redoublent pas le *t* :
> *Délicat, délicate. Idiot, idiote.*
> *Mais : boulotte, maigriotte, pâlotte, sotte, vieillotte.*

Favori fait au féminin *favorite.*

160 La plupart des adjectifs en **-s** (précédé d'une voyelle) ou en **-x** ont leur féminin en **-se** (prononcé [z]) (🅑§ 544):
> *Gris, grise* [gri], [griz]. *Mauvais, mauvaise.*
> *Heureux, heureuse. Jaloux, jalouse.*

Mais *bas, gras, las, épais, gros, métis, faux* (anciennement *faus*), *roux* (anciennement *rous*), ont leur féminin en **-sse**:
> *Basse, grasse, lasse, épaisse, grosse, métisse, fausse, rousse.*

> **R**emarque
> *Andalou* (anciennement *andalous*) fait *andalouse.*
> *Doux* fait *douce.*
> *Tiers* fait *tierce.*
> *Frais* fait *fraîche.*

Exceptions: *Exprès* fait **expresse** (sans accent grave), quand l'adjectif signifie «qui exprime formellement la volonté de quelqu'un». *Une **lettre exprès*** reste donc invariable.

161 Les adjectifs en **-er** (*r* muet ou non) forment leur féminin en **-ère**, avec un accent grave sur l'*e* qui précède l'*r* (🅑§ 547):
> *Léger, légère* [leʒe], [leʒɛR]. *Fier, fière.*

162 Les adjectifs en **-f** changent *f* en **v** devant l'*e* du féminin (🅑§ 545):
> *Naïf, naïve.*

Bref fait *brève.*

3 L'adjectif

163 *Ammoniac, caduc, franc* (peuple), *public, turc* changent *-c* en **-que** au féminin (Ⓑ§ 545) :

> *Ammonia**que**, cadu**que**, la nation fran**que**, publi**que**, tur**que**.*

Grec fait *grec**que**.*

Blanc, franc (qui a de la franchise), *sec* font : *blan**che**, fran**che**, sè**che**.*

164 *Long, oblong* prennent entre le *g* et l'*e* du féminin un *u,* qui garde au *g* sa prononciation gutturale [g] :

> *Long, long**ue*** [lɔ̃], [lɔ̃g]. *Oblong, oblong**ue**.*

165 Les adjectifs en **-gu** prennent sur l'*e* du féminin un tréma, indiquant que l'*u* doit se prononcer (Ⓑ§ 547) :

> *Aigu, aigu**ë*** [ɛgy], [ɛgy:] ; *ambigu, ambigu**ë**.*

Depuis 1975, l'Académie française a décidé que le tréma serait sur le *u* : *aigüe*. Mais les deux graphies coexistent et sont toutes deux correctes.

b) Modification du suffixe

166 Adjectifs en *-eur* (Ⓑ§ 548)

a) Les adjectifs en *-eur* auxquels on peut faire correspondre un participe présent en changeant *-eur* en *-ant* font leur féminin en **-euse**[1] (le *eu* se prononce [ø]) :

> *Menteur, ment**euse*** [mãtœr], [mãtøz].
> *Trompeur, tromp**euse**.*

Exceptions : *Enchanteur, pécheur, vengeur* changent *-eur* en **-eresse** : *Enchant**eresse**, péch**eresse**, veng**eresse**.*

Émetteur, exécuteur, inspecteur, persécuteur changent *-teur* en **-trice** : *Émett**rice**,* etc.

Pour le féminin de *sauveur,* on emploie *salvatrice.*

Pour le féminin de *vainqueur,* on emprunte à *victorieux* le féminin *victorieuse.*

b) Les adjectifs en *-teur* auxquels on ne peut faire correspondre un participe présent en changeant *-eur* en *-ant* font leur féminin en **-trice**[2] :

> *Consolateur, consola**trice**. Protecteur, protec**trice**.*

---

1. Dans ces adjectifs, qui sont de formation populaire, *-eur* se prononçait autrefois *eux :* on prononçait, par exemple : *un homme menteux.* Ainsi s'explique leur féminin en *-euse.*

2. Le féminin de ces adjectifs, qui sont de formation savante, est emprunté ou imité du féminin latin en *-trix :* par exemple, *consolatrice* reproduit le féminin latin *consolatrix.*

> **ℝemarque**
>
> Onze comparatifs en *-eur* (certains l'étaient en latin mais sont utilisés comme des adjectifs en français) font leur féminin par simple addition d'un *e*; ce sont: *antérieur, postérieur; citérieur, ultérieur; extérieur, intérieur; majeur, mineur; supérieur, inférieur; meilleur.*

c) Cas spéciaux

167 *Coi* fait au féminin *coite.*

Pour le féminin de *hébreu,* on emploie *juive* ou *israélite* en parlant de *personnes*: *Le peuple hébreu, une famille **juive**, une personne de confession israélite;* pour les choses, on emploie *hébraïque,* adjectif des deux genres, mais rare au masculin: *Un texte hébreu, la langue **hébraïque*** (🕮 § 550).

Angora, capot, chic (familier), *kaki, pop, rock, rococo, snob* n'ont qu'une forme pour les deux genres:

> *Une chèvre **angora**.* (Académie) *Elle est demeurée **capot**.* (Id.)
> *Une toilette **chic**.* (Id.) *De la musique **pop**. Une chanteuse **rock**.*
> *Une sculpture **rococo**. Une vareuse **kaki**. Elle est un peu **snob**.*

Sont inusités au masculin: (bouche) *bée,* (ignorance) *crasse,* (rose) *trémière.*

Sont inusités au féminin: (nez) *aquilin, benêt,* (pied) *bot,* (vent) *coulis, fat,* (feu) *grégeois,* (yeux) *pers, preux,* (hareng) *saur,* (papier) *vélin.*

Châtain, considéré comme n'ayant pas de féminin, varie cependant depuis longtemps:

> *Chevelure **châtaine**.* (Colette)

Sterling est invariable et ne s'emploie plus aujourd'hui qu'avec le nom *livre* (unité monétaire anglaise): *Cinquante livres **sterling**.*

2. Le pluriel des adjectifs qualificatifs

a) Pluriel en -s (🕮 § 552)

168 On forme le pluriel des adjectifs en écrivant à la fin de la forme du singulier un **s** (muet, sauf en liaison):

> *Un vin pur. Des vins pur**s**.*
> *L'eau pure. Les eaux pure**s**.*

Tous les adjectifs *féminins* prennent un *s* au pluriel. Ce qui va suivre ne concerne que le pluriel des adjectifs *masculins.*

169 Les adjectifs en **-s** ou **-x** ne changent pas au pluriel:
Un argument bas et haineux. Des arguments bas et haineux.

b) Pluriel en -x (Ⓑ § 553)

170 La plupart des adjectifs en **-al** changent au pluriel masculin cette finale en **-aux**:
Un homme loyal. Des hommes loyaux.

Exceptions: *Bancal, fatal, final, naval* ont leur pluriel en **-als**:
Des enfants bancals. Les rocs fatals. (A. de Vigny)
Sons finals. (É. Littré) *Combats navals.* (Académie)

Pour un certain nombre d'autres adjectifs en *-al,* le pluriel masculin est peu employé ou mal fixé. Ainsi font parfois leur pluriel en **-als**: *austral, boréal, glacial, initial, jovial, martial, matinal, natal, pascal, théâtral,* etc.:
De glacials coups de vent. (Alain-Fournier)

Mais rien n'empêche de donner à ces adjectifs un pluriel en *-aux*:
Sarcasmes glaciaux. (F. Vandérem)
Propos initiaux. (G. Duhamel)
Critiques théâtraux. (J. Giraudoux)
Hommages matinaux. (J. Romains)

> **Ⓡemarque**
>
> *Banal,* terme de droit féodal, fait au pluriel masculin *banaux*:
> *Des fours banaux.*
>
> Dans l'emploi ordinaire, il fait *banaux* ou *banals*:
> *Des compliments banals.* (Académie)
> *Quelques mots banaux.* (R. Rolland)

171 *Beau, nouveau, jumeau, hébreu* prennent un **x** au pluriel:
De beaux sentiments. Des textes hébreux.

3. Les degrés des adjectifs qualificatifs (Ⓑ § 563)

172 On exprime le degré plus ou moins élevé d'une qualité par le *positif,* le *comparatif* et le *superlatif* des adjectifs qualificatifs.

173 **a) Le positif** (**Bu** § 565)

Le *positif* exprime simplement la qualité, sans aucune idée de comparaison :

> *Daphné est **curieuse**.*

174 **b) Le comparatif** (**Bu** § 983-986)

Le *comparatif* exprime la qualité avec comparaison :

1° Le complément **d'égalité** se forme au moyen de l'adverbe *aussi* précédant l'adjectif :

> *Daphné est **aussi curieuse** que Julie.*

2° Le comparatif **de supériorité** se forme au moyen de l'adverbe *plus* précédant l'adjectif :

> *Daphné est **plus curieuse** que Loïc.*

3° Le comparatif **d'infériorité** se forme au moyen de l'adverbe *moins* précédant l'adjectif :

> *Daphné est **moins curieuse** que Cédric.*

Remarque (**Bu** § 567-569)

Meilleur, moindre, pire, comparatifs de *bon, petit, mauvais,* sont issus des comparatifs latins *meliorem, minorem, pejorem.*

▼
Moindre s'emploie au sens abstrait:

> *Son mal n'est pas **moindre** que le vôtre.* (Académie)

Au sens concret, on dit *plus petit*:

> *Cette chambre-là est **plus petite** que celle-ci.*

Dans la plupart des cas, on peut employer l'un pour l'autre *pire* ou *plus mauvais*, mais, en général, on se sert de *plus mauvais* quand *mauvais* a le sens de «détestable» ou de «qui ne fonctionne pas bien»:

> *Sa vue est **plus mauvaise** que jamais.*

175 **c) Le superlatif**

Le *superlatif* exprime une qualité portée à un très haut degré ou au plus haut degré. Il peut être *absolu* ou *relatif*.

Le superlatif **absolu** exprime une qualité portée à un très haut degré sans aucune idée de comparaison (**Bu** § 993).

Il se forme habituellement au moyen d'un des adverbes *très, fort, bien, extrêmement, infiniment,* etc., précédant l'adjectif:

> *Marie est **très savante, fort savante, extrêmement savante.***

Le superlatif se marque parfois aussi, soit au moyen de certains préfixes:

> *extra-fin, surfin, superfin, ultra-comique, archifou.*

soit au moyen du suffixe *-issime,* qui forme des termes d'étiquette:

> *excellentissime, importantissime, illustrissime, éminentissime.*

ou de superlatifs plaisants ou familiers:

> *grandissime, richissime, rarissime,* etc.

Le superlatif **relatif** exprime une qualité portée au degré le plus élevé ou le plus bas, par comparaison, soit avec l'être ou l'objet dont il s'agit considéré dans des circonstances différentes, soit avec un ou plusieurs autres êtres ou objets (**Bu** § 987-988).

Il est formé du comparatif de supériorité ou d'infériorité précédé soit de l'article défini:

> *Le plus aimable des hommes. L'homme le moins aimable.*

soit d'un adjectif possessif:

> *Votre plus grand désir.*

soit de la préposition *de*:

> *Ce qu'il y a de plus honorable.*

176 Certains adjectifs n'admettent pas de degrés, parce qu'ils expriment des idées absolues ou encore parce qu'ils expriment par eux-mêmes le comparatif ou le superlatif (🅑 § 565).

Tels sont : *aîné, cadet, carré, circulaire, double, triple, équestre, principal, majeur, mineur, ultime,* etc.

4. L'accord des adjectifs qualificatifs

a) Règles générales (🅑 § 335)

177 L'adjectif qualificatif s'accorde en genre et en nombre avec le nom ou le pronom auquel il se rapporte :

Une **bonne** affaire. De **beaux** discours. Ils sont **forts**.

178 L'adjectif qualificatif qui se rapporte à **plusieurs noms ou pronoms** se met au pluriel et prend le genre des mots qualifiés (🅑 § 338) :

*Un livre et un cahier **neufs**.*

*J'appelle barbarie le retournement et l'exaspération de soi, aussi **inconcevables** que leurs conséquences de cruauté.* (É. Glissant)

Si les mots qualifiés sont de **genres différents**, l'adjectif se met au masculin pluriel :

*Une veste et un pantalon **neufs**.*

> ⓡ**emarques**
>
> 1. Quand l'adjectif a pour les deux genres des prononciations fort différentes, l'harmonie demande que le nom masculin soit rapproché de l'adjectif :
> *Les gloires et les deuils nationaux*
> (plutôt que : *Les deuils et les gloires nationaux*).
>
> 2. Parfois l'adjectif, quoique se rapportant à plusieurs noms, ne s'accorde qu'avec le plus rapproché (🅑 § 339) :
> *Ses moindres actions étaient d'une correction et d'une gravité **admirable**.*
> (H. Taine)
>
> 3. Le sens exige parfois que l'accord n'ait lieu qu'avec le dernier nom :
> *Venez avec votre père et votre frère **aîné**.*

b) Règles particulières

179 Quand l'adjectif est en rapport avec plusieurs **noms joints par une conjonction de comparaison** (comme, ainsi que, etc.), il s'accorde avec le premier terme de la comparaison si la conjonction garde sa valeur comparative (**Bu** § 454) :

*L'aigle a le bec, ainsi que les serres, **puissant et acéré**.*

Mais on fait l'accord simultané si la conjonction a le sens de *et* :

*Elle a la main ainsi que l'avant-bras tout **noirs** de poussière.*

180 Quand l'adjectif est en rapport avec des **noms synonymes** ou placés par **gradation**, il s'accorde avec le dernier, qui exprime l'idée dominante (**Bu** § 448) :

*Il entra dans une colère, une fureur **terrible**.*

181 Quand l'adjectif est en rapport avec deux **noms joints par *ou***, il s'accorde le plus souvent avec le dernier (**Bu** § 449) :

*Il faudrait, pour réussir dans cette entreprise, un talent ou une habileté **rare**.*

Cet accord est obligatoire si l'adjectif ne qualifie évidemment que le dernier nom :

*Une statue de marbre ou de bronze **doré**.*

L'adjectif s'accorde avec les deux noms quand on veut marquer qu'il qualifie chacun d'eux :

*On recherche un homme ou une femme **âgés**.*

182 Quand l'adjectif suit un complément déterminatif, il s'accorde avec le nom complément ou avec le nom complété, selon le sens :

*Du poisson de mer **frais**.*

*Un groupe de marins **italiens**.*

183 Quand un adjectif est en rapport avec **avoir l'air**, on a, en général, la faculté d'accorder cet adjectif avec *air* ou avec le sujet (**Bu** § 249) :

*Ils ont l'air **hardi** ou **hardis**.*

Quand on fait l'accord avec *air,* c'est qu'on donne à ce nom le sens d'« aspect », de « mine » :

*Elle a l'air **faux**.* (Académie)

Quand on fait l'accord avec le sujet, *avoir l'air* est synonyme de « paraître » :

*Ils ont l'air **malades**.*

N.B.

Quand le sujet est un nom de chose, c'est le plus souvent avec lui que l'adjectif s'accorde :

*Ces propositions ont l'air **sérieuses**.* (Académie)

---

184 L'adjectif précédé de **des plus, des moins, des mieux** se met presque toujours au pluriel, même s'il est question d'une seule personne ou d'une seule chose : ces expressions équivalent à « parmi les plus, les moins, les mieux » (🅑 § 993) :

*Notre souper fut des plus **simples**.* (Th. Gautier)

*Chose (...) des moins **faciles** à expliquer.* (L. Bloy)

*Le docteur est des plus **intelligents**, des mieux **cultivés**, des plus **instruits**.* (A. Gide)

Toutefois quand l'adjectif se rapporte à un pronom neutre, on met le singulier :

*Il s'est vraiment voué à ne rien faire, ce qui n'est pas des plus **aisé**.* (E. Jaloux)

Même en dehors de ce cas, on met parfois le singulier, qui s'explique par le fait que la comparaison est établie, non entre différents êtres ou objets, mais entre les différents degrés d'une qualité :

*La situation était des plus **embarrassante**.* (G. Duhamel)

185 **Mots désignant une couleur** (🅑 § 555)

a) Si l'adjectif désignant la couleur est **simple,** il s'accorde avec le nom qu'il qualifie :

*Des cheveux **noirs**. Des étoffes **vertes**.*

Si l'adjectif désignant la couleur est **composé** (c'est-à-dire qualifié par un autre adjectif ou complété de façon quelconque), l'ensemble reste invariable :

*Des cheveux **brun clair** (= d'un brun clair).*

*Des robes **bleu [de] ciel**.*

*Des broderies **blanc et or**.*

b) Le nom (simple ou composé) employé pour désigner la couleur reste invariable :

*Des rubans **orange**. Des yeux **noisette**. Des cheveux **poivre et sel**.*

🅡emarque

Écarlate, mauve, pourpre, rose, devenus adjectifs, varient :

*Des rubans **mauves**.* (Académie)

*Ses joues étaient **pourpres**.* (E. Jaloux)

---

186 **Adjectifs composés**

a) Quand un adjectif composé est formé de deux adjectifs qualifiant l'un et l'autre le même nom, les deux éléments sont variables :

*Des paroles **aigres-douces**.* (Académie)

*Des femmes **sourdes-muettes**.*

Dans *grand-ducal* et dans les adjectifs composés dont le premier élément présente la désinence *-o* ou *-i*, le premier élément est invariable (**Bu** § 556) :

*La cour **grand**-ducale.*

*Les officiers **grand**-ducaux.*

*Les populations **anglo**-saxonnes.*

*Des poèmes **héroï**-comiques.*

b) Dans les adjectifs composés formés d'un mot invariable et d'un adjectif, évidemment l'adjectif seul est variable :

*L'**avant-dernière** page.*

c) Dans les adjectifs composés formés de deux adjectifs, si le premier a la valeur adverbiale, il est invariable (**Bu** § 963) :

*Une fille **nouveau**-née.*

*Des personnes **haut** placées.* (É. Littré)

*Légère et **court**-vêtue.* (J. de La Fontaine)

*Une brebis **mort**-née.* (Académie)

Remarque

Nouveau, devant un participe passé pris substantivement, s'accorde, sauf dans *nouveau-né* :

*Des **nouveaux** mariés.* (Académie)

*Les **nouveaux** convertis.* (Id.)

*Les **nouveaux** venus.*

Mais : *Des **nouveau-nés**.*

---

d) Dans certains cas, le premier adjectif, bien qu'employé adverbialement, s'accorde, suivant un ancien usage, comme l'adjectif (ou le participe) qui le suit (**Bu** § 963) :

*Des roses **fraîches** cueillies.* (Académie)

*Une fleur **fraîche** éclose.* (Id.)

*Fenêtres **larges** ouvertes, **grandes** ouvertes.*

*Ils arrivent **bons** premiers.*

*Ils tombent **raides** morts.*

*Sa petite fille **dernière** née.* (G. Duhamel)

> **R**emarque
>
> Dans *tout-puissant, tout* varie au féminin seulement.
> *Vos charmes **tout**-puissants.* (J. Racine)
> *Des personnes **toutes**-puissantes.*

187 L'**adjectif pris adverbialement** après certains verbes, comme dans les expressions : *voler bas, sentir bon, coûter cher, voir clair, marcher droit, chanter faux, parler franc, viser juste,* etc., reste invariable :

> *Ces chemises coûtent **cher**.*
> *Ces personnes voient **clair**.*

c) **Cas particuliers**

188 a) **Demi**, placé devant le nom, est invariable et s'y joint par un trait d'union (**Bu** § 561) :

> *Une **demi**-heure. Deux **demi**-douzaines.*

Placé après le nom, il s'accorde en genre seulement et s'y joint par *et* :

> *Deux heures et **demie**.*

> **R**emarque
>
> *Semi,* devant un nom, est invariable et s'y joint par un trait d'union : *Les **semi**-voyelles.*
> *Demi* et *demie* peuvent s'employer comme noms et varier :
> *Quatre **demis** valent deux unités.* (Académie)
> *Cette montre sonne les heures et les **demies**.* (Id.)

b) **Demi, semi,** placés devant un adjectif, s'y joignent par un trait d'union, et sont invariables comme adverbes :

> *Des paupières **demi**-closes.*
> *Des armes **semi**-automatiques.*

À demi s'emploie de même, mais rejette le trait d'union :

> *La statue était à **demi** voilée.* (Académie)

> *À demi,* placé devant un nom, veut le trait d'union : *à demi-mot, à demi-corps.*

c) **Mi** est invariable et se joint par un trait d'union au mot qu'il précède :

> *Pour corriger une indifférence naturelle, je fus placé à **mi**-distance de la misère et du soleil.* (A. Camus)
> *Les yeux **mi**-clos.*

189 **Feu,** signifiant «défunt», varie s'il est précédé de l'article défini ou d'un adjectif possessif (**Bu** § 561):

La **feue** reine. (Académie)
Ma **feue** mère. (Id.)
Les **feus** rois de Suède et de Danemark. (Id.)

Dans les autres cas, il reste invariable:

Feu la reine. (Académie)
Feu Bélise, sa mère. (Molière)
Feu mes oncles.

190 **Fort** ne varie pas dans les expressions se faire fort de, se porter fort pour (**Bu** § 308):

Elle se fait **fort** d'obtenir la signature de son mari. (Académie)
Elles se font **fort** de réussir.
Elles se portent **fort** pour lui.

191 **Franc de port** est invariable comme locution adverbiale, quand on le rapporte au verbe (**Bu** § 561):

Recevoir **franc de port** une lettre et un paquet. (Académie)

Mais franc varie quand l'expression est rapportée au nom:

Recevoir une caisse **franche** de port. (Académie)

192 **Grand** ne varie pas dans certaines expressions anciennes où il se trouve devant un nom féminin, auquel il se joint par un trait d'union (**Bu** § 543):

Des **grand**-mères, des **grand**-mamans, des **grand**-tantes, des **grand**-messes[1].

Grand est employé de même dans les expressions suivantes (dont la plupart d'ailleurs ne se disent pas au pluriel):

grand-chambre, grand-chose, grand-croix, grand-faim, grand-peine, grand-peur, grand-pitié, grand-route, grand-rue, grand-salle, grand-soif.

193 **Haut** s'emploie adverbialement dans haut la main (**Bu** § 557):

J'en viendrai à bout **haut** la main. (Académie)

Haut et bas s'emploient de même dans certaines exclamations elliptiques:

Haut les mains! **Haut** les cœurs! **Bas** les armes!

194 **Nu** est invariable devant tête, bras, jambes, pieds, employés sans article; il se joint à ces noms par un trait d'union (**Bu** § 259):

Aller **nu**-tête, **nu**-bras, **nu**-jambes, **nu**-pieds.

---

1. Les dictionnaires et l'usage acceptent cependant de plus en plus fréquemment le pluriel **grands**-mères.

Il varie quand il est placé après le nom :

*Aller la tête **nue**, les bras **nus**, les jambes **nues**, les pieds **nus**.*

On écrit : *la **nue**-propriété, les **nus**-propriétaires.*

195 **Plein**, devant un nom précédé de l'article ou d'un déterminatif est préposition et reste invariable (**Bu** § 259) :

*J'avais des fleurs **plein** mes corbeilles.* (V. Hugo)
*Avoir de l'argent **plein** les poches.*

196 **Possible** est invariable après *le plus, le moins, le meilleur,* etc., s'il se rapporte au pronom impersonnel *il* sous-entendu (**Bu** § 561) :

*Faites le moins d'erreurs **possible*** (= qu'il sera possible de faire).

Il est variable s'il se rapporte à un nom :

*Vous pouvez tirer sur tous les gibiers **possibles**.* (P. Mérimée)

5. La place de l'adjectif épithète (**Bu** § 324)

a) Règles générales

197 1° En principe, on place en dernier lieu les mots ou les groupes de mots les plus longs.

2° Pour des raisons d'euphonie, on évitera que l'adjectif forme avec le nom un concours de sons peu agréables à l'oreille :

Un feu vif, un cœur sec (et non : *un vif feu, un sec cœur*).

3° L'adjectif inséré entre l'article et le nom se trouve intimement uni à ce nom pour former un tout. Placé après le nom, l'adjectif joue plutôt le rôle d'attribut et exprime quelque chose d'accidentel ou une qualité qu'on veut mettre en relief.

4° Dans les textes littéraires, les auteurs peuvent changer la place ordinaire de l'épithète pour produire des effets de style.

5° Dans certaines expressions, l'adjectif a une place fixe :

L'amour-propre. Un cousin germain.

b) Remarques particulières

198 On place **avant** le nom (**Bu** § 326) :

1° En général, l'adjectif monosyllabique qualifiant un nom polysyllabique :

Un bel appartement.

2° En général, l'adjectif ordinal :

Le vingtième siècle.

3° Certains adjectifs qui s'unissent au nom en dépouillant leur valeur ordinaire pour prendre une signification figurée :

Un simple soldat, un triste personnage, un grand homme.

Comparez : Un soldat simple, un personnage triste, un homme grand.

On place **après** le nom (🅑 § 327) :

1° En général, l'adjectif polysyllabique qualifiant un nom monosyllabique :

Des tons harmonieux.

2° Beaucoup d'adjectifs exprimant des qualités physiques, occasionnelles, accidentelles :

Un front haut.

3° Les adjectifs indiquant la forme ou la couleur :

Une ligne courbe. Un champ carré.

Le drapeau blanc.

4° Les adjectifs dérivés d'un nom propre et ceux qui marquent une catégorie religieuse, sociale, administrative, technique, etc. :

Une tragédie cornélienne. Le peuple juif.

Les prérogatives royales. L'électricité statique.

Le principe démocratique.

5° Les participes passés pris adjectivement et beaucoup d'adjectifs verbaux en *-ant* :

Un directeur redouté. Des sables mouvants.

B Les adjectifs numéraux

199 Les adjectifs **numéraux** sont *cardinaux* ou *ordinaux* (🅑 § 327).

a) Les adjectifs numéraux **cardinaux** (ou *noms de nombre*) sont ceux qui indiquent le nombre précis des êtres ou des objets désignés par le nom :

***Deux** livres, **vingt** hommes.*

b) Les adjectifs numéraux **ordinaux** sont ceux qui indiquent l'ordre, le rang des êtres ou des objets dont on parle :

*Le **huitième** jour. Le **vingt et unième** siècle.*

> **R**emarque
>
> Les adjectifs numéraux perdent quelquefois leur valeur précise et marquent un nombre ou un rang approximatifs, indéterminés :
>
> J'ai **deux** mots à vous dire. On vous l'a dit **cent** fois.
> Être dans le **trente-sixième** dessous.

1. Les adjectifs numéraux cardinaux

200 Parmi les adjectifs numéraux cardinaux, les uns sont **simples** : *un, deux, trois, quatre, cinq, six, sept, huit, neuf, dix, onze, douze, treize, quatorze, quinze, seize, vingt, trente, quarante, cinquante, soixante, cent, mille*[1] (**Bu** § 590).

Les autres sont **composés** :

soit par addition : *dix-sept, soixante-dix, trente et un,* etc. :
soit par multiplication : *quatre-vingts, six cents,* etc.

Dans *quatre-vingt-dix,* il y a à la fois multiplication et addition.

> **R**emarques
>
> 1. *Et* ne se met que pour joindre *un* aux dizaines (sauf *quatre-vingt-un*) et dans *soixante et onze*. On dira donc : *cent deux, ... mille un, mille deux,* etc. Toutefois on dit *cent et un, mille et un,* pour exprimer indéterminément un grand nombre : *À peine trouve-t-on quelques renseignements exacts dans les mille **et** une brochures écrites sur cet événement.* (Académie)
>   Remarquez aussi : *Les mille **et** une nuits, Les mille **et** un jours* (titres de deux recueils de contes orientaux).
>
> 2. Dans les adjectifs numéraux composés, on met le **trait d'union** entre les éléments qui sont l'un et l'autre moindres que cent, sauf s'ils sont joints par *et*[2] :
>   *Trente-huit mille six cent vingt-cinq. Trente et un.*

---

1. *Septante* (70) et *nonante* (90) sont courants, et officiels en Belgique et en Suisse romande. *Huitante* (80) est également employé en Suisse romande, ainsi que *octante* (80).
2. Les rectifications orthographiques introduites en 1990 proposent la généralisation de l'emploi des traits d'union dans les numéraux composés, même lorsqu'ils sont unis par *et* [voir § 496].

201 **Vingt** et **cent** prennent un *s* quand ils sont multipliés et qu'ils terminent l'adjectif numéral (**Bu** § 594) :

*Quatre-**vingts** euros. Nous étions cinq **cents**.*
Mais : *Quatre-**vingt**-deux dollars ; six **cent vingt** hommes.*

> **R**emarques
>
> 1. *Vingt* et *cent*, mis pour *vingtième* et *centième*, ne varient pas :
> *Page quatre-**vingt**.* (Académie)   *L'an huit **cent**.*
>
> 2. *Cent* employé pour *centaine* est un nom et varie au pluriel :
> *Deux **cents** d'huîtres.*
>
> 3. Quand *cent* désigne la centième partie d'une unité monétaire (du dollar, de l'euro dans certains pays...), c'est un nom et il varie au pluriel :
> *Douze dollars et cinquante **cents*** (prononcé [sɛnt]).

202 **Mille**, adjectif numéral, est invariable (**Bu** § 594) :

*Deux **mille** ans.*
*Trois dizaines de **mille**.*

Dans la date des années de l'ère chrétienne, quand *mille* commence la date et est suivi d'un ou de plusieurs autres nombres, on met de préférence *mil* :

*L'an **mil** sept cent.* (Académie)
*Mais : Les terreurs de l'an **mille**[1].*
*L'an deux **mille**. L'an **mille** cinq cent avant J.-C.*

> **R**emarques
>
> 1. *Mille*, nom de mesure itinéraire[2], varie au pluriel :
> *Quatre cents **milles**, en plein hiver, sans changer de cheval.* (A. Hébert)
>
> 2. Dans l'expression *Des **mille** et des **cents***, le nom n'est pas exprimé, et *cent* s'écrit avec un *-s*.
>
> 3. *Millier, million, milliard, billion, trillion*, etc., sont des noms, qui varient au pluriel (ils n'empêchent pas l'accord de *vingt* et *cent*) (**Bu** § 598) :
> *Trois cents **millions** d'hommes.*
> *Quatre-vingts **milliards** de francs.*

---

1. Cependant on écrit aussi : « l'an *mil* » : *Aux approches de l'an **mil*** (Taine). *Depuis l'an **mil*** (P. Loti).
2. *Mille*, mesure itinéraire, est une francisation de l'anglais *mile* [ma:jl], forme qui se trouve parfois en français : *Le record du monde du **mile**. Les cinq cents **miles** d'Indianolis.*

203 Les adjectifs cardinaux s'emploient souvent pour les adjectifs ordinaux dans l'indication du rang d'un souverain dans une dynastie, du quantième du mois, etc. (**Bu** § 597) :

> Louis *quatorze*. Le *quatre* août.
> Chapitre *cinq*, page *dix*.

On dit: *François* **premier**, *le* **premier** *août*.

2. Les adjectifs numéraux ordinaux

204 Sauf *premier* et *second,* les adjectifs numéraux ordinaux se forment par l'addition du suffixe *-ième* aux adjectifs cardinaux correspondants: *deuxième, troisième, ... vingtième, vingt et unième, ... centième,* etc. (**Bu** § 599).

Avant d'ajouter *-ième,* on supprime l'*e* final dans *quatre, trente, quarante,* etc. ; on ajoute *u* à *cinq* ; on change *f* en *v* dans *neuf.*

> **R**emarques
>
> 1. En dehors des adjectifs ordinaux composés, *second* et *deuxième* peuvent s'employer indifféremment. Aujourd'hui, *second* est plus utilisé dans la langue soignée.
> Le *deuxième* jour, le *second* jour du mois.
>
> 2. *Unième* ne s'emploie que dans les adjectifs ordinaux composés:
> *Vingt et* **unième**, *trente et* **unième**, *cent* **unième**, etc.

205 Aux adjectifs numéraux on rattache:

1° Les mots **multiplicatifs**: *simple, double, triple, quadruple, quintuple, sextuple, septuple, octuple, nonuple, décuple, centuple* (**Bu** § 600).

2° Les noms des **fractions.** Sauf *demi, tiers* et *quart,* ils se confondent, quant à la forme, avec les adjectifs ordinaux:
> Le *cinquième* de la somme. Les trois *huitièmes* du capital.

3° Des dérivés en **-ain, -aine, -aire**: *Quatrain, sixain,* etc. ; *dizaine, douzaine, vingtaine,* etc. ; *quadragénaire, quinquagénaire, sexagénaire,* etc.

4° Des expressions **distributives**: *Un à un, deux à deux, chacun dix.*

c Les adjectifs possessifs

1. Définition (Ⓑ§ 605)

206 Les adjectifs **possessifs** sont ceux qui déterminent le nom en indiquant, en général, une idée d'appartenance :

> Ce sont **mes** pierres, **mes** herbes, **mes** pâtures : des pierres, des herbes, des pâtures particulières. (J.-P. Otte)

Souvent l'adjectif dit « possessif » marque, non pas strictement l'appartenance, mais divers rapports :

> **Mon** bon monsieur. On s'élança à **sa** poursuite, etc.

207 Les adjectifs possessifs sont (Ⓑ§ 606) :

	Un seul possesseur			Plusieurs possesseurs	
	Un seul objet		Plus. obj.	Un seul obj.	Plus. obj.
	Masc.	Fém.	2 genres	2 genres	2 genres
1ʳᵉ personne	**mon**	**ma**	**mes**	**notre**	**nos**
2ᵉ personne	**ton**	**ta**	**tes**	**votre**	**vos**
3ᵉ personne	**son**	**sa**	**ses**	**leur**	**leurs**

Outre ces formes (qui sont *atones*), il y a les formes *toniques* : *mien, tien, sien, nôtre, vôtre, leur,* qui s'emploient, aux deux genres et aux deux nombres, comme épithètes ou comme attributs, surtout dans le style archaïque ou familier :

> On l'avait fiancée sur le tard à un **sien** cousin. (M. Yourcenar)
> Ce triomphe est **vôtre** et vous en êtes l'âme. (V. Hugo)

> **R**emarque
> Devant un mot féminin commençant par une voyelle ou un *h* muet, on emploie *mon, ton, son,* au lieu de *ma, ta, sa* :
> **Mon** erreur, **ton** habitude, **son** éclatante victoire.

2. Emploi

208 *Notre, nos, votre, vos* s'emploient au lieu de *mon, ma, mes, ton, ta, tes,* dans les phrases où l'on se sert du pluriel dit de majesté, de politesse ou de modestie :

> *Il y va, Seigneur, de **votre** vie.* (J. Racine)
>
> *Tel est **notre** bon plaisir* [disait le roi].

209 L'adjectif possessif peut prendre une valeur expressive et marquer relativement à l'être ou à la chose dont il s'agit l'intérêt, l'affection, le mépris, la soumission, l'ironie de la personne qui parle (**Bu** § 608, 611) :

> ***Mon** cher papa, pardonne-moi, **mon** cher papa, la peine que j'ai pu te faire.* (M. Pagnol)
>
> *Vous voilà encore avec **vos** projets !*
>
> *Fermez **votre** porte !*
>
> *Oui, **mon** capitaine.*

210 En général, on remplace l'adjectif possessif par l'article défini quand le rapport de possession est assez nettement indiqué par le sens général de la phrase, notamment devant les noms désignant des parties du corps ou du vêtement, les facultés intellectuelles (**Bu** § 609) :

> *Ferme **les** yeux et tu verras.* (J. Joubert)
>
> *Prendre quelqu'un par **la** manche.*
>
> *Elle perd **la** mémoire. Il a **la** fièvre.*

Mais on met le possessif quand il faut éviter l'équivoque, ou quand on parle d'une chose habituelle, ou quand le nom est qualifié (non quand il est attribué) :

> *Donnez-moi **votre** bras* [dit le médecin].
>
> *Elle a **sa** migraine.*
>
> *Un Saxon étendu, **sa** tête blonde hors de l'eau.* (A. Daudet)

211 Quand **chacun** ne correspond pas dans la phrase à un pluriel qui précède, on emploie *son, sa, ses,* pour marquer la possession (**Bu** § 748) :

> *Chacun a **son** défaut.* (J. de La Fontaine)

Quand il renvoie à un pluriel de la 1re ou de la 2e personne, on emploie *notre, nos, votre, vos* :

> *Nous suivions chacun **notre** chemin.* (A. de Lamartine)
>
> *Vous vous retirerez (...) / Chacun dans **vos** États.* (V. Hugo)
>
> *Vous aurez chacun **vos** peines.*

Quand il renvoie à un pluriel de la 3e personne, on emploie tantôt *son, sa, ses,* tantôt *leur(s)* : l'usage est hésitant :

> *Ils sont partis chacun de **son** côté.*

*Ces livres sont dérangés, mettez-les chacun à **sa** place.* (Académie)
*Tous les domestiques avaient fui chacun de **leur** côté.* (Voltaire)
*Ma mère et ma sœur déjeunaient chacune dans **leur** chambre.*
(Fr.-R. de Chateaubriand)

212 Après un nom d'être inanimé, pour déterminer le nom de la chose possédée, on emploie ou bien l'adjectif possessif ou bien, plus fréquemment, l'article défini et le pronom *en* si les deux noms ne se trouvent pas dans la même proposition (**Bu** § 608) :

*Quel était donc ce bonheur et en quoi consistait **sa** jouissance ?*
(J.-J. Rousseau)
*J'aime beaucoup Paris et j'**en** admire les monuments.* (Académie)

Les deux constructions se trouvent réunies dans les vers suivants :

Mes chers amis, quand je mourrai,
Plantez un saule au cimetière.
*J'aime **son** feuillage éploré.*
*La pâleur m'**en** est douce et chère,*
*Et **son** ombre sera légère*
À la terre où je dormirai. (A. de Musset)

Toutefois, c'est toujours l'adjectif possessif que l'on emploie quand le nom de la chose est sujet d'un verbe d'action ou qu'il est précédé d'une préposition :

*Le soleil se leva ; **ses** rayons caressèrent la cime de la montagne.*
*J'ai visité ce musée et j'ai admiré la richesse de **ses** collections.*

3. Accord

213 a) *Leur, notre, votre,* ainsi que les noms qu'ils accompagnent, restent **au singulier** (**Bu** § 610) :

1° Devant les noms qui n'admettent pas le pluriel :

*Avez-vous pensé à **votre** avenir ?*

2° Quand il n'y a qu'un seul objet possédé par l'ensemble des possesseurs :

*Les Gaulois se réfugièrent dans **leur** citadelle.*

b) Ils prennent la forme du **pluriel** :

1° Devant les noms qui n'ont pas de singulier :

*Nous avons ri à **leurs** dépens.*
*Ils ont cassé **leurs** lunettes.*

2° Quand la phrase implique l'idée de réciprocité, de comparaison ou d'addition :

*Nous avons échangé **nos** adresses pour rester en contact.*

*Évaluons **leurs** qualités respectives.*

*Unissons **nos** voix.*

3° Quand il y a plusieurs objets possédés par chaque possesseur :

*Les poules rassemblent **leurs** poussins sous **leurs** ailes.*

c) Lorsque chacun des possesseurs ne possède qu'un seul objet, selon le point de vue de l'esprit, on emploie :

– le **singulier** si on envisage le type plutôt que la collection :

*Les alouettes font **leur** nid dans les blés.*

– le **pluriel** si on envisage la pluralité ou la variété du détail :

*Les hirondelles ont fait **leurs** nids tout le long de cette corniche.*

*Ils prirent **leurs** manteaux et **leurs** chapeaux.* (M. Brion)

D Les adjectifs démonstratifs

214 Les adjectifs **démonstratifs** sont ceux qui marquent, en général, que l'on *montre* (réellement ou par figure) les êtres ou les objets désignés par les noms auxquels ils sont joints (**Bu**§ 614-618) :

*Donnez-moi **ce** livre.*

*Seul au milieu de **ces** pierres, avec pour unique appui **ces** liasses de papiers, **ces** cartes, **ces** cahiers où j'ai écrit ma vie !* (J.M.G. Le Clézio)

L'adjectif démonstratif s'emploie souvent avec une valeur atténuée, sans qu'il exprime précisément l'idée démonstrative :

*À **cet** effet.*

*Je l'ai vu **ce** matin.*

*J'espère (...) que vous aurez obtenu **cette** place de bibliothécaire que vous convoitiez, dans **ce** lieu qui vous rappelle votre enfance.* (P. Modiano)

215 L'adjectif démonstratif se présente sous les formes suivantes :

	Masculin	Féminin
Singulier	ce, cet	cette
Pluriel	ces	

Remarques

1. Au masculin, on emploie la forme réduite *ce* devant un mot commençant par une consonne ou un *h* muet :
   Ce garçon, ce héros.
   Cet s'emploie devant un mot commençant par une voyelle ou un *h* muet :
   Cet arbre, cet hôpital, cet autre garçon.

2. L'adjectif démonstratif est souvent renforcé à l'aide des adverbes *ci, là,* qui se placent après le nom, auquel ils se joignent par un trait d'union :
   Ce livre-ci (démonstr. prochain) ; ces gens-là (démonstr. lointain).

▣ Les adjectifs relatifs, interrogatifs et exclamatifs

216 a) Les adjectifs **relatifs** sont ceux qui se placent devant un nom pour indiquer que l'on met en relation avec ce même nom déjà exprimé (ou suggéré) précédemment la proposition qu'ils introduisent (🅑 § 619).

Ce sont :

– pour **le singulier** { Masc. : **lequel, duquel, auquel**
  { Fém. : **laquelle, de laquelle, à laquelle**

– pour **le pluriel** { Masc. : **lesquels, desquels, auxquels**
  { Fém. : **lesquelles, desquelles, auxquelles**

Les adjectifs relatifs sont d'un emploi vieilli et ne sont guère d'usage que dans la langue juridique ou administrative :

   Il versera deux cents euros, laquelle somme lui sera remboursée dans un an.

b) Les adjectifs **interrogatifs : quel, quelle, quels, quelles,** indiquent que l'être désigné par le nom fait l'objet d'une question relative à la qualité, à l'identité, au rang (🅑 § 621) :

   Mais cet enfant (...)
   Quel est-il ? De quel sang ? Et de quelle tribu ? (J. Racine)
   Quelle heure est-il ?

c) Ces mêmes adjectifs **quel, quelle, quels, quelles,** sont **exclamatifs,** quand ils servent à exprimer l'admiration, l'étonnement, l'indignation (🅑 § 622) :

   Quelle coïncidence, ah mon Dieu, quelle coïncidence ! (E. Ionesco)

F Les adjectifs indéfinis

1. Définition

217 Les adjectifs **indéfinis** sont ceux qui se joignent au nom pour marquer, en général, une idée plus ou moins vague de quantité ou de qualité, ou une idée d'identité, de ressemblance, de différence (**Bu** § 624):

Certain renard gascon, d'autres disent normand. (J. de La Fontaine)

***Plusieurs** personnes l'ont vu.*

*Il faut lui redire souvent les **mêmes** choses.*

218 Les adjectifs indéfinis sont:

aucun	divers	même	quel
autre	je ne sais quel[1]	nul	quelconque
certain	l'un et l'autre	pas un	quelque
chaque	n'importe quel	plus d'un	tel
différents	maint	plusieurs	tout

Remarques

1. Certains adverbes de quantité: *assez, beaucoup, bien, combien, peu, pas mal, tant, trop*, etc., construits avec *de* ou *des* et un nom, peuvent être comptés au nombre des adjectifs indéfinis[2] (**Bu** § 626):

   *Il leur devait **beaucoup** d'argent.*

   ***Peu de** gens.*

   Il en est de même des expressions *nombre de, quantité de, force, la plupart,* et autres semblables:

   ***Nombre de** gens, **la plupart des** gens ne connaissent pas leurs véritables intérêts.*

2. Certains adjectifs indéfinis marquent une détermination plus ou moins vague et expriment:
   - **soit la qualité**: *certains, je ne sais quel, n'importe quel, quelque, quel (que), quelconque;*
   - **soit la quantité**: *chacun, chaque, différents, divers, l'un et l'autre, maint, nul, pas un, plus d'un, plusieurs, quelques, tout.*

   D'autres (auxquels l'appellation d'*indéfinis* ne devrait pas s'appliquer) expriment l'**identité**, la **ressemblance**, la **différence**: *même, tel, autre.*

---

1. De même: *On ne sait quel, **Dieu sait quel**, nous ne savons quel*, etc.: *Les frais monteront à **Dieu sait quelle** somme!*

2. Mais on pourrait aussi, dans des expressions telles que: *assez de gens, beaucoup de fautes, combien d'hommes,* etc., considérer *assez, beaucoup, combien,* etc., comme des adverbes nominaux suivis de leur complément; cela est admissible surtout pour les adverbes qui tirent leur origine de la catégorie des noms: *beaucoup* (beau + coup), *trop* (du francique *throp*, entassement, qui a pris en latin médiéval, *troppus,* le sens de «troupeau»), et aussi pour des expressions encore assez nettement nominales comme *nombre de, quantité de, la plupart.*

2. Emploi

219 **Aucun** et **nul,** marquant la quantité zéro, ne s'emploient généralement qu'au singulier (**Bu** § 628-629) :

> *Le dessin semble indélébile. Il ne conserve **aucun** relief, **aucune** épaisseur*
> *de souillure séchée qui se détacherait sous l'ongle.*
> (A. Robbe-Grillet)
> ***Nulle** malignité : **aucun** signe d'intelligence à l'homme.* (F. Ponge)

Ils s'emploient au pluriel devant des noms qui n'ont pas de singulier ou qui
prennent au pluriel un sens particulier :

> *Aucuns frais, **nulles** funérailles.*
> *La république n'avait (...) **aucunes** troupes régulières aguerries.* (Voltaire)

Même en dehors de ces cas, ils se trouvent parfois au pluriel :

> ***Aucunes** choses ne méritent de détourner notre route.* (A. Gide)
> *L'on n'entendait plus **aucunes** rumeurs.* (A. de Villiers de l'Isle-Adam)
> ***Nulles** paroles n'égaleront jamais la douceur d'un tel langage.*
> (A. de Musset)

Aucun a signifié primitivement *quelque, quelqu'un.* Cette valeur positive, il l'a
conservée dans certains cas :

> *Cet ouvrage est le meilleur qu'on ait fait dans **aucun** pays*
> *sur ce sujet.* (Académie)

Le plus souvent *aucun* est accompagné de la négation *ne* ; c'est pourquoi il a pris,
par contagion, la valeur de *nul* :

> ***Aucun** chemin de fleurs ne conduit à la gloire.* (J. de La Fontaine)

220 a) **Quel que** s'écrit en deux mots quand il est suivi du verbe *être* ou
d'un verbe similaire (parfois précédés de *devoir, pouvoir*), soit immédiatement, soit avec l'intermédiaire d'un pronom ; *quel* est alors attribut et s'accorde avec le sujet du verbe (**Bu** § 635, 1149) :

> ***Quel que** soit le cauchemar qu'on fait, on y joue un rôle.* (E.M. Cioran)
> ***Quelle** qu'en soit la difficulté, j'accomplirai cette tâche.*
> ***Quelles** que doivent être les conséquences de ma décision,*
> *je ne veux pas renoncer.*

Remarques
1. S'il y a des sujets synonymes, l'accord se fait avec le plus rapproché :
   Quelle que soit votre valeur, votre mérite, patientez encore quelques mois.

▼

L'adjectif

> ▼
> 2. S'il y a deux sujets joints par *ou*, l'accord se fait avec les deux sujets
> ou avec le plus rapproché seulement, selon que c'est l'idée de conjonction
> ou l'idée de disjonction qui domine :
> ***Quels** que soient leur qualité ou leur mérite.* (H. de Montherlant)
> ***Quel** que fût le poil de la bête ou la plume.* (J. Barbey d'Aurevilly)

b) **Quelque**, dans l'expression *quelque... que*, s'écrit en un mot (Bu § 632) :

1° Devant un nom, il est adjectif et variable :

*   ***Quelques** raisons que vous donniez, vous ne convaincrez personne.*

2° Devant un simple adjectif, il est adverbe et invariable :

*   ***Quelque** bonnes que soient vos raisons, vous ne convaincrez personne.*

3° Devant un adverbe, il est lui-même adverbe et invariable :

*   ***Quelque** habilement que vous raisonniez, vous ne convaincrez personne.*

4° Devant un adjectif suivi d'un nom, il est adverbe et invariable quand le nom
est *attribut* (le verbe de la subordonnée est alors *être* ou un verbe similaire) :

*   ***Quelque** bonnes raisons que présentent ces témoignages, vous ne
    convaincrez personne.*

Sinon, il est adjectif et variable :

*   ***Quelques** bonnes raisons que vous donniez, vous ne convaincrez personne.*

c) **Quelque**, en dehors de l'expression *quelque... que*, est adjectif et variable
quand il se rapporte à un nom :

*   *J'ai reçu **quelques** amis.*
*   *Jacques s'attend bien à **quelque** boutade.* (M. Thiry)

Il est adverbe et invariable quand, devant un nom de nombre, il signifie
« environ », ou encore dans l'expression *quelque peu* :

*   *Cependant Falcone marcha **quelque** deux cents pas dans le sentier.*
    (P. Mérimée)
*   *Il hésita **quelque** peu avant de continuer.*

221 **Chaque** est exclusivement adjectif singulier (Bu § 636) :

*   *À **chaque** jour suffit sa peine.*

ℝemarque

La langue commerciale emploie fréquemment *chaque* au sens de *chacun* : *Ces fleurs
coûtent un euro **chaque**.* Cet emploi sera évité dans la langue littéraire : *Ces fleurs
coûtent un euro chacune..., chacune un euro..., un euro l'une..., un euro (la) pièce.*

3 L'adjectif

222 **Différents, divers,** sont adjectifs indéfinis lorsque, placés devant le nom, ils marquent la pluralité de personnes, de choses qui ne sont pas les mêmes (⓫ § 634) :

> *Je l'ai entendu dire à **différents** témoins de l'accident.* (Académie)
> *Il a parlé à **diverses** personnes.* (Id.)

Certain est adjectif indéfini lorsqu'il est placé devant le nom ; il est parfois précédé de l'article *un(e)* au singulier, ou de la préposition *de,* sans article, au pluriel (⓫ § 631) :

> ***Certain** renard gascon.* (J. de La Fontaine)
> *Je me suis permis de lire **une certaine** lettre que tu as toujours avec toi.* (P. Claudel)
> *La bête scélérate*
> *À de **certains** cordons se tenait par la patte.* (J. de La Fontaine)

223 **Tout** peut être adjectif, pronom, nom ou adverbe (⓫ § 637-640).

Adjectif (⓫ § 637)

a) *Tout* est adjectif qualificatif quand il signifie « entier » ou « unique » :

> *Veiller **toute** la nuit.*
> ***Toute** cette eau.*
> *Cette enfant est **toute** ma joie.*
> *Pour **toute** boisson, il prend de l'eau.*

ℝemarques

1. *Tout* est invariable devant un nom propre de personne désignant l'ensemble des œuvres de la personne nommée :
*Elle a lu **tout** Flaubert.*

2. *Tout* devant un nom propre de ville reste invariable, qu'il s'agisse des habitants ou qu'il s'agisse de la ville au sens matériel :
***Tout** Rome remarquait qu'il semblait heureux.* (A. Maurois)
***Tout** Thèbes sait ce qu'elle a fait.* (J. Anouilh)
*Dans **tout** Venise.*

Cependant, devant un nom de ville féminin pris au sens matériel, on met parfois le féminin *toute* :
***Toute** Rome, par ses monuments, excite notre admiration.*

b) *Tout* est adjectif indéfini et fait *tous* au masculin pluriel :

1° Quand il signifie «les uns et les autres sans exception» :
Tous les hommes sont mortels.

2° Quand il signifie «chaque» :
Le mythe de Prométhée est un de ceux qui nous rappelleront que **toute**
mutilation de l'homme ne peut être que provisoire. (A. Camus)

3° Quand il précise un nom ou un pronom exprimé dans la même propo-
sition (au masculin pluriel, l'*s* se prononce) :
Ils ne mouraient pas **tous** [tus]. (J. de La Fontaine)
Les journées se passèrent **toutes** ainsi [tut(ə)zε̃si]. (Académie)
Nous **tous** [tus].

Pronom (Bu § 766)

Tout est pronom indéfini et fait *tous* au masculin pluriel (*s* se prononce)
lorsqu'il représente un ou plusieurs noms ou pronoms précédemment
exprimés, ou encore lorsque, employé sans rapport avec aucun nom ou
pronom exprimé, il signifie «toute chose, tout le monde, tous les hommes» :
Il fut fêté par ses concitoyens, **tous** vinrent au-devant de lui. (Académie)
Tout passe, **tout** casse, **tout** lasse, **tout** s'efface. (L. Chedid)
On forcera l'avenir à **tout** reprendre, à **tout** refaire. (P. Vadeboncœur)

Nom (Bu § 639)

Tout est nom quand il signifie «la chose entière» : il est alors précédé de
l'article ou d'un déterminatif et s'écrit *touts* au pluriel :
Le **tout** est plus grand qu'une de ses parties.
Plusieurs **touts** distincts les uns des autres. (Académie)

Adverbe (Bu § 639)

Tout est adverbe et invariable quand il signifie «entièrement, tout à fait» ; il
modifie alors un adjectif, une locution adjective, un participe, un adverbe :
Le livre est cet inconnu toujours à même de lire au plus profond
de moi et d'accueillir ma singularité **tout** entière. (P. Drevet)
Ils sont **tout** seuls.
Elles sont **tout** en larmes, **tout** étonnées, **tout** hébétées.
Allons **tout** doucement.

Tout est encore adverbe dans la locution *tout ... que* signifiant «quelque...
que»[1], et aussi devant un gérondif :
Tout habiles qu'ils sont, ils ne réussiront pas.

---

1. *Tout* est suivi, dans ce cas, d'un attribut, qui est, soit un adjectif, soit un participe, soit un nom faisant fonction d'adjectif.

Tout fatigués qu'ils soient, ils marchent vite.
Tout en parlant ainsi, elle se mit à pleurer.

N.B.

Tout, adverbe, varie en genre et en nombre devant un mot féminin commençant par une consonne ou un *h* aspiré :

*La flamme est **toute** prête.* (J. Racine)
*Elles sont **toutes** confuses, **toutes** honteuses.*
***Toutes** raisonnables qu'elles sont, elles ont fort mal jugé.*
*Les idées traînent **toutes** faites dans les journaux, les livres,*
les conversations. (Ch.-F. Ramuz)

Remarques

1. *Tout* peut servir à renforcer un nom. Dans *être tout yeux, tout oreilles ; être tout feu, tout flamme,* et dans les expressions commerciales *tout laine, tout soie,* etc., il est invariable comme adverbe.

   Dans les autres cas, on peut le considérer, soit comme un adverbe signifiant « entièrement » :

   *Un front **tout** innocence et des yeux **tout** azur.* (V. Hugo)
   *Elle avait été à Venise **tout** force et **tout** orgueil.* (Ch. Maurras)
   soit comme un adjectif s'accordant avec le nom qui suit :
   *Cet homme était **toute** sagesse et **toute** prudence.* (H. de Montherlant)

2. *Tout* suivi de *autre* est adjectif et variable s'il se rapporte au nom qui suit *autre* ; il peut alors être rapproché immédiatement de ce nom :
   ***Toute** autre vue* (= toute vue autre) *eût été mesquine.* (J. Bainville)
   Il est adverbe et invariable s'il modifie *autre* ; il signifie alors « entièrement », et on ne peut le séparer de *autre* :
   *Les villes et les villages ont ici une **tout** autre apparence*
   (= une apparence entièrement autre). (Fr.–R. de Chateaubriand)

3. Il importe parfois de consulter le sens pour reconnaître la valeur de *tout* :
   *Elles exprimaient **toute** leur joie* (= leur joie entière).
   *Elles exprimaient **toutes** leur joie* (= toutes exprimaient leur joie).
   *Demandez-moi **toute** autre chose* (= toute chose autre que celle-là).
   *Vous demandez **tout** autre chose* (= tout à fait autre chose).

224 **Même** peut être adjectif ou adverbe (**Bu** § 646).

– Il est **adjectif** indéfini et variable :

1° Lorsque, placé devant le nom, il marque l'identité, la ressemblance :

*Tu as les **mêmes** bandes dessinées que les miennes.*
*Mais elle écoutait avec la **même** attention grave qu'elle mettait*
à vendanger. (C. Bille)

2° Lorsque, placé immédiatement après un nom ou un pronom qu'il souligne, il indique que l'on désigne exactement la personne ou la chose dont il s'agit, ou que la qualité exprimée par le nom est considérée dans toute sa plénitude :

*Ce sont ces exemples **mêmes** que je cherchais.*
*Elles aimaient les baisers pour les baisers **mêmes**, et non à cause de ceux*
qui les leur donnaient. (V. Larbaud)
Il fallait que l'étude ne représentât pas un à-côté de ma vie mais ma vie
***même**.* (S. de Beauvoir)

®emarques

1. *Même*, placé après un pronom personnel, s'y joint par un trait d'union :
Nous-mêmes. Eux-mêmes.
Mais on écrit *cela même, ici même*, etc., sans trait d'union.

2. On écrit *nous-même, vous-même* (sans *s*), dans le cas du pluriel de politesse ou de majesté :
*Nous-**même**, officier de police soussigné, avons constaté le fait.*

– *Même* est **adverbe** et invariable quand il marque l'extension ; il signifie alors « aussi, jusqu'à, de plus » (**Bu** § 647) :

*Il lit les petits livres, les volumes ordinaires, les gros dictionnaires **même**.*
*Sa femme, ses enfants, ses amis **même** se sont dévoués pour lui.* (Académie)
*Les fenêtres, les toits **même**, étaient chargés de monde.* (J. Michelet)

®emarque

Après un nom ou après un pronom démonstratif, *même* peut, dans bien des cas, être considéré comme adjectif ou comme adverbe selon le point de vue où l'on se place :
*Ces murs **même(s)** ont des oreilles* (= ces murs eux-mêmes... ou bien : ces murs aussi...)
*Ceux-là **même(s)** l'ont trahi.*

225 **Tel** peut être adjectif ou pronom (ⓑ§ 642-643) :

Adjectif

a) *Tel* est adjectif qualificatif quand il signifie «semblable» ou «si grand, si fort» :

> *La pauvreté vaut mieux qu'une **telle** richesse.* (J. de La Fontaine)
> *Il ne faut pas manquer à de **telles** grâces.* (J.B. Bossuet)

Ⓡemarques

1. *Tel* est souvent employé, sans *que*, comme conjonction de comparaison; il s'accorde alors tantôt avec le premier terme de la comparaison, tantôt avec le second; l'usage hésite :

   *Il bandait ses muscles, **tel** une bête qui va sauter.*
   (A. de Saint-Exupéry)
   *La brûlure au centre de la poitrine rayonne **tel** un soleil.*
   (J.M.G. Le Clézio)

2. *Tel,* suivi de *que,* peut annoncer une énumération développant un terme synthétique; il s'accorde avec ce terme synthétique :

   *Plusieurs langues, **telles** que le grec, le latin, l'allemand, etc., divisent les noms en trois genres.* (Académie)

---

b) *Tel,* placé devant le nom, est adjectif indéfini dans des phrases où l'on parle de personnes ou de choses qu'on ne veut ou ne peut désigner précisément :

> *Il y a **tel** hôtel à Mons, où, le samedi, les gens des petites villes voisines viennent exprès dîner, pour faire un repas délicat.* (H. Taine)

Pronom (ⓑ§ 765)

Tel est pronom indéfini quand il désigne une personne indéterminée; il ne s'emploie guère qu'au singulier :

> *Tel est pris qui croyait prendre.*

Ⓡemarque

Un tel s'emploie au lieu d'un nom propre pour désigner une personne qu'on ne veut ou ne peut nommer plus précisément :

*En l'an 1600 ou en l'an 1500, **un tel,** de tel village, a bâti cette maison pour y vivre avec **une telle** son épouse.* (P. Loti)

Chapitre 4

Le pronom

226 Le **pronom** est un mot qui, en général, représente un nom, un adjectif, une idée, une proposition (**Bu** § 649) :

> Ma mère était trop fine pour ne pas s'émouvoir de l'infidélité qui **lui** fut ainsi faite. (Y. Kateb)
> **Ils** ont fui, mes beaux jours.
> Intelligente, elle **l'**est.
> Cette rivière est dangereuse, croyez-**le**.

Une **locution pronominale** est une réunion de mots équivalant à un pronom :

> Il s'est adressé à **je ne sais qui**.

Remarques

1. Souvent le pronom ne représente aucun nom, aucun adjectif, aucune idée, aucune proposition déjà exprimés : il joue alors le rôle d'un nom indéterminé (**Bu** § 651) :

   Tout est dit. **Rien** ne l'effraie. **Cela** va mieux.

2. Le pronom peut servir, dans la conjugaison, simplement à indiquer la personne grammaticale :

   Je lis, **tu** écoutes. ▼

3. Quand le pronom représente un nom, il est masculin ou féminin; quand il représente autre chose qu'un nom ou quand il exprime une notion vague, il est *neutre* (**Bu** § 653):

   – *Je suis **heureux**, dit Jérôme. – Je suis **heureuse** aussi, répond Sophie.*
   *Vous êtes fort aujourd'hui: **le** serez-vous encore demain?*
   ***Que** dois-je faire?*
   *Vous **le** prenez de haut.*
   ***Il** faut du courage.*

4. Il arrive que le pronom représentant un nom collectif singulier s'accorde en nombre non avec ce collectif, mais avec le nom pluriel qu'on a dans la pensée (il y a alors accord par *syllepse*[1]) (**Bu** § 653):

   *Jamais il n'eût tourmenté un chat inutilement. Il **les** respectait.* (H. Troyat)
   *Beaucoup de monde. Comme d'habitude, **ils** ne quittaient pas leurs pardessus.*
   (P. Modiano)

227 Pour qu'un nom puisse être représenté par un pronom, il faut, en principe, que ce nom soit *déterminé,* c'est-à-dire précédé d'un article ou d'un adjectif possessif, démonstratif, etc.:

   *On cherche les rieurs, et moi je **les** évite.* (J. de La Fontaine)
   *Je vous ai donné ce conseil; suivez-**le**.*

On ne dit donc pas:

   *Vous avez tort et je ne **l'**ai pas.*
   *Il a agi par jalousie, **qui** est un sentiment dangereux[2].*

228 On distingue six espèces de pronoms: les pronoms *personnels,* les *possessifs,* les *démonstratifs,* les *relatifs,* les *interrogatifs* et les *indéfinis.*

---

1. La **syllepse** consiste à régler l'accord d'un mot non avec le terme auquel il se rapporte selon les règles grammaticales, mais avec un autre terme que le *sens* éveille dans la pensée.

2. Autrefois le pronom pouvait représenter un nom indéterminé: *Si vous êtes si touchés de curiosité, exercez-la du moins en un sujet noble.* (J. de La Bruyère)

A Les pronoms personnels

1. Définition

229 Les pronoms **personnels** désignent les êtres en marquant la personne grammaticale, donc en indiquant qu'il s'agit (**Bu** § 654-656) :
- soit de l'être *qui parle* (1ʳᵉ personne) : *Je lis. **Nous** lisons.*
- soit de l'être *à qui l'on parle* (2ᵉ personne) : *Tu lis. **Vous** lisez.*
- soit de l'être *de qui l'on parle* (3ᵉ personne) : *Il lit. **Ils** lisent.*

C'est seulement à la 3ᵉ personne que le pronom personnel *représente, remplace* un nom déjà exprimé.

230 Les pronoms personnels sont :

			1ʳᵉ pers.	2ᵉ pers.	3ᵉ pers.	Pr. réfl.
		Sujet	je	tu	il, elle	
Sing.	Atones	Obj. direct	me	te	le, la	se
		Obj. indirect sans prép.	me	te	lui	se
	Toniques		moi	toi	lui, elle	soi
		Sujet	nous	vous	ils, elles	
Plur.	Atones	Obj. direct	nous	vous	les	se
		Obj. indirect sans prép.	nous	vous	leur	se
	Toniques		nous	vous	eux, elles	soi

Outre ces formes il y a **en** et **y,** qui sont pronoms personnels quand ils représentent un nom, une proposition, une idée.

> **ℝemarques**
> 1. *Me, te, se,* sont toujours, dans la prononciation, **atones,** c'est-à-dire dépourvus d'accent d'intensité ; ils précèdent un verbe (ou un pronom), sur lequel ils s'appuient intimement (**Bu** § 659) :
> *Qu'on **me** pardonne. Qui **te** l'a dit ?*
> *Quand on lui demande ce qu'il fait pour le moment, il répond qu'il **se** raconte des histoires.* (F. Dannemark)
>
> *Moi, toi, soi, eux* sont toujours **toniques :**
> *Crois-**moi**. C'est à **toi** que je parle, non à **eux.***
> *Chacun pour **soi**, dit-il lâchement.*

▼

Les autres pronoms personnels sont toniques ou atones selon leur fonction et leur place par rapport au verbe :

*On **nous** parle* (atone).

*Parle-**nous*** (tonique).

2. Les formes toniques peuvent être renforcées par l'adjonction de *même* :

Moi-même, toi-même, etc.

Nous, vous peuvent être renforcés par *autres* :

Nous autres, vous autres.

3. Dans les formes atones, *je, me, te, se, le, la,* la voyelle s'élide devant un verbe commençant par une voyelle ou un *h* muet, et devant *en, y* :

*J'ouvre, il **m'**appelle, il **s'**humecte les lèvres, tu **t'**en vas, je **l'**y envoie.*

4. Le pronom personnel est dit **réfléchi** lorsqu'il sert à former les verbes pronominaux ; il reflète alors le sujet (tantôt il est complément d'objet : *je **me** blesse ; je **se** lave les mains ; ils **se** réconcilient ;* tantôt il n'a aucune fonction logique : *je **m'**évanouis.* [voir § 287]).

Le pronom réfléchi est :

– pour la 1ʳᵉ personne : **me, nous** : *Je me blesse ; nous **nous** blessons.*

– pour la 2ᵉ personne : **te, vous** : *Tu te blesses ; vous **vous** blessez.*

Il n'a de forme spéciale qu'à la 3ᵉ personne : **se, soi** : *Il se blesse. Chacun pense à **soi**.*

2. Emploi

231 Les pronoms personnels peuvent remplir, dans la phrase, les mêmes fonctions que les noms. Ils peuvent être :

1° **Sujets** : *je, tu, il, elle, nous, vous, ils, elles,* et dans certains cas : *moi, toi, lui, eux.*

2° **Compléments d'objet directs** : *me* (après impératif : *moi*), *te* (après impératif : *toi*), *le, la, se, nous, vous, les.*

3° **Compléments d'objet indirects sans préposition** : *me, te, lui, se, nous, vous, leur.*

4° **Compléments précédés d'une préposition** : *moi, toi, lui, elle, soi, nous, vous, eux, elles.*

Ces dernières formes s'emploient aussi comme attributs et comme mots renforçant le sujet, le complément d'objet direct ou indirect.

> ## ℝemarque
> On voit que le pronom personnel peut présenter des formes différentes selon sa fonction ; il a donc gardé une certaine déclinaison : il a un *cas sujet* (nominatif) et un *cas régime* [= cas du complément, qui comprend le cas du complément d'objet direct, le cas du complément d'objet indirect, le cas prépositionnel].

a) Le pronom personnel sujet

232 Le pronom personnel sujet est le plus souvent une forme atone : *je, tu, il, elle, nous, vous, ils, elles* (🐧 § 660).

Les formes toniques *moi, toi, lui, elle, nous, vous, eux, elles,* s'emploient comme sujets :

1° Quand le pronom sujet est suivi d'une apposition ou d'une proposition relative :

> *Toi aussi, mon fils, tu vas dormir...* (D. Pennac)
> *Lui qui ne savait où aller a trouvé un abri.*
> Exception : *Je soussigné, Marc Lebon, déclare que...*

2° Quand le pronom sujet s'oppose à un autre sujet ou le renforce :

> *Eux aussi savaient que c'était son dernier discours.* (G. Simenon)
> *Je le sais bien, moi.*

3° Dans les propositions où il y a ellipse du verbe :

> *Qui vient ? – Moi.*

4° Quand le pronom sujet est joint à un ou plusieurs autres sujets :

> *Ma fille et moi attendions votre venue avec impatience.*

5° Avec l'infinitif exclamatif ou interrogatif, avec l'infinitif de narration et avec le participe absolu [voir § 392] :

> *Moi, ne plus t'aimer, pourquoi ?...*
> *Je me moque de ton passé.* (É. Zola)
> *Eux de recommencer la dispute à l'envi.* (J. de La Fontaine)
> *Lui parti, la fête peut reprendre.*

6° Comme sujets réels et avec le gallicisme *c'est ... qui* :

> *Il n'y eut qu'elle de cet avis.*
> *C'est moi l'enfant de la lande, c'est toujours moi, qui rôde entre les rivières du crépuscule.* (Ch. Le Quintrec)

233 Le pronom *il* s'emploie comme neutre sujet avec les verbes de forme impersonnelle et suivis du sujet réel :

> *Il neige. Il est arrivé un malheur.*

b) Le pronom personnel complément (⟨Bu⟩ § 661)

234 Le pronom personnel complément est le plus souvent une forme atone: *me, te, se, le, la, lui, nous, vous, les, leur*:

> On *me* voit, on *lui* nuit.

Les formes toniques *moi, toi, soi, lui, elle, nous, vous, eux, elles* s'emploient comme compléments:

1° Pour renforcer un complément:

> Je te salue *toi* la plus belle et je chante. (G. Miron)

2° Quand le pronom personnel complément est joint à un ou plusieurs autres compléments de même espèce que lui:

> Il contemplait la foule sans distinguer ni *moi* ni personne.

3° Dans les propositions où il y a ellipse du sujet et du verbe:

> Qui blâme-t-on? – *Toi.*

4° Après un impératif affirmatif – sauf devant *en* et *y*:

> Racontez-*moi* la jeunesse des rivières. (J. Mansour)
>
> Mais: Donnez-*m'*en, menez-*m'*y.

5° Après une préposition:

> Je t'aimerai sans *toi.* (A.-M. Kegels)
>
> À *toi* tout ce qui tisse nuit et jour à travers *moi.*
>
> À *toi* la lagune où nous nous sommes connus. (A. Jouffroy)

6° Après *ne ... que* et avec le gallicisme *c'est ... que*:

> On n'admire qu'*elle.*
>
> C'est *toi* que je cherche.

ℝemarques

1. Dans des phrases comme les suivantes, on utilise la forme tonique du pronom personnel complément, précédée de *à* (⟨Bu⟩ § 662):

   Ces ruines (...) à moi signalées. (P. Loti)

   Cet héritage à lui légué. (M. Tournier)

   On n'écrira pas: *Ces ruines me signalées; les choses lui destinées; la lettre vous envoyée,* etc.

2. Pour le pronom personnel explétif *(goûtez-moi cela),* [voir § 68, 3°].

235 **Le** s'emploie comme pronom neutre complément:

1° Pour représenter ou annoncer une idée, une proposition:
*Tu te justifieras après, si tu **le** peux.* (P. Corneille)
*Nous **le** souhaitons tous, tu réussiras!*

2° Dans certains gallicismes où il exprime une notion vague:
*Vous **le** prenez de haut.*
*Je vous **le** donne en cent,* etc.

3° Facultativement dans les propositions comparatives après *autre, plus, moins, mieux,* etc.:
*Il est autre que je ne croyais, que je ne **le** croyais.* (Académie)

Place du pronom personnel complément d'objet (**Bu** § 661, 671)

236 Le pronom personnel complément d'objet d'un impératif sans négation se place après le verbe:
*Regarde-**moi**, obéissez-**lui**.*

Avec un impératif négatif, il se place avant le verbe:
*Ne **me** livrez pas. Ne **leur** obéissez pas.*

Si un impératif sans négation a deux pronoms compléments d'objet, l'un direct, l'autre indirect, on place le complément d'objet direct le premier:
*Dites-**le**-moi.*

Toutefois, il arrive qu'on ait l'ordre inverse:
*Rends-nous-**les**.* (V. Hugo)

Mais si l'impératif est négatif, le pronom complément d'objet indirect se place le premier:
*Ne **me** le répétez pas.*

Toutefois *lui* et *leur* font exception:
*Ne le **lui** dites pas. Ne le **leur** dites pas.*

237 Avec un mode autre que l'impératif, les formes atones compléments d'objet *me, te, se, le, la, lui, nous, vous, les, leur* se placent avant le verbe (avant l'auxiliaire dans les temps composés):
*Je **te** conduirai. On **leur** nuit. Tu **lui** as parlé.*

Quand le verbe a deux compléments d'objet, l'un direct, l'autre indirect, celui-ci se place le premier (sauf avec *lui* et *leur*):
*Tu **me** le dis. Nous **le** lui dirons.*

Les formes toniques compléments *moi, toi, soi, lui, elle, nous, vous, eux, elles* se placent généralement après le verbe :
> *Nous les blâmons, **eux**. On m'obéira, à **moi**.*

Elles précèdent parfois le verbe, par effet de style :
> *À **moi** ils devront obéir.*

Avec un infinitif complément d'un verbe principal, le pronom personnel complément de cet infinitif se place immédiatement avant ce dernier :
> *Je veux **le** voir.*

Toutefois si l'infinitif est complément de *voir, entendre, sentir, laisser, faire, regarder, envoyer*, le pronom personnel complément de cet infinitif se place avant le verbe principal :
> *Ce paquet, je **le** ferai prendre.*
> *Ne **le** faites pas prendre.*
> *Cette maison, je **l'**ai vu bâtir.*

à moins que le verbe principal ne soit à l'impératif sans négation :
> *Faites-**le** prendre.*

c) Le pronom personnel attribut (🅑 § 663)

238 Les formes toniques *moi, toi, lui, elle, soi, nous, vous, eux, elles* s'emploient comme attributs après le verbe *être* (surtout avec le sujet *ce*) :
> *Mon meilleur ami, c'est **toi**.*
> *Est-ce votre mère ? – Oui, c'est **elle**.*
> *Pourquoi suis-je **moi** ?*
> *Si j'étais **vous**, je me méfierais davantage.*

239 Pour représenter un *nom déterminé* (c'est-à-dire précédé d'un article défini ou d'un adjectif possessif, démonstratif, etc.), on emploie comme pronom attribut un des pronoms *le, la, les*, accordé avec ce nom :
> *J'ai été cette pauvre chose-là. Tu **la** seras toi aussi.* (H. de Montherlant)
> *Êtes-vous les juges (mes juges, ces juges) ? – Nous **les** sommes.*

Pour représenter un *adjectif* ou un *nom indéterminé* (c'est-à-dire sans article ou précédé de l'article indéfini ou de l'article partitif), on emploie comme pronom attribut le neutre *le*, invariable :
> *Êtes-vous prête ? – Je **le** suis.*
> *Ils étaient juges, ils ne **le** sont plus.*
> *Est-ce une infirmière ? – Elle **le** fut.*

240 **Le**, neutre, peut représenter comme attribut un participe passif :
> *Sans vous, je serais haï et digne de **l'**être.* (F. de Fénelon)

Il peut aussi représenter, en le faisant sous-entendre au passif, un verbe qui précède, à l'actif: cet usage est condamné par Littré et par beaucoup de grammairiens, mais il est attesté par nombre d'auteurs:

> *On ne peut bien déclamer que ce qui mérite de l'être.* (Voltaire)
> *Ne vous laissez pas troubler (...). J'avoue que je l'ai été moi-même au début.* (A. Maurois)

d) Cas particuliers

Le pronom réfléchi (définition: [voir § 230, Rem. 4]) (Bu § 776)

241 À la 1re personne, on emploie comme réfléchis les pronoms **me, nous**:

> *Je me blesse, nous nous blessons.*

À la 2e personne, **te, vous**:

> *Tu te blesses, vous vous blessez.*

À la 3e personne, le pronom réfléchi a deux formes spéciales: une forme atone: **se** (toujours devant le verbe); une forme tonique: **soi** (après le verbe):

> *Il(s) se blesse(nt); chacun pense à soi.*

Ⓡemarques

Au point de vue de sa valeur logique, le pronom de forme réfléchie a tantôt un sens réfléchi, tantôt un sens non réfléchi:

a) Au *sens réfléchi,* il indique, comme complément d'objet direct ou indirect, que l'action revient sur le sujet (Bu § 777):
> *Je me blesse. Tu te nuis.*

Au pluriel, il peut marquer un sens réciproque (Bu § 778):
> *Nous nous querellons.*
> *Ces deux hommes se disent des injures.*

b) Au *sens non réfléchi,* il ne marque aucunement que l'action revient sur le sujet; il n'est pas alors analysable séparément et fait corps avec le verbe. Il s'emploie ainsi, soit comme pronom sans fonction logique (Bu § 779):
> *Je m'évanouis, il se meurt;*

soit comme pronom auxiliaire de conjugaison servant à faire exprimer au verbe l'idée du passif:
> *Le blé se vend bien.*

4) Le pronom

242 **Soi**, seul ou renforcé par *même,* ne se rapporte, en général, qu'à un sujet *indéterminé* et singulier (🅑§ 664):

*On est maintenu à l'intérieur de **soi**, entre les murs de la voix noire. (...)*
*Il n'y a plus que **soi**.* (Ch. Bobin)

> **ℝemarques**
>
> 1. Avec un sujet *déterminé,* on emploie généralement *lui, elle(s), eux*:
> *M. Thiboust-Gouron était dur pour **lui-même** comme pour autrui.* (J.-P. Sartre)
>
> Mais il ne serait pas incorrect de mettre *soi,* comme à l'époque classique:
> *Le feu s'était de **soi**-même éteint.* (G. Flaubert)
> *Elle hochait la tête, regardant droit devant **soi**.* (Alain-Fournier)
>
> En particulier on met *soi* pour éviter une équivoque et ordinairement aussi quand le sujet désigne un type, un caractère:
> *Doña Manuela, laissant comme toujours sa fille s'occuper de **soi**.* (O. Aubry)
> *L'égoïste ne vit que pour **soi**.*
>
> 2. *Soi-disant* s'applique à des personnes ou à des choses:
> *De **soi-disant** docteurs.* (Académie)
> *Une promesse ou **soi-disant** promesse.* (H. de Montherlant)
>
> Il peut se dire au sens adverbial de «censément»:
> *Vous m'avez consulté **soi-disant** au sujet de votre femme de chambre.*
> (M. Prévost)

Les pronoms *en* et *y*

243 **En** et **y** sont pronoms personnels quand, représentant, soit un nom de chose ou d'animal, soit une idée, ils équivalent, le premier à un complément construit avec *de,* le second à un complément construit avec *à* ou *dans* (🅑§ 675-681):

*J'aime cette maison et j'**en** apprécie l'aménagement.*
*Ce cheval est vicieux: défiez-vous-**en**.*
*Vous chantiez? J'**en** suis fort aise.* (J. de La Fontaine)
*Voici une lettre: vous **y** répondrez.*
*Ce chat est affectueux: je m'**y** suis attaché.*
*On meurt comme on a vécu: pensez-**y** bien.*
*Elle a un jardin; elle **y** cultive toutes sortes de légumes.*

Remarques

1. Il est parfois difficile de décider si *en* (du lat. *inde,* de là) et *y* (du lat. *ibi,* là) sont adverbes de lieu ou pronoms personnels. On pourra observer, en particulier:

   a) qu'ils sont pronoms personnels quand ils représentent un nom ou une proposition:
   Viens-tu de la ville? Oui, j'en viens.
   Vous risquez gros: pensez-y bien.

   b) qu'ils sont adverbes de lieu lorsque, ne représentant ni un nom, ni une proposition, ils équivalent à «de là», «là»:
   Sors-tu d'ici? Oui, j'en sors.   N'allez pas là: il y fait trop chaud.

2. *En* et *y* ont une valeur imprécise dans un grand nombre d'expressions, telles que: *s'en aller, s'en tirer, en vouloir à quelqu'un, c'en est fait, il y va de l'honneur, il n'y paraît pas, n'y voir goutte, il s'y prend mal, s'en tenir à quelque chose, y regarder à deux fois,* etc.

244 **En** et **y** représentent parfois des noms de personnes:
C'est un véritable ami, je ne pourrai jamais oublier les services que j'en ai reçus. (Académie)
C'est un homme équivoque, ne vous y fiez pas. (Acad.)

B Les pronoms possessifs

245 Les pronoms **possessifs** représentent le nom en ajoutant à l'idée de ce nom une idée de possession (**Bu** § 687-690):
Cette voiture est plus confortable que la mienne.

Le pronom dit «possessif» marque souvent, non la possession au sens strict, mais divers rapports:
Ma chute entraînera la tienne.
Les funérailles de son père avaient été simples; les siennes furent solennelles.

246 Les pronoms possessifs sont:

	Un seul objet		Plusieurs objets	
	Masculin	Féminin	Masculin	Féminin
Un seul possesseur	**le mien** **le tien** **le sien**	**la mienne** **la tienne** **la sienne**	**les miens** **les tiens** **les siens**	**les miennes** **les tiennes** **les siennes**
Plusieurs possesseurs	**le nôtre** **le vôtre** **le leur**	**la nôtre** **la vôtre** **la leur**	**les nôtres** **les vôtres** **les leurs**	

247 Le pronom possessif s'emploie parfois d'une manière absolue, sans représenter aucun nom exprimé:

1° Au masculin pluriel pour désigner les proches, les partisans:

*Il est plein d'égards pour **les miens**.* (Académie)

2° Dans certaines locutions:

*Y mettre **du sien**. Faire **des siennes**.*

C Les pronoms démonstratifs

1. Définition

248 Les pronoms **démonstratifs** désignent, sans les nommer, les êtres ou les objets que l'on montre, ou dont on va parler, ou dont on vient de parler (**Bu** § 691):

*Prenez **ceci**. **Cela** étonne, un si grand immeuble.*

*Voilà deux excellents chanteurs, mais je préfère **celui-ci** à **celui-là**.*

Le pronom démonstratif n'implique pas toujours l'idée démonstrative: cette idée est effacée dans *celui, ceux, celle(s), ce*:

Ceux (= les personnes, non *ces* personnes) *qui vivent, ce sont **ceux** qui luttent.* (V. Hugo)

249 Les pronoms démonstratifs sont:

	SINGULIER			PLURIEL	
	Masculin	Féminin	Neutre	Masculin	Féminin
Formes simples	celui	celle	ce	ceux	celles
Formes composées	celui-ci celui-là	celle-ci celle-là	ceci cela, ça	ceux-ci ceux-là	celles-ci celles-là

2. Emploi

250 **Celui, celle(s), ceux** demandent toujours après eux, soit un participe, soit un complément introduit par une préposition, soit une proposition relative (**Bu** § 699-700):

*Je joins à ma lettre **celle** écrite par le prince.* (J. Racine)
*La seule bonne invention des hommes est **celle** du point d'interrogation.*
(L. Scutenaire)
***Ceux** qui vivent, ce sont **ceux** qui luttent.* (V. Hugo)

> **R**emarque
> L'emploi après *celui, celle(s), ceux*, d'un participe ou d'un complément introduit par une préposition autre que *de* est autorisé par l'usage:
> *Un autre univers que **celui décrit** par le marxisme.* (V. Giscard d'Estaing)
>
> *La distinction (...) est aussi confuse que **celle entre** forme et contenu.*
> (A. Malraux)
>
> On trouve aussi *celui, celle(s), ceux*, suivis d'un adjectif, lorsque celui-ci est accompagné d'un complément:
> *Tout ceci se passa dans un temps moins long que **celui nécessaire** pour l'écrire.*
> (Th. Gautier)

251 **Ce** s'emploie comme **sujet**:

1° Devant un pronom relatif (**Bu** § 701):
Ce que l'on conçoit bien s'énonce clairement. (N. Boileau)

2° Devant le verbe *être* (parfois précédé de *devoir* ou de *pouvoir*):
Ce fut une grande joie.
Ce doit être un beau spectacle.

4 Le pronom

252 **Ce,** devant le verbe *être,* peut reprendre un sujet (Ⓑ § 702) :
Le premier arrivé, **ce** *fut mon frère.*
Que l'on y perde beaucoup d'argent, **c'**est *un risque à courir.*

Il peut aussi annoncer un sujet, qui est :

– soit un nom ou un pronom introduits par *que :*
C'est un trésor que la santé.

– soit un infinitif introduit par *de* ou *que de :*
C'est une folie (que) d'entreprendre cela.

– soit une proposition introduite par *que,* parfois par *comme, quand, lorsque, si :*
C'est une honte qu'il ait fait cela.
C'est étonnant comme elle grandit.
C'est rare quand elle se trompe.
Ce *fut miracle si cet imprudent ne se rompit pas le cou.*

> ## Ⓡemarques
>
> 1. *C'est* forme avec *qui* ou *que* un gallicisme qui permet de mettre en relief n'importe quel élément de la pensée, sauf le verbe :
> *C'est moi* **qui** *ai gagné.*
> *C'est l'erreur* **que** *je fuis.* (N. Boileau)
>
> *Ce n'est donc pas des hommes* **qu'**il est ennemi. (J.-J. Rousseau)
> *C'est demain* **que** *nous partirons.*
>
> 2. Si le complément mis en vedette au moyen de *c'est ... que* est précédé d'une préposition, on doit mettre en tête avec lui cette préposition :
> *C'est* **à** *vous que je parle. C'est* **d'**elle *que je parle.*

253 *Ce* s'emploie comme **attribut** ou comme **complément** immédiatement devant un pronom relatif (Ⓑ § 703) :
Cette affaire n'est pas **ce** *qui me préoccupe,* **ce** *à quoi je m'intéresse.*
Prenez **ce** *qui vous convient,* **ce** *dont vous avez besoin.*

Ce, non suivi d'un pronom relatif, est complément dans certains tours anciens : *et ce, ce disant, ce faisant, pour ce faire, sur ce, de ce non content :*
Le prix de l'essence augmentera, **et ce,** *dès demain.*

254 Les démonstratifs prochains **ceci, celui-ci, celle(s)-ci, ceux-ci** s'emploient en opposition avec les démonstratifs lointains *cela, celui-là, celle(s)-*

là, ceux-là, pour distinguer nettement l'un de l'autre deux êtres ou objets, deux groupes d'êtres ou d'objets qu'on a devant soi (**Bu**§ 696-697) :

> *Ceci est bon marché,* **cela** *est nettement plus cher.*
>
> *Voici deux tableaux, préférez-vous* **celui-ci** *ou* **celui-là ?** (Acad.)

255 Le plus souvent, quand il y a opposition, les démonstratifs prochains désignent l'être ou l'objet, les êtres ou les objets les plus rapprochés ou nommés en dernier lieu ; les démonstratifs lointains désignent l'être ou l'objet, les êtres ou les objets éloignés ou nommés en premier lieu :

> *Île de la Grande-Jatte, une discussion des ouvriers Werck et Pigot, a fini par trois balles que tira* **celui-ci** *et que reçut* **celui-là.** (F. Fénéon)

S'il n'y a pas opposition, les démonstratifs prochains s'appliquent à ce qui va être dit, à l'être ou à l'objet, aux êtres ou aux objets, qu'on a devant soi, ou dont on parle, ou dont on va parler ; les démonstratifs lointains représentent ce qui a été dit, l'être ou l'objet, les êtres ou les objets dont on a parlé :

> *Dites* **ceci** *de ma part à votre ami : qu'il se tienne tranquille.* (Académie)
>
> *Il m'a demandé une devise ; je lui ai proposé* **celle-ci** *: «Toujours plus haut.»*
>
> *Que votre ami se tienne tranquille : dites-lui* **cela** *de ma part.* (Académie)
>
> *Ils montèrent dans la Ford de Pellemont.* **Celui-ci** *était citoyen suisse et il avait obtenu un permis de circuler.* (P. Modiano)

Remarques

1. *Celui-là, ceux-là* s'emploient au lieu de *celui, ceux,* lorsque la relative qui les détermine est rejetée après la principale :
   Ceux-là font bien qui font ce qu'ils doivent. (J. de La Bruyère)

2. *Ça* est une forme réduite de *cela.* Au XVIIe siècle, il était de la langue populaire ; c'est au XIXe et au XXe siècle qu'il s'est imposé dans l'usage général, tout en restant cependant moins « soigné » que *cela* (**Bu**§ 698) :
   Je suis roi. **Ça** *suffit.* (V. Hugo)
   Ça *pourrait devenir dangereux pour elle.* (A. Maurois)

3. *Cela, ça,* dans la langue familière, désignent parfois des personnes :
   Un juge, **ça** *a des hauts et des bas.* (A. Camus)

D Les pronoms relatifs

1. Définition

256 Les pronoms **relatifs** servent à joindre à un nom ou à un pronom qu'ils représentent une proposition dite *relative,* qui explique ou détermine ce nom ou ce pronom (**Bu** § 704) :

> *Un loup survient à jeun qui cherchait aventure.* (J. de La Fontaine)
>
> *Le premier pas, mon fils, que l'on fait dans le monde*
> *Est celui dont dépend le reste de nos jours.* (Voltaire)

Le nom ou le pronom représenté par le pronom relatif s'appelle **antécédent.**

257 Les pronoms relatifs ont des formes simples et des formes composées :

Formes simples	qui que	des deux genres et des deux nombres.		
	quoi	: ordinairement neutre.		
	dont où	des deux genres et des deux nombres.		

	SINGULIER		PLURIEL	
Formes composées	Masculin	Féminin	Masculin	Féminin
	lequel duquel auquel	laquelle de laquelle à laquelle	lesquels desquels auxquels	lesquelles desquelles auxquelles

---

N.B.

Outre les formes signalées dans ce tableau, il y a les pronoms relatifs composés *quiconque, qui que, quoi que, qui que ce soit qui, qui que ce soit que, quoi que ce soit qui, quoi que ce soit que,* qui sont des **relatifs indéfinis** :

> *Quiconque est loup agisse en loup.* (J. de La Fontaine)
>
> *Qui que tu sois, ne t'enfle pas d'orgueil.*
>
> *Quoi que vous puissiez dire, vous ne le convaincrez pas.*
>
> *Sur quoi que ce soit qu'on l'interroge, il a réponse prête.* (A. Gide)

Dans l'analyse des mots de la subordonnée, on peut considérer globalement chacun des relatifs composés *qui que, quoi que,* etc., mais strictement parlant, c'est le premier élément qui a une fonction particulière de sujet, d'attribut, etc.

®emarques

1. S'emploient sans antécédent: 1° *qui, que, quoi, où,* pris comme relatifs indéfinis; 2° les relatifs indéfinis *quiconque, qui que, quoi que, qui que ce soit qui* (ou *que*), *quoi que ce soit qui* (ou *que*) (℗ § 715):
   Qui n'a pas connu l'absence ne sait rien de l'amour. (Ch. Bobin)
   Advienne que pourra.
   Elle a de quoi vivre.
   Elle n'a pas où reposer sa tête.
   Quiconque veut intervenir a la parole.

2. Le pronom relatif est du même genre, du même nombre et de la même personne que son antécédent:
   Vous que j'ai aidés (2ᵉ pers. masc. plur.).

3. Les formes composées *lequel, duquel,* etc., ne sont que des formes variées du même pronom *lequel,* composé de l'article défini et du pronom interrogatif *quel,* et qui peut se combiner avec *à* ou *de.*

2. Emploi

258 **Qui** est sujet ou complément (℗ § 713):

a) Comme **sujet,** il s'applique à des personnes ou à des choses:

*Un jeune homme, **qui** n'avait pas l'air très intelligent, parla quelques instants avec un monsieur **qui** se trouvait à côté de lui.* (R. Queneau)
*L'arbre **qui** ne porte pas de bons fruits sera coupé.*

Il s'emploie sans antécédent comme relatif indéfini, dans certains proverbes ou dans certaines expressions sentencieuses:

***Qui** chante dans le noir avant l'aube fait se lever le jour, surtout si c'était l'heure du lever du soleil.* (Cl. Roy)

De même dans *qui plus est, qui mieux est, qui pis est,* et après *voici, voilà:*

*Elle est compétente et, **qui** mieux est, trilingue.*
*Voilà **qui** est fait.*

®emarque

Qui répété s'emploie comme sujet au sens distributif de «celui-ci... celui-là, ceux-ci... ceux-là»:

*L'auditoire gémit, en voyant dans l'enfer tout ouvert **qui** son père et **qui** sa mère, **qui** sa grand-mère et **qui** sa sœur.* (A. Daudet)

b) Comme **complément,** *qui* est précédé d'une préposition et s'applique à des personnes ou à des choses personnifiées, parfois aussi à des animaux (**Bu** § 714) :

> *La femme à **qui** je parle.*
> *Ceux de **qui** je me plains, pour **qui** je travaille.*
> *Rochers à **qui** je me plains.* (Académie)
> *Un chien à **qui** elle fait mille caresses.* (Id.)

Dans les phrases telles que les suivantes, *qui*, relatif indéfini, a sa fonction (sujet ou complément) dans la proposition relative, et cette proposition tout entière est complément du verbe principal ou d'un autre mot de la principale :

> *Aimez **qui** vous aime.*
> *Il le raconte à **qui** veut l'entendre.*
> *Mais malheur à **qui** aura un sursaut.* (H. Michaux)

259 **Que,** relatif, s'applique à des personnes ou à des choses. Il peut être sujet, attribut ou complément (**Bu** § 717-718).

a) Il est **sujet** dans quelques expressions figées ou dans les propositions infinitives [voir § 461, 4°] :

> *Fais ce **que** bon te semblera.*
> *Advienne **que** pourra.*
> *Coûte **que** coûte.*
> *Vaille **que** vaille.*
> *Le train **que** j'entends arriver.*

> **R**emarque
> Avec les verbes impersonnels, *que* introduisant la proposition relative est sujet réel :
> *Les chaleurs **qu**'il a fait ont été torrides.*

b) *Que,* neutre, peut être **attribut** :

> *Vous êtes aujourd'hui ce **qu**'autrefois je fus.* (P. Corneille)
> *Malheureux **que** je suis !*

c) Le relatif *que* est le plus souvent **complément d'objet direct** :

> *Je me sentis étreint d'une sorte de regret absurde pour les enfants **que** cette femme aurait pu mettre au monde.* (M. Yourcenar)

Il est **complément circonstanciel** quand il a la valeur de *où, dont, duquel, durant lequel,* etc. :

> *Et, rose, elle a vécu ce **que** vivent les roses.* (F. de Malherbe)

*Du temps **que** j'étais écolier.* (A. de Musset)
*L'hiver **qu'**il fit si froid.*

260 **Quiconque** ne se rapporte à aucun antécédent. Il signifie «celui, quel qu'il soit, qui»: il est donc de la 3ᵉ personne du masculin singulier et est normalement sujet (**Bu** § 726):

Quiconque m'a fait voir cette route a bien fait. (A. de Musset)
*Et l'on crevait les yeux à **quiconque** passait.* (V. Hugo)

> **R**emarques
>
> 1) Lorsque *quiconque* a nettement rapport à une femme, il veut au féminin l'adjectif dont il commande l'accord:
> *Mesdames, quiconque de vous sera assez **hardie** pour médire de moi, je l'en ferai repentir.* (Académie)
>
> 2) *Quiconque* est aussi employé au sens de «n'importe qui» (ou de «personne»):
> *Pourquoi ne les invite-t-il pas à souper, comme ferait **quiconque** à sa place?* (H. de Montherlant)
> *Il est impossible à **quiconque** de se procurer quoi que ce soit touchant cet ouvrage.* (G. Duhamel)

261 **Quoi que**, en deux mots, doit être distingué de la conjonction *quoique*, en un mot (**Bu** § 1149):

Quoi que signifie «quelque chose que»:

***Quoi que** vous fassiez, faites-le avec soin.*

Quoique signifie «bien que»:

***Quoique** vous fassiez de grands efforts, vous ne réussirez pas.*

262 **Quoi**, relatif, ne s'applique qu'à des choses. Il s'emploie uniquement comme complément et est presque toujours précédé d'une préposition; il se rapporte généralement à un antécédent de sens vague (*ce, rien, chose*, etc.) ou à toute une proposition (**Bu** § 719):

*Il n'y a rien sur **quoi** l'on ait tant disputé.* (Académie)
*Vous avez cité Cicéron, en **quoi** vous vous êtes trompé.* (Id.)

> **R**emarques
>
> 1) *Quoi* s'emploie parfois sans antécédent:
> *Elle a de **quoi** vivre.*
> *Voici de **quoi** il s'agit.* ▼

▼

> 2) La langue littéraire, reprenant un vieil usage, emploie assez fréquemment *quoi*
> dans le sens de *lequel* :
> *Il se tue pour une chose à **quoi** il tient.* (A. Malraux)

263 **Lequel** s'applique à des personnes ou à des choses et s'emploie comme sujet ou comme complément :

a) Comme **sujet**, il se rencontre dans la langue juridique ou administrative, et parfois aussi dans la langue courante quand il permet d'éviter l'équivoque (🅑 § 721) :

   *On a entendu trois témoins, **lesquels** ont dit...* (Académie)
   Il reconnut ainsi la justesse d'un des mots favoris du maire,
   *gros industriel de notre ville, **lequel** affirmait avec force que (...).*
   (A. Camus)

b) Comme **complément**, *lequel,* toujours précédé d'une préposition, renvoie le plus souvent à un nom de chose ou d'animal (🅑 § 720) :

   Entre le lit et la porte, il y a une petite commode en bois fruitier
   *sur **laquelle** est posée une bouteille de whisky.* (G. Perec)

   Après *parmi, qui* est exclu :
   *Les candidats parmi **lesquels** il fallait choisir.*

264 **Dont** s'applique à des personnes ou à des choses ; comme complément du sujet, du verbe, de l'attribut ou du complément d'objet direct, il marque, comme ferait le relatif ordinaire introduit par *de,* la possession, la cause, la manière, etc. (🅑 § 722-724) :

   *La nature, **dont** nous ignorons les secrets.* (Académie)
   *La maladie **dont** il est mort.* (Id.)

Ⓡ**emarques**

1. *Dont* ne peut, en principe, dépendre d'un complément introduit par une préposition. On ne dirait pas, d'ordinaire :
   *Une amie **dont** on se console de la mort.*

2. *Dont* est parfois, simultanément, complément du sujet et du complément d'objet direct (ou de l'attribut) :
   *Il plaignit les pauvres femmes **dont** les époux gaspillent la fortune.*
   (G. Flaubert)
   *C'était un vieillard **dont** la barbe blanche couvrait la poitrine.* (A. France)

▼

3. C'est une règle traditionnelle qu'avec les verbes indiquant sortie ou extraction, on emploie comme conjonctif, pour marquer l'origine:

1° **d'où**, quand il s'agit de choses:

*La ville **d'où** elle vient.*

2° **dont**, quand il s'agit de personnes, de descendance:

*La famille **dont** je proviens.*

Cependant on met parfois *dont* dans des phrases où il s'agit de choses:

*Le jardin **dont** vous venez de sortir.* (E. Jaloux)

*La séance **dont** il sortait.* (A. Malraux)

Quand la phrase est interrogative ou qu'il n'y a pas d'antécédent exprimé, on met toujours *d'où*:

*Cet importun, **d'où** vient-il?*

*Rappelez-vous **d'où** vous êtes venue.*

265 **Où**, relatif, ne peut s'appliquer qu'à des choses et est toujours complément circonstanciel de lieu ou de temps (**Bu** § 725):

*La ville **où** vous habitez, **d'où** vous venez.*

*Le temps **où** nous sommes. Dans l'état **où** vous êtes.*

Il s'emploie parfois sans antécédent:

*Les Fleuves m'ont laissé descendre **où** je voulais.* (A. Rimbaud)

☐ Les pronoms interrogatifs

1. Définition

266 Les pronoms **interrogatifs** servent à interroger sur la personne ou la chose dont ils expriment, ou représentent, ou annoncent l'idée (**Bu** § 727):

***Qui** donc es-tu, morne et pâle visage (…)?*

***Que** me veux-tu, triste oiseau de passage?* (A. de Musset)

*De ces deux chemins **lequel** devons-nous prendre?*

267 Les formes des pronoms interrogatifs ne sont autres que celles des pronoms relatifs (*dont* et *où* étant exclus).

Où, dans l'interrogation, est toujours adverbe:

***Où** allez-vous?*

> ## ®emarque
>
> On emploie très souvent comme formes d'insistance les périphrases formées
> par l'adjonction de *est-ce qui, est-ce que,* aux diverses formes du pronom
> interrogatif:
>
> *Mais **qui est-ce que** tu entends par là?* (Molière)
> *Alors votre plat national, **qu'est-ce que** c'est?* (M. Tournier)

2. Emploi

268 **Qui** interrogatif est ordinairement du masculin singulier. Il sert
à interroger sur des personnes, tant dans l'interrogation indirecte que
dans l'interrogation directe, et peut être sujet, attribut ou complément
(**Bu** § 730-732):

> ***Qui** vient? **Qui** es-tu?*
> ***Qui** cherches-tu? À **qui** parles-tu?*
> *Je demande **qui** vient, **qui** tu es, **qui** tu cherches, à **qui** tu parles.*

269 **Que** interrogatif est du neutre singulier.

Dans l'interrogation directe, il s'emploie comme sujet (devant certains
verbes impersonnels), comme attribut ou comme complément:

> ***Que** reste-t-il?*
> ***Que** deviendrai-je?*
> ***Que** ferai-je?*
> ***Que** nous chantez-vous?* (N. Boni)

Dans l'interrogation indirecte, il s'emploie comme attribut ou comme
complément d'objet direct après *avoir, savoir, pouvoir,* pris négativement et
suivis d'un infinitif:

> *Je ne sais **que** devenir.*
> *Je ne savais **que** répondre.* (Fr.-R. de Chateaubriand)
> *Il ne pouvait **que** dire.* (J. de La Fontaine)
> *Je n'ai **que** faire de vos dons.* (Molière)

270 **Quoi** interrogatif est du neutre singulier.

Dans l'interrogation directe, il peut être sujet (phrases elliptiques) ou
complément:

> ***Quoi** de plus beau?*
> *Ah bon. Ils font **quoi**, par exemple?* (J.-L. Benoziglio)
> *À **quoi** vous divertissez-vous?*

Dans l'interrogation indirecte, il est toujours complément :

> Je n'aurais pas su *quoi* répondre. (H. Bosco)
> Dites-moi de *quoi* elle se plaint.

271 **Lequel** interrogatif varie en genre et en nombre ; il se dit des personnes et des choses et peut remplir toutes les fonctions, tant dans l'interrogation indirecte que dans l'interrogation directe (Ⓑ § 733) :

> De ton cœur ou de toi *lequel* est le poète ? (A. de Musset)
> *Lequel* es-tu ?
> *Laquelle* de ces étoffes choisissez-vous ?
> Dites-moi *laquelle* vous plaît, *laquelle* vous choisissez,
> sur *laquelle* vous fixez votre choix.

F Les pronoms indéfinis

1. Définition

272 Les pronoms **indéfinis** servent à désigner d'une manière vague, indéterminée, des personnes ou des choses dont l'idée est exprimée ou non, avant ou après eux (Ⓑ § 734) :

> *Chacun* est responsable de son destin.
> Voici deux livres : *l'un* est agréable, *l'autre* est utile.

273 Les pronoms indéfinis sont :

1°	autre chose grand-chose peu de chose	quelque chose autrui chacun(e)	je ne sais qui je ne sais quoi quelqu'un(e)	
2°	on personne rien } anciens noms ayant pris un sens indéterminé.			
3°	aucun(e) d'aucun(e)s certain(e)s	l'un(e) l'autre l'un(e) et l'autre	nul(le) pas un(e) plus d'un(e)	plusieurs [un(e)] tel(le) tout

Ils passent de la catégorie des *adjectifs* (ou articles) indéfinis dans celle des *pronoms* indéfinis quand ils ne sont pas joints à un nom.

4 Le pronom

> ## **R**emarque
>
> Certains adverbes de quantité: *assez, beaucoup, combien, peu, trop,* etc.,
> désignant une quantité indéterminée d'êtres ou d'objets, peuvent être
> mis au nombre des pronoms indéfinis:
>
> **Combien** ont disparu! (V. Hugo)
>
> De même certaines expressions, comme: *n'importe qui, n'importe quoi,*
> *tout le monde, un autre, le même,* peuvent avoir la valeur de pronoms indéfinis.

2. Emploi

274 **Aucun** a signifié autrefois «quelque, quelqu'un». Il a conservé une
valeur positive dans certains emplois (**Bu** § 739):

> **D'aucuns** *la critiqueront. Je doute qu'**aucun** d'eux réussisse.*
>
> *Il travaille mieux qu'**aucun** de ses frères.*

Mais étant le plus souvent accompagné de la négation, *aucun* a pris, par
contagion, la valeur négative de «pas un»:

> *De toutes vos raisons, **aucune** ne me convainc.*
>
> *A-t-elle des ennuis? **Aucun.***

275 **Nul** se construit toujours avec une négation; il est toujours au singulier et ne s'emploie que comme sujet (**Bu** § 740).

Quand il ne renvoie à aucun nom (ou pronom) exprimé, il ne se dit que des
personnes et ne peut être que masculin:

> **Nul** *ne pouvait s'approcher vraiment de Tirésia.* (P. Fleutiaux)

Quand il renvoie à un nom (ou pronom) exprimé, il se dit des personnes et
des choses et s'emploie aux deux genres:

> *Plusieurs explorateurs sont allés dans ces régions; **nul** n'en est revenu.*
>
> *De toutes vos erreurs, **nulle** n'est irrémédiable.*

276 **Autrui** ne se dit que des personnes et s'emploie comme complément prépositionnel, parfois aussi comme sujet ou comme objet direct
(**Bu** § 742):

> *Ne désirez pas le bien d'**autrui**.*
>
> **Autrui** *nous est indifférent.* (M. Proust)
>
> *Il ne faut jamais traiter **autrui** comme un objet.* (A. Maurois)

277 **On** (du lat. *homo,* homme) est régulièrement de la 3ᵉ personne du
masculin singulier et ne s'emploie que comme sujet (**Bu** § 753-754):

> **On** *a souvent besoin d'un plus petit que soi.* (J. de La Fontaine)

ⓡemarques

1. *On* prend parfois un sens bien déterminé et se substitue à *je, tu, nous, vous, il(s), elle(s),* en marquant la modestie, la discrétion, l'ironie, le mépris, etc:
   Un couplet qu'on (= vous) *s'en va chantant*
   Efface-t-il la trace altière
   Du pied de nos chevaux marqué dans votre sang? (A. de Musset)
   A-t-on (= tu) *été sage aujourd'hui?*

2. Quand les circonstances marquent précisément qu'on parle d'une femme, l'attribut de *on* se met au féminin par syllepse:
   *Eh bien, petite, est-on **fâchée**?* (G. de Maupassant)

3. Il arrive que *on* soit suivi d'un attribut au pluriel:
   *On n'est pas **des esclaves** pour endurer de si mauvais traitements.* (Académie)

4. Comme *on* était originairement un nom, il a gardé la faculté de prendre l'article *l'*, surtout quand l'euphonie le demande, principalement après *et, ou, où, que, si,* et parfois après *lorsque* (cet *l'* est regardé aujourd'hui comme simple *consonne euphonique*):
   *Il faut que **l'on** consente.* (Académie)
   *Puisque **l'on** vieillit tout entier, **l'on** ne vieillit point*
   par rapport à soi-même. (L. Scutenaire)

278 **Personne**, originairement nom féminin, a pu servir ensuite de pronom indéfini masculin singulier. Il a gardé son sens positif dans certains emplois (ⓑ § 755-756):
   *Y a-t-il **personne** d'assez hardi?* (Académie)
   *Je doute que **personne** y réussisse.* (Id.)

Mais *personne*, étant souvent accompagné d'une négation, a pris, par contagion, la valeur négative de «nul homme»:
   *Non, l'avenir n'est à **personne**.* (V. Hugo)
   *Qui vient? Qui m'appelle? **Personne**.* (A. de Musset)

ⓡemarque

Quand *personne* désigne évidemment une femme, on lui donne le genre féminin, mais cet usage est assez rare:
*Personne n'est plus que moi votre **servante**, votre **obligée**.* (É. Littré)

279 **Quelqu'un**, employé d'une façon absolue, ne se dit que des personnes et uniquement au masculin (ⓑ § 758):
   Quelqu'un est venu.

Son pluriel *quelques-uns* marque l'indétermination quant au nombre et non plus quant à l'individu :

> **Quelques-uns** *l'affirment.*

Quelqu'un, en rapport avec *en* ou avec un mot pluriel ou collectif, se dit des personnes et des choses et s'emploie aux deux genres et aux deux nombres :

> *J'en connais* **quelques-uns** *à qui ceci conviendrait bien.*
> *Parmi vos paroissiens (...), en voyez-vous* **quelqu'un** *ou*
> **quelqu'une** *que je puisse inviter aussi.* (G. de Maupassant)
> *Elle a fait de multiples découvertes, mais* **quelques-unes** *seulement sont connues ; elle n'en a révélé que* **quelques-unes.**

280 **Rien** a signifié originairement « chose ». Il vient du latin *rem,* accusatif de *res,* chose. Il a gardé une valeur positive dans certains emplois (Ⓑ § 761-762) :

> *Y a-t-il* **rien** *de plus beau ?*
> *Je désespère d'y* **rien** *comprendre.*
> *Elle est partie sans* **rien** *dire.*

Mais étant le plus souvent accompagné d'une négation, *rien* a pris, par contagion, la valeur négative de « nulle chose » :

> *Qui ne risque* **rien** *n'a* **rien.**
> *Et comptez-vous pour* **rien** *Dieu qui combat pour nous ?* (J. Racine)

281 **L'un(e)... l'autre,** *les un(e)s... les autres, l'un(e)... un(e) autre, les un(e)s... d'autres* servent à marquer l'opposition (Ⓑ § 744) :

> *Une porte s'ouvrit et trois Martiens apparurent.* **L'un** *d'eux était en civil,* **les autres** *en uniforme.* (J. Sternberg)

L'un l'autre, les uns les autres, l'un à l'autre, l'un de l'autre, etc., marquent la réciprocité :

> *Nous sommes une famille où l'on se tient* **les uns les autres.** (F. Mauriac)
> *Comment font certaines jumelles pour se distinguer elles-mêmes* **l'une de l'autre.** (L. Scutenaire)

Chapitre 5

Le verbe

282 Le **verbe** est un mot qui exprime, soit l'action faite ou subie par le sujet, soit l'existence ou l'état du sujet, soit l'union de l'attribut au sujet (🅑 § 767) :

> Ma sœur **chante.**
> Le chêne **est abattu** par le bûcheron.
> Que la lumière **soit** !
> L'homme **est mortel.**

283 Une **locution verbale** est une réunion de mots qui exprime une idée unique et joue le rôle d'un verbe :

> Avoir besoin, avoir peur, avoir raison, avoir envie, ajouter foi, donner lieu,
> faire défaut, prendre garde, savoir gré, tenir tête, avoir beau,
> se faire fort, faire savoir, etc.

A Les espèces de verbes (Ⓑᵤ § 774)

1. Le verbe copule

284 Le *verbe copule* est le verbe *être* joignant l'attribut au sujet [voir § 58] :

L'homme —— est —— mortel

Certains verbes d'état ou d'action sont aussi verbes copules quand ils joignent l'attribut au sujet : à l'idée qu'ils expriment par eux-mêmes l'esprit associe alors l'idée du verbe *être* [voir § 59] :

Ce garçon —— reste [étant] —— faible

Il —— mourut [étant] —— jeune

2. Les verbes transitifs et intransitifs

285 Au point de vue de leur *objet,* les verbes se divisent en verbes *transitifs* et verbes *intransitifs.*

Dans l'une et dans l'autre catégorie se rencontrent les verbes *pronominaux ;* dans la catégorie des intransitifs, on rencontre les verbes *impersonnels.*

a) Les verbes transitifs

286 Les verbes *transitifs* sont ceux qui expriment une action *passant* (latin *transire,* passer) du sujet sur une personne ou sur une chose ; ils appellent un complément d'objet (sans lequel ils auraient un sens incomplet et resteraient comme en l'air).

Ils supposent donc une relation nécessaire entre :

– un être ou une chose qui fait l'action ;
– un être ou une chose qui la reçoit.

1° Ils sont transitifs **directs** quand leur complément d'objet est *direct* (c'est-à-dire sans préposition : [voir § 48]) :

Mon frère —— a acheté —— un nouveau jeu

2° Ils sont transitifs **indirects** quand leur complément d'objet est *indirect* (c'est-à-dire introduit par une préposition [voir § 51]):

J' —— use —— de —— ce remède

Nous —— pensons —— à —— nos parents

> ## **R**emarque
> Certains verbes transitifs ont ou peuvent avoir à la fois deux compléments d'objet, l'un direct, l'autre indirect:
>
>
>
> Je —— commande ——< une revue / au librairie

b) **Les verbes intransitifs**

Les verbes *intransitifs* sont ceux qui expriment une action ne passant pas du sujet sur une personne ou sur une chose; ils n'appellent pas de complément d'objet et suffisent avec leur sujet à exprimer l'idée complète de l'action:

La terre —— tourne

Le chien —— dort

> ## **R**emarques
> Pour déterminer, dans une phrase donnée, si un verbe est *transitif* ou *intransitif*, il faut considérer la structure réelle de la proposition: il n'y a pas lieu d'attribuer au verbe une *nature* transitive ou intransitive; ce qu'il s'agit d'observer, c'est *l'emploi* transitif ou intransitif qui est fait de ce verbe. Ainsi:
>
> a) Il arrive que l'objet de l'action soit si nettement indiqué par les circonstances qu'il devient inutile de l'exprimer: le verbe est alors *intransitif*: Cet homme **boit**. Attention, ce chien **mord**.
>
> b) Un même verbe peut parfois être transitif direct ou transitif indirect, mais généralement avec des sens plus ou moins différents: Elle **manque** son but.   Elle **manque à** sa parole. Elle **use** sa santé.   Elle **use de** patience.

▼

> c) Certains verbes transitifs peuvent devenir intransitifs et vice versa,
> mais généralement le sens change plus ou moins:
>
> Je **ferme** la porte.   La porte **ferme** mal.
> Tout **passe**.   Je **passe** la frontière.
> Il **vit** dans l'angoisse.   Il **vit** des jours d'angoisse.
>
> d) Quelques verbes intransitifs peuvent, en devenant transitifs,
> avoir pour complément d'objet direct un nom qui, par sa forme
> ou par son sens, rappelle leur radical:
>
> **Vivre** sa vie.   **Dormez** votre sommeil. (J.B. Bossuet)

3. **Les verbes pronominaux** (🅑 § 776-781)

287 Les *verbes pronominaux* sont ceux qui sont accompagnés des pronoms *me, te, se, nous, vous,* désignant le même être ou objet, les mêmes êtres ou objets que le sujet:

> Je me cache, tu t'habilles, elle se tait.

Au point de vue du sens, les verbes pronominaux présentent différentes valeurs:

Sens réfléchi:

> Il s'aperçoit dans la glace.

Sens réciproque:

> Les deux amis s'aperçoivent.

Pronom sans fonction logique:

> Mon frère s'aperçoit de son erreur.

Sens passif:

> Le clocher s'aperçoit de loin.

1° Ils sont **réfléchis** lorsque l'action revient, se réfléchit sur le sujet; le pronom est alors complément d'objet direct ou indirect:

> Il **s'aperçoit** dans la glace. Elle **se blesse**.
> Tu **te nuis**.

2° Ils sont **réciproques** lorsque deux ou plusieurs sujets agissent l'un sur l'autre ou les uns sur les autres:

> Quand ces deux amis **s'aperçoivent**, ils **se sourient**.
> Ils **se querellent**, ils **se battent**, ils **se réconcilient**.

Le sens réciproque est parfois indiqué par le préfixe *entre*:

*Ils s'**entra**ident.*   *Ils s'**entre**-tuent.*

Souvent le sens réciproque est renforcé par une des expressions *l'un l'autre, l'un à l'autre, mutuellement, réciproquement, entre eux:*

*Ils se félicitent **l'un l'autre**.*

*Ils se nuisent **l'un à l'autre**.*

*Ils se gênent **mutuellement**.*

*Ils se rendent **réciproquement** service.*

*Ils s'aident **entre eux**.*

3° Certains verbes pronominaux ont un **pronom sans fonction logique,** qui reflète simplement le sujet, sans jouer aucun rôle de complément d'objet direct ou indirect[1]:

s'en aller	s'endormir	se jouer de	se moquer
s'ensuivre	se pâmer	s'emparer de	s'enfuir
s'écrier	se douter de	s'envoler	se rire de
s'évanouir	s'en revenir	se mourir	se prévaloir de
s'en retourner	se taire	se connaître à	se repentir, *etc.*

*Mon frère **s'aperçoit** de son erreur. Tu **te repens** de ta faute.*

*Le malade **s'évanouit**.*

4° On emploie fréquemment la forme pronominale dans le **sens passif,** toujours sans indication d'agent[2]:

*Le clocher **s'aperçoit** de loin. Ce disque **se vend** bien.*

4. Les verbes impersonnels

288 Les verbes *impersonnels* sont ceux qui ne s'emploient qu'à la troisième personne du singulier; ils ont pour sujet *apparent* le pronom neutre *il* [voir § 44] (**Bu** § 782-783).

a) Les verbes impersonnels **proprement dits** expriment des phénomènes de la nature (**Bu** § 784):

Il pleut, il tonne, il gèle, il neige, il grêle, il vente, etc.

---

1. Ce pronom conjoint s'incorpore en quelque sorte au verbe à la manière d'un préfixe, sans toutefois se souder avec lui. On ne saurait l'analyser à part: il est un élément constitutif de la forme verbale.

2. Ici non plus le pronom conjoint ne s'analyse pas à part.

On y joint *falloir, y avoir,* et aussi *faire* dans des expressions telles que:
il fait froid, il fait du vent, il fait nuit noire, etc.

Il **faut** du courage. Il le **faut.**

Il **y a** de l'électricité dans l'air.

Remarque

Certains de ces verbes s'emploient parfois figurément avec un sujet personnel:

Boulets, mitraille, obus, mêlés aux flocons blancs, **pleuvaient.** (V. Hugo)

Des pétales **neigent** *sur le tapis.* (A. Gide)

b) Un grand nombre de verbes personnels peuvent être **pris impersonnellement** (Bu § 785-787):

Il **est arrivé** un malheur. Il **convient** de partir.

Remarques

1. Le verbe *être* se combine avec des adjectifs pour former de nombreuses
locutions impersonnelles: *Il est possible, douteux, nécessaire, utile, bon, juste,
heureux, faux, rare,* etc.

2. On peut employer comme *impersonnels* les verbes pronominaux de sens passif:
Il **se vend** *beaucoup d'eau en cette saison.*
Il **se débite** *bien des sottises.*

B Les formes du verbe

289 Dans une forme verbale, on distingue (Bu § 788):

1° Le **radical**, généralement invariable, qui porte le sens que le verbe garde
à travers toutes ses formes:

*Chant*er, nous **chant**ons, **gém**ir.

2° La **désinence** (ou **terminaison**), essentiellement variable, qui marque les
modifications de personne, de nombre, de mode et de temps:

*Je chante, nous chant***ons,** *que je chant***asse.**

290 Les formes du verbe varient non seulement d'après le *nombre* et
d'après la *personne,* mais encore d'après le *mode* et d'après le *temps.*

1. Les nombres

291 Le verbe varie en **nombre,** c'est-à-dire suivant que le sujet est au *singulier* ou au *pluriel*:

Je travaille, nous travaillons.

2. Les personnes (Bu § 794-799)

292 Le verbe varie aussi en **personne**, c'est-à-dire suivant que le sujet désigne:

1° La personne ou les personnes qui parlent (1ʳᵉ personne):

Je travaille, nous travaillons.

2° La personne ou les personnes à qui l'on parle (2ᵉ personne):

Tu travailles, vous travaillez.

3° La personne ou les personnes de qui l'on parle, la chose ou les choses dont on parle (3ᵉ personne):

Elle travaille, elles travaillent.

3. Les voix (Bu § 771-772)

293 On appelle **voix** les formes que prend le verbe pour exprimer le rôle du sujet dans l'action, le sens du déroulement de l'action. On distingue:

1° La voix **active**, indiquant que le sujet *fait* l'action; celle-ci est considérée à partir de l'agent qui la déclenche:

Le chien conduit l'aveugle.

2° La voix **passive**, indiquant que le sujet *subit* l'action; celle-ci est considérée à partir de l'être ou de l'objet qui l'éprouve.

L'aveugle est conduit par le chien.

Ⓝ.B.

Des grammairiens distinguent en outre la voix *réfléchie* ou *pronominale*, indiquant que l'action, faite par le sujet, se réfléchit, revient sur lui:

Je me blesse; mais on n'a là qu'un cas particulier de la voix active.

Pour les différentes valeurs de la forme pronominale, **[voir § 287]**.

> **R**emarques
>
> 1. En principe, on peut tourner par le passif un verbe transitif ayant
>   un complément d'objet direct : le complément d'objet direct du verbe actif
>   devient le sujet du verbe passif, et le sujet du verbe actif
>   devient le complément d'agent du verbe passif :
>   *Le juge interroge l'accusé. L'accusé est interrogé par le juge.*
>
>   Toutefois quand le sujet du verbe actif est *on,* ce pronom disparaît
>   dans la phrase mise au passif, qui dès lors ne comporte pas
>   de complément d'agent :
>   *On a interrogé l'accusé. L'accusé a été interrogé.*
>
> 2. Les verbes intransitifs ne peuvent être mis au passif. Toutefois *obéir, désobéir,*
>   *pardonner* font exception :
>   *Vous **serez obéi**.* (J. Racine)
>   *Vous **êtes pardonnée**.*
>
>   On notera aussi que certains verbes intransitifs peuvent avoir un passif
>   impersonnel :
>   *Il en **sera parlé**.*
>
> 3. Les verbes pronominaux ne peuvent se mettre au passif :
>   *Il se vante.*

4. Les modes (🐃 § 768)

294 Les **modes** sont les diverses manières de concevoir et de présenter
l'action[1] exprimée par le verbe.

Ils sont *personnels* ou *impersonnels.*

a) Les modes personnels

Il y a quatre modes **personnels**, qui admettent la distinction des personnes
grammaticales :

1° L'**indicatif**, qui présente l'action comme réelle :
*Mon frère **mange**.*

---

1. Strictement parlant : *l'action, l'existence ou l'état.* Nous allégeons l'expression.

2° Le **conditionnel**, qui présente l'action comme éventuelle ou comme dépendant d'une condition[1] :

*Mon frère **mangerait** toute la journée!*
*Je **mangerais** si j'en avais le temps.*

3° L'**impératif**, qui présente l'action sous la forme d'un ordre, d'une exhortation, d'une prière :

***Mangez**.*

4° Le **subjonctif**, qui présente l'action comme simplement envisagée dans la pensée ou avec un sentiment particulier (comme dans le désir, le souhait, la volonté, etc.) :

*Vivement que je **mange**! Je veux que tu **manges**.*

b) Les modes impersonnels

Il y a deux modes **impersonnels**, qui ne varient pas selon les personnes grammaticales :

1° L'**infinitif**, forme nominale du verbe, exprimant simplement le nom de l'action :

***Manger**.   **Courir**.*

2° Le **participe**, forme adjective du verbe, exprimant l'action à la manière d'un adjectif :

*Mon frère **mangeant** sans arrêt, il ne cesse de grossir.*
*Son manteau **mangé** des mites lui donnait un curieux air.*

> **Remarque**
>
> Outre ces deux modes impersonnels, on peut distinguer le **gérondif**, dont la forme est celle du participe présent, généralement précédé de *en*. Cette forme adverbiale du verbe exprime, par rapport à un verbe principal, une action simultanée en indiquant une circonstance :
>
> *En **mangeant** sainement, vous resterez mince.*

---

1. De nombreux grammairiens placent désormais le conditionnel à l'intérieur du mode indicatif. Ils le considèrent, dans son emploi général, comme un futur particulier (futur dans le passé ou futur hypothétique). Ils s'appuient entre autres sur le fait que le conditionnel est exclu dans les propositions circonstancielles de condition introduites par *si*. L'emploi du conditionnel pour marquer une volonté adoucie, un désir ou un conseil est alors considéré comme particulier.

5. Les temps (⓪ § 769)

a) Passé, présent et futur

295 Les **temps** sont les formes que prend le verbe pour indiquer à quel moment de la durée on situe l'action dans l'une des trois époques: *présent, passé, futur.*

```
                                   Présent
-----------------------  Passé ----    ---- Futur -----------------  -----
                                    |
```

On distingue les temps suivants:

• *Par rapport au moment présent:*

a) Pendant:
    Présent: *Il **chante** en ce moment.*

b) Avant:
    Imparfait: *Elle **chantait** quand je suis entré.*
    Passé simple: *Elle **chanta** alors sa dernière composition.*
    Passé composé: *Elle **a chanté** ce matin.*

c) Après:
    Futur simple: *Il **chantera** demain.*

    Après le moment présent, mais action terminée avant tel moment à venir:
    Futur antérieur: *Dès qu'il **aura chanté**, il partira.*

• *Par rapport à tel moment du passé:*

a) Avant:
    Passé antérieur: *Dès qu'elle **eut chanté**, elle partit.*
    Plus-que-parfait: *Il **avait chanté** quand vous êtes entré.*

b) Après:
    Futur du passé: *Je croyais qu'elle **chanterait**.*

    Après tel moment du passé, mais action terminée avant tel moment à venir:
    Futur antérieur du passé: *Je croyais qu'il **aurait chanté** avant votre départ.*

Le *futur du passé* et le *futur antérieur du passé* présentent les formes du *mode* conditionnel, mais ces formes servent alors à situer un fait dans la durée: elles ont donc une valeur de *temps*.

.B.

Pour des précisions sur le sens de chacun de ces temps, **[voir §§ 351 et suivants]**.

296 b) Les temps dans chaque mode

1. L'*indicatif* possède dix temps : le présent, l'imparfait, le passé simple, le passé composé, le plus-que-parfait, le passé antérieur, le futur simple, le futur antérieur, le futur du passé (qui a les mêmes formes que le conditionnel présent) et le futur antérieur du passé (qui a les mêmes formes que le conditionnel passé).

2. Le *conditionnel* possède deux temps : le présent (dont les formes marquent aussi le futur) et le passé. Le plus-que-parfait du subjonctif *(j'eusse aimé)* a parfois le sens du conditionnel passé.

3. L'*impératif* possède deux temps : le présent (dont les formes marquent aussi le futur) et le passé.

4. Le *subjonctif* possède quatre temps : le présent (dont les formes marquent aussi le futur), l'imparfait, le passé et le plus-que-parfait.

5. L'*infinitif* possède trois temps : le présent (dont la forme peut marquer aussi le futur), le passé et le futur (rare : *devoir aimer*).

6. Le *participe* possède trois temps : le présent, le passé et le futur (rare : *devant aimer*).

297 c) Les temps simples et composés

Les temps **simples** sont ceux dans lesquels le verbe ne présente, à chaque personne, qu'un seul mot. Ils se trouvent dans la conjugaison active et dans la conjugaison pronominale (dans la conjugaison passive, uniquement au participe passé employé seul) :

> *Je chante, je chantais, je me lève, chassé,* etc.

Les temps **composés** sont ceux dans lesquels le participe passé (simple) est joint à différentes formes des verbes *avoir* ou *être* : ils se trouvent dans la conjugaison active, dans la conjugaison passive et dans la conjugaison pronominale (dans la conjugaison passive, à tous les temps, sauf le participe passé employé seul) :

> *J'ai chanté, que j'eusse chanté, je suis félicité, j'avais été félicité,*
> *je suis venue.*

> ### ℝemarque
>
> Il y a des temps *surcomposés,* dans lesquels le participe passé (simple) est joint
> à un temps composé d'*avoir* (parfois d'*être*) :
>
> *Après que vous **avez eu parlé,** il s'est retiré.* (Académie)
> *Quand j'**ai été partie.***

298 d) L'aspect du verbe (ⓑ § 770)

L'**aspect** du verbe est le caractère de l'action envisagée dans son développement, c'est-à-dire dans la durée et dans les parties de la durée où elle
se déroule ; les aspects se marquent souvent par des locutions verbales formées d'un *auxiliaire d'aspect* et d'un infinitif [voir § 300].

En représentant sur la ligne du temps :
– par P l'instant présent ;
– par une ligne ondulée le déroulement de l'action ;
et en enfermant entre deux parenthèses ( ) le segment de la durée où
se tient la pensée, on peut figurer de la manière suivante les principaux
aspects :

1° Aspect instantané (action instantanée) :

    *Un orage **éclate.***

2° Aspect duratif (action qui dure) :

    *Je **suis en train de manger.***
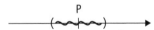

3° Aspect inchoatif ou ingressif (action qui commence) :

    *Il **s'endort.***

4° Aspect itératif (action qui se répète) :

    *Elle **buvote** son vin.*
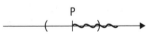

5° Aspect accompli (action achevée) :

    *Je **finis d'écrire.***
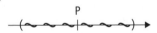
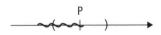

182

6° Aspect imperfectif (action non achevée) :

J'*écrivais*.

7° Proximité soit dans le passé, soit dans le futur :

Je **viens d'écrire** ; je **vais partir**.

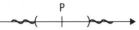

N.B.

Il va de soi qu'un aspect donné peut se rencontrer à d'autres personnes, à d'autres temps et à d'autres modes que ceux qu'on observe dans les exemples donnés ci-dessus ; par exemple : *Nous étions en train de manger ; tu seras en train de manger ; qu'il soit en train de manger.*

C Les verbes auxiliaires

299 Les verbes **auxiliaires** sont des verbes qui, dépouillant leur signification propre, servent à former les temps composés (Bu § 810).

Les verbes auxiliaires par excellence sont **avoir** et **être** :

J'**ai** chanté, il **avait** parlé, je **suis** venu, tu **étais** parti.

Remarques

Le verbe *être* n'est pas auxiliaire :

1° Quand il relie l'attribut au sujet :
L'homme **est** mortel.

2° Quand il signifie «exister, se trouver, aller, appartenir»; dans ces divers sens, il peut avoir un complément :
Je pense, donc je **suis**.   Ma mère **est** au bureau.
J'**ai été** à Rome.   Cette maison **est** à moi.

---

300 À côté des auxiliaires *avoir* et *être,* il faut mentionner quelques verbes qui sont auxiliaires lorsque, suivis d'un infinitif, ils servent à marquer certains aspects du développement de l'action [**voir § 298**] ou à exprimer certaines nuances de mode (Bu § 814) :

Je **vais** partir (futur proche).
Il **vient de** partir (passé récent).

5 Le verbe

Une femme **vint à** passer (fait fortuit).
C'est lui qui **doit** avoir commis ce crime (fait probable), etc.

301 Se conjuguent avec **être** (Ⓑᵤ § 812) :

1° Tous les temps des verbes **passifs**[1] :
Je **suis** félicitée. Ils **ont été** reçus.

2° Les temps composés de tous les verbes **pronominaux** :
Il s'**est** trompé. Ils se **sont** évanouis.

3° Les temps composés de quelques verbes **intransitifs** exprimant, pour la plupart, un mouvement ou un changement d'état :

aller	échoir	naître	rester	venir
arriver	éclore	partir	retourner	revenir
décéder	entrer	repartir	sortir	parvenir
devenir	mourir	rentrer	tomber	survenir

Je **suis** arrivée hier.
Elles **sont** rentrées depuis peu.
Ils **sont** tombés de haut.

302 Se conjuguent avec **avoir** (Ⓑᵤ § 811) :

1° Les verbes **avoir** et **être** :
J'**ai** eu, j'**ai** été.

2° Tous les verbes **transitifs** (directs ou indirects) :
Mais j'**ai** fait un pas, un seul pas en avant. Et cette fois, sans se soulever, l'Arabe **a** tiré son couteau qu'il m'**a** présenté dans le soleil. (A. Camus)
Ils **ont** obéi à leurs parents.

3° La plupart des verbes **intransitifs** :
Elle **a** parlé. J'**ai** couru. J'**ai** tremblé.

4° Tous les verbes **impersonnels** proprement dits :
Il **a** plu, il **a** neigé.

---

1. Strictement parlant, dans les formes passives, *être* n'est pas un auxiliaire, car il n'abandonne pas sa valeur ordinaire de verbe servant à joindre l'attribut au sujet ; d'autre part, il ne perd pas sa valeur temporelle. Comparez : Je **suis** félicité, je **suis** parti. Dans la première phrase, *suis* joint *félicité* au sujet et marque un présent : ce n'est pas un auxiliaire. Dans la seconde, *suis* ne joint plus l'attribut au sujet et n'a plus sa valeur de présent : c'est un auxiliaire qui sert à marquer un passé.

> **R̲emarque**
>
> Avec les verbes pris impersonnellement [voir § 288, b], on emploie le même auxiliaire que dans la conjugaison personnelle de ces verbes:
> *Il **est** arrivé un malheur. Il **aurait** convenu de partir.*

303 C'est une règle traditionnelle que certains verbes intransitifs ou pris intransitivement se conjuguent avec *avoir* quand ils expriment l'action – et avec *être* quand ils expriment l'état résultant de l'action accompli (🄑 § 813):

aborder	cesser	déménager	empirer	passer
accourir	changer	descendre	expirer	ressusciter
accroître	déborder	diminuer	grandir	vieillir, etc.
apparaître	déchoir	disparaître	monter	
baisser	dégénérer	embellir	paraître	

*La voiture **a** passé à six heures.*
*La voiture **est** passée depuis dix minutes.*
*Depuis lors elle **a** déchu de jour en jour.*
*Il y a longtemps qu'il **est** déchu de ce droit.*

> **N̲.B.**
>
> En fait, la plupart de ces verbes ne se conjuguent qu'avec *avoir*: *Il **a** changé, déchu, embelli, grandi, vieilli...*; quand ils prennent *être*, c'est que le participe passé est employé comme un simple adjectif: *Il **est** changé, déchu, embelli, grandi, vieilli...*
>
> D'autre part, pour plusieurs de ces verbes (*descendre, monter, passer, ressusciter...*), l'usage, sans distinguer l'action d'avec l'état, a fait prévaloir l'auxiliaire *être*: *Je **suis** passé, monté, descendu à six heures,* sauf s'ils sont construits transitivement (*J'**ai** descendu vos valises*).

▣ La conjugaison

1. Les conjugaisons principales

304 C'est une tradition de diviser les verbes en quatre classes ou **conjugaisons**, d'après les terminaisons **-er, -ir, -oir, -re**, de l'infinitif présent (Ⓑ § 822).

Parmi les verbes en *-ir,* les uns allongent leur radical par l'insertion de la syllabe *-iss-* :
au présent (plur.) de l'indicatif: *Nous fin-**iss**-ons,* etc.;
à l'imparfait de l'indicatif: *Je fin-**iss**-ais,* etc.;
au présent (plur.) de l'impératif: *Fin-**iss**-ons, fin-**iss**-ez* ;
au présent du subjonctif: *Que je fin-**iss**-e,* etc.,
au présent du participe: *Fin-**iss**-ant.*

Les autres verbes en *-ir* ne présentent pas cet allongement:
> *Nous sent-ons, je sent-ais,* etc.

Ainsi, en dédoublant la conjugaison en *-ir,* on a cinq classes:

Conjugaison	Type
1re	**aimer**
2e A	**finir**
2e B	**sentir**
3^{e}	**recevoir**
4^{e}	**rendre**

305 Les verbes en *-er* constituent la vraie conjugaison régulière en français; ce sont de beaucoup les plus nombreux: on en compte plus de 5.000, c'est-à-dire à peu près les neuf dixièmes des verbes que possède le français.

Les verbes en *-ir* dont le participe présent est en *-issant* ne dépassent guère le nombre de 300.

Le reste comprend: une trentaine de verbes en *-ir* dont le participe présent n'est pas en *-issant,* une trentaine en *-oir* et une centaine en *-re.*

Les verbes de création nouvelle sont plus formés sur la conjugaison en *-er* : *formater, vampiriser, doper, informatiser, squatter, flipper,* etc.; rarement sur la conjugaison en *-ir (-issant)* : *amerrir, alunir* ; c'est pourquoi ces deux conjugaisons sont dites **vivantes**. Quant à la conjugaison en *-ir* (sans *-iss-*), en *-oir* ou en *-re,* non seulement elle ne s'enrichit plus d'aucun verbe nouveau, mais elle s'appauvrit peu à peu ; c'est pourquoi elle est appelée conjugaison **morte**[1].

---

1. D'après cela, il paraîtrait logique de ne présenter comme tableaux de conjugaison (les tableaux des verbes *avoir* et *être* mis à part) que celui des verbes en *-er* (type : **aimer**) et celui des verbes en *-ir,* avec insertion de *-iss-* à certaines formes (type : **finir**).

Pour les autres verbes, dont beaucoup subissent des modifications de radical à certaines personnes, à certains temps, à certains modes, on pourrait admettre des groupements selon certaines particularités communes, mais cela ne présenterait, au point de vue pédagogique, qu'une utilité discutable. Le plus pratique serait encore, semble-t-il, de faire observer les similitudes existant, dans la conjugaison de ces verbes, entre certaines formes **[voir §§ 321 et suiv.].**

N.B.

C'est une vieille tradition que celle qui répartit les verbes en quatre conjugaisons (en *-er,* en *-ir,* en *-oir,* en *-re*), d'après la désinence de l'infinitif. Sans doute on peut préférer d'autres principes de classement. Mais, suivant l'opinion de certains, ils peuvent prêter, eux aussi, à bien des critiques et l'on voit les grammairiens hésiter entre plusieurs critères : la désinence de la première ou de la troisième personne de l'indicatif présent, le passé simple ou le participe passé passif, la fixité ou la modification du radical, etc. Devant une telle complication, devant la confusion et le désaccord qui en résultent, beaucoup préfèrent s'en tenir, pour des raisons de commodité, à la division qui fut longtemps en vigueur.

5 Le verbe

a) Les tableaux

306   Verbe AVOIR

Indicatif

Présent	Passé composé
J'ai	J'ai eu
Tu as	Tu as eu
Il a	Il a eu
Nous avons	Nous avons eu
Vous avez	Vous avez eu
Ils ont	Ils ont eu

Imparfait	Plus-que-parfait
J'avais	J'avais eu
Tu avais	Tu avais eu
Il avait	Il avait eu
Nous avions	Nous avions eu
Vous aviez	Vous aviez eu
Ils avaient	Ils avaient eu

Passé simple	Passé antérieur
J'eus	J'eus eu
Tu eus	Tu eus eu
Il eut	Il eut eu
Nous eûmes	Nous eûmes eu
Vous eûtes	Vous eûtes eu
Ils eurent	Ils eurent eu

Futur simple	Futur antérieur
J'aurai	J'aurai eu
Tu auras	Tu auras eu
Il aura	Il aura eu
Nous aurons	Nous aurons eu
Vous aurez	Vous aurez eu
Ils auront	Ils auront eu

Conditionnel

Présent [1]	Passé [2]
J'aurais	J'aurais eu
Tu aurais	Tu aurais eu
Il aurait	Il aurait eu
Nous aurions	Nous aurions eu
Vous auriez	Vous auriez eu
Ils auraient	Ils auraient eu

Impératif

Présent	Passé (rare)
Aie	Aie eu
Ayons	Ayons eu
Ayez	Ayez eu

Subjonctif

Présent	Passé
Que	Que
j'aie	j'aie eu
tu aies	tu aies eu
il ait	il ait eu
nous ayons	nous ayons eu
vous ayez	vous ayez eu
ils aient	ils aient eu

Imparfait	Plus-que-parfait
Que	Que
j'eusse	j'eusse eu
tu eusses	tu eusses eu
il eût	il eût eu
nous eussions	nous eussions eu
vous eussiez	vous eussiez eu
ils eussent	ils eussent eu

Infinitif

Présent	Passé
Avoir	Avoir eu

Participe

Présent	Passé
Ayant	Eu, eue
	Ayant eu

---

1. Ces formes sont aussi celles du *futur* du passé de l'indicatif.
2. Mêmes formes au *futur antérieur du passé* de l'indicatif. Une 2e forme du conditionnel passé. *J'eusse* eu n'est autre que celle du plus-que-parfait du subjonctif.

307 Verbe ÊTRE

Indicatif	
Présent	**Passé composé**
Je suis	J'ai été
Tu es	Tu as été
Il est	Il a été
Nous sommes	Nous avons été
Vous êtes	Vous avez été
Ils sont	Ils ont été
Imparfait	**Plus-que-parfait**
J'étais	J'avais été
Tu étais	Tu avais été
Il était	Il avait été
Nous étions	Nous avions été
Vous étiez	Vous aviez été
Ils étaient	Ils avaient été
Passé simple	**Passé antérieur**
Je fus	J'eus été
Tu fus	Tu eus été
Il fut	Il eut été
Nous fûmes	Nous eûmes été
Vous fûtes	Vous eûtes été
Ils furent	Ils eurent été
Futur simple	**Futur antérieur**
Je serai	J'aurai été
Tu seras	Tu auras été
Il sera	Il aura été
Nous serons	Nous aurons été
Vous serez	Vous aurez été
Ils seront	Ils auront été

Conditionnel	
Présent [1]	**Passé** [2]
Je serais	J'aurais été
Tu serais	Tu aurais été
Il serait	Il aurait été
Nous serions	Nous aurions été
Vous seriez	Vous auriez été
Ils seraient	Ils auraient été

Impératif	
Présent	**Passé (rare)**
Sois	Aie été
Soyons	Ayons été
Soyez	Ayez été

Subjonctif	
Présent	**Passé**
Que	Que
je sois	j'aie été
tu sois	tu aies été
il soit	il ait été
nous soyons	nous ayons été
vous soyez	vous ayez été
ils soient	ils aient été
Imparfait	**Plus-que-parfait**
Que	Que
je fusse	j'eusse été
tu fusses	tu eusses été
il fût	il eût été
nous fussions	nous eussions été
vous fussiez	vous eussiez été
ils fussent	ils eussent été

Infinitif	
Présent	**Passé**
Être	Avoir été

Participe	
Présent	**Passé**
Étant	Été
	Ayant été

---

1. Ces formes sont aussi celles du *futur* du passé de l'indicatif.
2. Mêmes formes au *futur antérieur du passé* de l'indicatif. Une 2e forme du conditionnel passé. *J'eusse eu* n'est autre que celle du plus-que-parfait du subjonctif.

5 Le verbe

308 Conjugaison active

Verbes en *-er*

Type : AIMER

Indicatif

Présent	*Passé composé*
J'aime	J'ai aimé
Tu aimes	Tu as aimé
Il aime	Il a aimé
Nous aimons	Nous avons aimé
Vous aimez	Vouz avez aimé
Ils aiment	Ils ont aimé

Imparfait	*Plus-que-parfait*
J'aimais	J'avais aimé
Tu aimais	Tu avais aimé
Il aimait	Il avait aimé
Nous aimions	Nous avions aimé
Vous aimiez	Vous aviez aimé
Ils aimaient	Ils avaient aimé

Passé simple	*Passé antérieur*
J'aimai	J'eus aimé
Tu aimas	Tu eus aimé
Il aima	Il eut aimé
Nous aimâmes	Nous eûmes aimé
Vous aimâtes	Vous eûtes aimé
Ils aimèrent	Ils eurent aimé

Futur simple	*Futur antérieur*
J'aimerai	J'aurai aimé
Tu aimeras	Tu auras aimé
Il aimera	Il aura aimé
Nous aimerons	Nous aurons aimé
Vous aimerez	Vous aurez aimé
Ils aimeront	Ils auront aimé

Conditionnel

Présent [1]	*Passé* [2]
J'aimerais	J'aurais aimé
Tu aimerais	Tu aurais aimé
Il aimerait	Il aurait aimé
Nous aimerions	Nous aurions aimé
Vous aimeriez	Vous auriez aimé
Ils aimeraient	Ils auraient aimé

Impératif

Présent	*Passé (rare)*
Aime	Aie aimé
Aimons	Ayons aimé
Aimez	Ayez aimé

Subjonctif

Présent	*Passé*
Que	Que
j'aime	j'aie aimé
tu aimes	tu aies aimé
il aime	il ait aimé
nous aimions	nous ayons aimé
vous aimiez	vous ayez aimé
ils aiment	ils aient aimé

Imparfait	*Plus-que-parfait*
Que	Que
j'aimasse	j'eusse aimé
tu aimasses	tu eusses aimé
il aimât	il eût aimé
nous aimassions	nous eussions aimé
vous aimassiez	vous eussiez aimé
ils aimassent	ils eussent aimé

Infinitif

Présent	*Passé*
Aimer	Avoir aimé

Participe

Présent	*Passé*
Aimant	Aimé, -ée
	Ayant aimé

---

1. Ces formes sont aussi celles du *futur* du passé de l'indicatif.
2. Mêmes formes au *futur antérieur du passé* de l'indicatif. Une 2e forme du conditionnel passé. *J'eusse* eu n'est autre que celle du plus-que-parfait du subjonctif.

309 Verbes en -ir

(avec participe présent en **-issant**) :

Type : FINIR

Indicatif

Présent
Je finis
Tu finis
Il finit
Nous fin-**iss**-ons
Vous fin-**iss**-ez
Ils fin-**iss**-ent

Passé composé
J'ai fini
Tu as fini
Il a fini
Nous avons fini
Vous avez fini
Ils ont fini

Imparfait
Je fin-**iss**-ais
Tu fin-**iss**-ais
Il fin-**iss**-ait
Nous fin-**iss**-ions
Vous fin-**iss**-iez
Ils fin-**iss**-aient

Plus-que-parfait
J'avais fini
Tu avais fini
Il avait fini
Nous avions fini
Vous aviez fini
Ils avaient fini

Passé simple
Je finis
Tu finis
Il finit
Nous finîmes
Vous finîtes
Ils finirent

Passé antérieur
J'eus fini
Tu eus fini
Il eut fini
Nous eûmes fini
Vous eûtes fini
Ils eurent fini

Futur simple
Je finirai
Tu finiras
Il finira
Nous finirons
Vous finirez
Ils finiront

Futur antérieur
J'aurai fini
Tu auras fini
Il aura fini
Nous aurons fini
Vous aurez fini
Ils auront fini

Conditionnel

Présent ¹
Je finirais
Tu finirais
Il finirait
Nous finirions
Vous finiriez
Ils finiraient

Passé ²
J'aurais fini
Tu aurais fini
Il aurait fini
Nous aurions fini
Vous auriez fini
Ils auraient fini

Impératif

Présent
Finis
Fin-**iss**-ons
Fin-**iss**-ez

Passé (rare)
Aie fini
Ayons fini
Ayez fini

Subjonctif

Présent
Que
je fin-**iss**-e
tu fin-**iss**-es
il fin-**iss**-e
nous fin-**iss**-ions
vous fin-**iss**-iez
ils fin-**iss**-ent

Passé
Que
j'aie fini
tu aies fini
il ait fini
nous ayons fini
vous ayez fini
ils aient fini

Imparfait
Que
je finisse
tu finisses
il finît
nous finissions
vous finissiez
ils finissent

Plus-que-parfait
Que
j'eusse fini
tu eusses fini
il eût fini
nous eussions fini
vous eussiez fini
ils eussent fini

Infinitif

Présent
Finir

Passé
Avoir fini

Participe

Présent
Fin-**iss**ant

Passé
Fini, -ie
Ayant fini

---

1. Ces formes sont aussi celles du *futur* du passé de l'indicatif.
2. Mêmes formes au *futur antérieur du passé* de l'indicatif. Une 2ᵉ forme du conditionnel passé. *J'eusse* eu n'est autre que celle du plus-que-parfait du subjonctif.

5 Le verbe

310 Verbes en *-ir*
(dont le part. prés. n'est pas en **-issant**) :

Type : SENTIR

Indicatif

Présent	Passé composé
Je sens	J'ai senti
Tu sens	Tu as senti
Il sent	Il a senti
Nous sentons	Nous avons senti
Vous sentez	Vous avez senti
Ils sentent	Ils ont senti

Imparfait	Plus-que-parfait
Je sentais	J'avais senti
Tu sentais	Tu avais senti
Il sentait	Il avait senti
Nous sentions	Nous avions senti
Vous sentiez	Vous aviez senti
Ils sentaient	Ils avaient senti

Passé simple	Passé antérieur
Je sentis	J'eus senti
Tu sentis	Tu eus senti
Il sentit	Il eut senti
Nous sentîmes	Nous eûmes senti
Vous sentîtes	Vous eûtes senti
Ils sentirent	Ils eurent senti

Futur simple	Futur antérieur
Je sentirai	J'aurai senti
Tu sentiras	Tu auras senti
Il sentira	Il aura senti
Nous sentirons	Nous aurons senti
Vous sentirez	Vous aurez senti
Ils sentiront	Ils auront senti

Conditionnel

Présent[1]	Passé[2]
Je sentirais	J'aurais senti
Tu sentirais	Tu aurais senti
Il sentirait	Il aurait senti
Nous sentirions	Nous aurions senti
Vous sentiriez	Vous auriez senti
Ils sentiraient	Ils auraient senti

Impératif

Présent	Passé (rare)
Sens	Aie senti
Sentons	Ayons senti
Sentez	Ayez senti

Subjonctif

Présent	Passé
Que	Que
je sente	j'aie senti
tu sentes	tu aies senti
il sente	il ait senti
nous sentions	nous ayons senti
vous sentiez	vous ayez senti
ils sentent	ils aient senti

Imparfait	Plus-que-parfait
Que	Que
je sentisse	j'eusse senti
tu sentisses	tu eusses senti
il sentît	il eût senti
nous sentissions	nous eussions senti
vous sentissiez	vous eussiez senti
ils sentissent	ils eussent senti

Infinitif

Présent	Passé
Sentir	Avoir senti

Participe

Présent	Passé
Sentant	Senti, -ie
	Ayant senti

1. Ces formes sont aussi celles du *futur* du passé de l'indicatif.
2. Mêmes formes au *futur antérieur du passé* de l'indicatif. Une 2ᵉ forme du conditionnel passé. *J'eusse eu* n'est autre que celle du plus-que-parfait du subjonctif.

Type : RECEVOIR

Indicatif

Présent	*Passé composé*
Je reçois	J'ai reçu
Tu reçois	Tu as reçu
Il reçoit	Il a reçu
Nous recevons	Nous avons reçu
Vous recevez	Vous avez reçu
Ils reçoivent	Ils ont reçu

Imparfait	*Plus-que-parfait*
Je recevais	J'avais reçu
Tu recevais	Tu avais reçu
Il recevait	Il avait reçu
Nous recevions	Nous avions reçu
Vous receviez	Vous aviez reçu
Ils recevaient	Ils avaient reçu

Passé simple	*Passé antérieur*
Je reçus	J'eus reçu
Tu reçus	Tu eus reçu
Il reçut	Il eut reçu
Nous reçûmes	Nous eûmes reçu
Vous reçûtes	Vous eûtes reçu
Ils reçurent	Ils eurent reçu

Futur simple	*Futur antérieur*
Je recevrai	J'aurai reçu
Tu recevras	Tu auras reçu
Il recevra	Il aura reçu
Nous recevrons	Nous aurons reçu
Vous recevrez	Vous aurez reçu
Ils recevront	Ils auront reçu

Conditionnel

Présent [1]	*Passé* [2]
Je recevrais	J'aurais reçu
Tu recevrais	Tu aurais reçu
Il recevrait	Il aurait reçu
Nous recevrions	Nous aurions reçu
Vous recevriez	Vous auriez reçu
Ils recevraient	Ils auraient reçu

Impératif

Présent	*Passé (rare)*
Reçois	Aie reçu
Recevons	Ayons reçu
Recevez	Ayez reçu

Subjonctif

Présent	*Passé*
Que	Que
je reçoive	j'aie reçu
tu reçoives	tu aies reçu
il reçoive	il ait reçu
nous recevions	nous ayons reçu
vous receviez	vous ayez reçu
ils reçoivent	ils aient reçu

Imparfait	*Plus-que-parfait*
Que	Que
je reçusse	j'eusse reçu
tu reçusses	tu eusses reçu
il reçût	il eût reçu
nous reçussions	nous eussions reçu
vous reçussiez	vous eussiez reçu
ils reçussent	ils eussent reçu

Infinitif

Présent	*Passé*
Recevoir	Avoir reçu

Participe

Présent	*Passé*
Recevant	Reçu, -ue
	Ayant reçu

---

1. Ces formes sont aussi celles du *futur* du passé de l'indicatif.
2. Mêmes formes au *futur antérieur du passé* de l'indicatif. Une 2ᵉ forme du conditionnel passé. *J'eusse* eu n'est autre que celle du plus-que-parfait du subjonctif.

5 Le verbe

312 Verbes en -*re*

Type : RENDRE			

Indicatif

Présent	**Passé composé**
Je rends	J'ai rendu
Tu rends	Tu as rendu
Il rend	Il a rendu
Nous rendons	Nous avons rendu
Vous rendez	Vous avez rendu
Ils rendent	Ils ont rendu

Imparfait	**Plus-que-parfait**
Je rendais	J'avais rendu
Tu rendais	Tu avais rendu
Il rendait	Il avait rendu
Nous rendions	Nous avions rendu
Vous rendiez	Vous aviez rendu
Ils rendaient	Ils avaient rendu

Passé simple	**Passé antérieur**
Je rendis	J'eus rendu
Tu rendis	Tu eus rendu
Il rendit	Il eut rendu
Nous rendîmes	Nous eûmes rendu
Vous rendîtes	Vous eûtes rendu
Ils rendirent	Ils eurent rendu

Futur simple	**Futur antérieur**
Je rendrai	J'aurai rendu
Tu rendras	Tu auras rendu
Il rendra	Il aura rendu
Nous rendrons	Nous aurons rendu
Vous rendrez	Vous aurez rendu
Ils rendront	Ils auront rendu

Conditionnel

Présent [1]	**Passé** [2]
Je rendrais	J'aurais rendu
Tu rendrais	Tu aurais rendu
Il rendrait	Il aurait rendu
Nous rendrions	Nous aurions rendu
Vous rendriez	Vous auriez rendu
Ils rendraient	Ils auraient rendu

Impératif

Présent	**Passé (rare)**
Rends	Aie rendu
Rendons	Ayons rendu
Rendez	Ayez rendu

Subjonctif

Présent	**Passé**
Que	Que
je rende	j'aie rendu
tu rendes	tu aies rendu
il rende	il ait rendu
nous rendions	nous ayons rendu
vous rendiez	vous ayez rendu
ils rendent	ils aient rendu

Imparfait	**Plus-que-parfait**
Que	Que
je rendisse	j'eusse rendu
tu rendisses	tu eusses rendu
il rendît	il eût rendu
nous rendissions	nous eussions rendu
vous rendissiez	vous eussiez rendu
ils rendissent	ils eussent rendu

Infinitif

Présent	**Passé**
Rendre	Avoir rendu

Participe

Présent	**Passé**
Rendant	Rendu, -ue
	Ayant rendu

1. Ces formes sont aussi celles du *futur* du passé de l'indicatif.
2. Mêmes formes au *futur antérieur du passé* de l'indicatif. Une 2ᵉ forme du conditionnel passé. *J'eusse* eu n'est autre que celle du plus-que-parfait du subjonctif.

Le verbe

313 Conjugaison des verbes intransitifs qui prennent l'auxiliaire *être*

Ⓝ.B.

Les verbes dont il s'agit ici comprennent:

1° quelques verbes intransitifs exprimant pour la plupart un mouvement ou un changement d'état [voir § 301, 3°];
2° certains verbes intransitifs exprimant l'état résultant de l'action accomplie (précisions: [voir § 303]).

Type: TOMBER			
TEMPS SIMPLES		**TEMPS COMPOSÉS**	
Indicatif			
Présent:	Je tombe	*Passé composé:*	Je suis tombé
Imparfait:	Je tombais	*Plus-que-parfait:*	J'étais tombé
Passé simple:	Je tombai	*Passé antérieur:*	Je fus tombé
Futur simple:	Je tomberai	*Futur antérieur:*	Je serai tombé
Conditionnel			
Présent[1]:	Je tomberais	*Passé[2]:*	Je serais tombé
Impératif			
Présent:	Tombe	*Passé:*	Sois tombé
Subjonctif			
Présent:	Que je tombe	*Passé:*	Que je sois tombé
Imparfait:	Que je tombasse	*Plus-que-parf.:*	Que je fusse tombé
Infinitif			
Présent:	Tomber	*Passé:*	Être tombé
Participe			
Présent:	Tombant	*Passé:*	Tombé, -ée
			Étant tombé
		Futur (rare):	Devant tomber

---

1. Ces formes sont aussi celles du *futur du passé de l'indicatif.*

2. Mêmes formes au *futur antérieur du passé.* Une seconde forme du conditionnel passé *Je fusse tombé* n'est autre que celle du plus-que-parfait du subjonctif.

b) Remarques orthographiques

314 La **1ʳᵉ personne du singulier** se termine :

– Par **-e** à l'indicatif présent de tous les verbes en *-er* et des verbes *assaillir, couvrir* (et ses composés), *cueillir* (et ses composés), *défaillir, offrir, ouvrir* (et ses composés), *souffrir, tressaillir* ; ainsi qu'aux temps simples du subjonctif de tous les verbes (sauf *que je sois*) **(Bu § 794)** :

> *Je marche, j'ouvre, que je cède, que je vinsse.*

– Par **-s** à l'indicatif présent et au passé simple de tous les verbes autres que les verbes en *-er*, ainsi qu'à l'imparfait de l'indicatif et au conditionnel de tous les verbes :

> *Je finis, je reçois, je rends ; je dormis, je reçus, je sentis ;*
> *je pensais, je disais, je chanterais, je croirais.*

> **℞emarque**
>
> Dans *je peux, je vaux* (et composés), *je veux*, on a un *x*.

– Par **-ai** dans *j'ai*, ainsi qu'au futur simple de tous les verbes et au passé simple de tous les verbes en *-er* :

> *J'aimerai, je prendrai, j'aimai.*

315 La **2ᵉ personne du singulier** se termine par **-s** **(Bu § 795)** :

> *Tu chantes, tu fus, tu lirais.*

Excepté : Dans *tu peux, tu vaux* (et composés), *tu veux*, où l'on a un *-x*, et à l'impératif des verbes en *-er* (sauf *aller*) et des verbes *assaillir, couvrir* (et ses composés), *cueillir* (et ses composés), *défaillir, offrir, ouvrir* (et ses composés), *souffrir, tressaillir, savoir, vouloir*, où l'on a un *e* :

> *Plante, couvre, sache.*

La 2ᵉ personne de l'impératif de *aller* est *va*.

> **℞emarque**
>
> La 2ᵉ personne du singulier de l'impératif de tous les verbes en *-er*, et des verbes *assaillir, couvrir*, etc., prend un *s* final devant les pronoms *en, y*, non suivis d'un infinitif :
>
> *Plantes-en, penses-y, vas-y.* (Remarquez le trait d'union.)
>
> Mais devant les pronoms *en, y*, suivis d'un infinitif et devant la préposition *en*, on n'a ni *s* final ni trait d'union :
>
> ***Ose** en dire du bien. **Va** y mettre ordre.* ▼

▼

Va *en savoir des nouvelles.* (Académie)
Laisse *y porter remède.* *Parle* *en maître.*

Dans *va-t'en, retourne-t'en,* etc., on remarquera l'apostrophe : le *t,* en effet, n'est pas une consonne euphonique, comme dans *aime-t-il* **[voir § 345, Rem. 3],** c'est le pronom *te* dont l'*e* est élidé (comparez : *allez-vous-en*). Vu l'apostrophe, on se dispense de mettre le second trait d'union.

316 La **3ᵉ personne du singulier** se termine par **-t** (Ⓑ **§ 796**) :
Il finit, il part, il venait, il ferait.

Excepté

1° Dans *il a, il va, il vainc, il convainc.*

2° À l'indicatif présent des verbes en *-er* (sauf *aller*) et des verbes *assaillir, couvrir,* etc. **[voir § 314, 1°]** :
Elle envoie, elle couvre, elle offre.

3° Au subjonctif présent de tous les verbes (sauf *qu'il ait, qu'il soit*) :
Qu'il plante, qu'il tienne, qu'il reçoive, qu'il rende.

4° Au futur simple de tous les verbes :
Elle chantera, elle finira, elle rendra.

5° Au passé simple de tous les verbes en *-er* :
Il chanta, il alla.

6° À l'indicatif présent des verbes en *-dre* (sauf *-indre, -soudre*) :
Elle rend, elle fond, elle mord. Mais : Elle plaint, elle résout, etc.

317 La **1ʳᵉ personne du pluriel** se termine par **-ons** (Ⓑ **§ 797**) :
Nous plantons, nous suivrons, nous rendrions ;

sauf au passé simple de tous les verbes et à l'indicatif présent du verbe *être,* où la finale est **-mes** :
Nous eûmes, nous planâmes, nous sommes.

318 La **2ᵉ personne du pluriel** se termine par **-ez** (Ⓑ **§ 798**) :
Vous avez, vous chantez, vous lisiez, que vous veniez ;

sauf au passé simple de tous les verbes et à l'indicatif présent de *être, dire, redire, faire* (et composés), où la finale est **-tes** :
Vous êtes, vous dites, vous faites.

319 La **3ᵉ personne du pluriel** se termine par **-ent** (Ⓑ **§ 799**) :
Ils chantent, ils finissaient, ils suivraient ;

sauf au futur simple de tous les verbes et à l'indicatif présent de *avoir, être, faire* (et ses composés), *aller*, où la finale est **-ont** :

*Ils planter**ont**, ils recevr**ont**, ils **ont**, ils **s**ont, ils **f**ont, ils contref**ont**, ils **v**ont.*

c) Les finales des temps

320 En général, les finales des temps sont semblables dans la conjugaison des verbes en *-er* et dans celle des autres verbes ; elles ne diffèrent qu'au singulier de l'indicatif présent, du passé simple et de l'impératif présent, comme le fait voir le tableau suivant :

		SINGULIER			PLURIEL		
		1re pers.	2e pers.	3e pers.	1re pers.	2e pers.	3e pers.
Indicatif							
Présent	verbes en -*er*	e	es	e	ons	ez	ent
	autres verbes	s	s	t (ou *d*)	ons	ez	ent
Imparfait	tous les verbes	ais	ais	ait	ions	iez	aient
Passé s.	verbes en -*er*	ai	as	a	âmes	âtes	èrent
	autres verbes	is us	is us	it ut	îmes ûmes	îtes ûtes	irent urent
Futur s.	tous les verbes	rai	ras	ra	rons	rez	ront
Conditionnel							
Présent	tous les verbes	rais	rais	rait	rions	riez	raient
Impératif							
Présent	verbes en -*er*	–	e	–	ons	ez	–
	autres verbes	–	s	–	ons	ez	–
Subjonctif							
Présent	tous les verbes	e	es	e	ions	iez	ent
Imparfait	verbes en -*er*	asse	asses	ât	assions	assiez	assent
	autres verbes	isse usse	isses usses	ît ût	issions ussions	issiez ussiez	issent ussent
Infinitif							
Présent			er	ir	oir	re	
Participe							
Présent (et gér.)	tous les verbes		ant				
Passé	verbes en -er		é				
	autres verbes		i, u, s, t				

d) Similitudes entre certaines formes verbales

321 Il y a entre certaines formes verbales des similitudes bonnes à remarquer, dans l'étude du mécanisme de la conjugaison.

322 À la 2ᵉ personne du singulier de l'**indicatif présent** et de l'**impératif présent**, on a des formes semblables. Toutefois, dans les verbes en -er et dans certains verbes en -ir (*assaillir, couvrir, cueillir,* etc. : [voir § 314, 1°]), la 2ᵉ personne du singulier a un s final à l'indicatif présent, et elle n'en a pas à l'impératif présent (à moins que ce ne soit devant les pronoms *en, y,* non suivis d'un infinitif : [voir § 315, Rem.] (Ⓑ § 805) :

Tu finis. Finis. Tu reçois. Reçois. Tu rends. Rends.
Mais : *Tu aimes. Aime.*

323 À la 1ʳᵉ et à la 2ᵉ personne du pluriel de l'**indicatif présent** et de l'**impératif présent**, on a des formes semblables ; excepté *avoir* et *être* (qui empruntent au subjonctif présent les deux personnes du pluriel de leur impératif présent), *savoir* et *vouloir* (Ⓑ § 805) :

Nous aimons. Aimons. Vous aimez. Aimez.
Mais : *Que nous ayons. Ayons. Que vous ayez. Ayez.*
Que nous soyons. Soyons. Que vous soyez. Soyez.
Nous savons, que nous sachions, sachons. Vous voulez, que vous vouliez, voulez ou veuillez.

324 Le pluriel de l'**indicatif présent**, de l'**impératif présent**, du **subjonctif présent,** ainsi que l'**indicatif imparfait** et le **participe présent** ont le même radical (il n'y a que quelques exceptions : *faire, savoir, vouloir, pouvoir...*) :

*Nous **recev**ons. **Recev**ons. Que nous **recev**ions. Nous **recev**ions. **Recev**ant.*
*Nous **plaign**ons. **Plaign**ons. Que nous **plaign**ions. Nous **plaign**ions.*
***Plaign**ant.*

325 La 1ʳᵉ personne du singulier du **subjonctif imparfait** présente la forme de la 2ᵉ personne du singulier du **passé simple** augmentée de -se (Ⓑ § 804) :

Tu aimas. Que j'aimas-se.   *Tu pris. Que je pris-se.*
Tu reçus. Que je reçus-se.   *Tu vins. Que je vins-se.*

326 Dans le **futur simple** et dans le **conditionnel présent,** généralement on retrouve la forme de l'**infinitif**, à laquelle se sont ajoutées les désinences -ai, -as, -a, -ons, -ez, -ont, pour le futur simple, et -ais, -ais, -ait, -ions, -iez, -aient, pour le conditionnel présent (Ⓑ § 809) :

J'aimer-ai, tu aimer-as...   *J'aimer-ais, tu aimer-ais...*
Je finir-ai, tu finir-as...   *Je finir-ais, tu finir-ais...*

Ⓡemarques

1. Dans les verbes autres que les verbes en -er, on observe de fréquentes altérations du radical: *Ten-ir, je tiendr-ai, je tiendr-ais. Sav-oir, je saur-ai, je saur-ais. Pouv-oir, je pourr-ai, je pourr-ais.*
2. Dans les verbes en -re, l'e final de l'infinitif a disparu devant les désinences -ai, as... ou -ais, -ais...: *Rendre, je rendr-ai, je rendr-ais.*
3. Les désinences du futur simple et du conditionnel présent ne sont autres que les formes du présent ou de l'imparfait de l'indicatif du verbe *avoir (avons, avez, avais, avait, avions, aviez, avaient, ont été réduits, à ons, ez, ais, ait, ions, iez, aient)*; ainsi *j'aimerai, j'aimerais,* étaient, à l'origine: *aimer ai* (c.-à-d. j'ai à aimer), *aimer ais* (c.-à-d. j'avais à aimer).

e) Remarques sur la conjugaison de certains verbes

Verbes en -er (Ⓑⓤ § 790-791)

327 Les verbes en **-cer** prennent une cédille sous le *c* devant *a* et *o*, afin de conserver au *c* la même prononciation [s] qu'à l'infinitif:

Nous avançons, je plaçais, il acquiesça.

328 Les verbes en **-ger** prennent un *e* après le *g* devant *a* et *o*, afin de conserver au *g* la même pronociation [ʒ] qu'à l'infinitif:

Je partageais, songeant, nous mangeons.

329 Les verbes qui ont un **e muet** [ə] à l'avant-dernière syllabe de l'infinitif changent cet [ə] en [ɛ] (écrit è) devant une syllabe muette:

Semer, je sème, je sèmerai.

Le plus grand nombre des verbes en **-eler** et en **-eter** redoublent la consonne *l* ou *t* devant un *e* muet [ə]:

Appeler, j'appelle.	*Harceler, je harcelle.*
Caqueter, je caquette.	*Jeter, je jette.*
Colleter, je collette.	*Souffleter, je soufflette.*
Épousseter, j'époussette.	*Voleter, je volette.*
Étiqueter, j'étiquette.	

Au lieu de redoubler *l* ou *t*, les verbes suivants, selon l'Académie, changent le [ə] écrit *e* en [ɛ] (écrit *è*) devant une syllabe muette[1] :

acheter	receler	démanteler	congeler	marteler
racheter	ciseler	écarteler	dégeler	modeler
celer	corseter	fureter	regeler	peler
déceler	crocheter	geler	haleter	épeler

J'achète. Elle cisèle. Tu furètes. Nous crochèterons. Il halète.

330 Les verbes qui ont un [e] (écrit *é*) à l'avant-dernière syllabe de l'infinitif changent cet [e] en [ɛ] (écrit *è*) devant une syllabe muette *finale*. Au futur et au conditionnel, ils gardent donc, dans l'écriture, l'*é* avec accent aigu, mais cet *é* se prononce [ɛ][2] :

Altérer, j'altère, j'altérerai.
Révéler, je révèle, je révélerais.

Remarque

Les verbes en **-éer** conservent l'*é* dans toute leur conjugaison :
Créer, je crée, je créerai.

---

331 Les verbes en **-yer** changent l'*y* en *i* devant un *e* muet :
Employer, j'emploie, j'emploierai.
Ennuyer, tu ennuies, il ennuiera.

Les verbes en **-ayer** *peuvent* conserver l'*y* dans toute leur conjugaison :
Payer, je paye (prononcé [pɛj]) *ou je paie* (prononcé [pɛ]).

Remarque

Les verbes en **-eyer** conservent toujours l'*y* : *Je grasseye.*

---

332 Dans les verbes qui se terminent au participe présent par **-iant,** **-yant, -llant** (*l* mouillés), **-gnant,** – sauf *avoir* – on a, aux deux premières

---

1. Les propositions de rectification orthographique avancées en 1990 étendent cette règle à l'ensemble des verbes en *-eler* et en *-eter*, à l'exception d'*appeler* et de *jeter* et des verbes de leur famille **[voir § 500]**.
2. Ces mêmes propositions suggèrent d'aligner l'écriture sur la prononciation, et donc d'écrire *-è* ce qui se prononce [ɛ]. Cet usage est d'ailleurs adopté par l'Académie depuis 1992, qui ne donne plus que les formes avec *è*.

personnes du pluriel de l'indicatif imparfait et du subjonctif présent un **i** après l'*i*, ou après l'*y*, ou après l'*l* mouillé, ou après l'*n* mouillé du radical:

Crier, cri-ant.	*Nous criions, vous criiez, que nous criions, que vous criiez.*
Rire, ri-ant.	*Nous riions, vous riiez, que nous riions, que vous riiez.*
Envoyer, envoy-ant.	*Nous envoyions, vous envoyiez, que nous envoyions, que vous envoyiez.*
Travailler, travaill-ant.	*Nous travaillions, vous travailliez, que nous travaillions, que vous travailliez.*
Régner, régn-ant.	*Nous régnions, vous régniez, que nous régnions, que vous régniez.*

Verbes en -ir

333 **Bénir** a deux participes passés:

a) **Bénit, bénite**, se dit de certaines *choses* consacrées par une bénédiction rituelle, mais s'emploie uniquement comme *adjectif* (épithète ou attribut) (**Bu** § 808):

De l'eau **bénite**. Du pain **bénit**.

*Je veux qu'une branche **bénite** orne ma chambre.* (Fr. Jammes)

b) **Béni, bénie**, s'emploie:

1° Dans tous les cas où le mot n'indique pas une bénédiction rituelle:

*C'était le jour **béni** de ton premier baiser.* (S. Mallarmé)

*J'ai ressenti au contraire un sentiment de force et d'accomplissement. Le même qu'hier, quand elle a affronté et **béni** sa sœur. Pourquoi **béni**? C'est le mot qui jaillit de ses entrailles.* (H. Bauchau)

*Ce roi est **béni** par son peuple.* (É. Littré)

2° Même dans les cas où il s'agit d'une bénédiction rituelle, chaque fois que le mot est appliqué à des *personnes* et chaque fois qu'il est pris, non pas comme adjectif, mais comme *verbe*[1]:

*Le prêtre a **béni** les cierges. Le mariage a été **béni**.*

*Un chapelet **béni** par le pape.* (M. Barrès)

334 **Fleurir**, au sens propre, fait à l'imparfait de l'indicatif *fleurissais*, et au participe présent ou adjectif verbal *fleurissant* (**Bu** § 792):

*Les pommiers **fleurissaient**.*

*Un pré plein d'herbe et **fleurissant**.* (J. de La Fontaine)

---

1. Dans des cas où il s'agit d'une bénédiction rituelle, on trouve parfois, il est vrai, *bénit* employé comme *verbe*, mais seulement au sens passif: *Les drapeaux ont été bénits.* (Académie)

Dans le sens figuré de «prospérer», il fait souvent *florissait* à l'imparfait de l'indicatif, et presque toujours *florissant* au participe présent; l'adjectif verbal est toujours *florissant*:

> *Les sciences et les beaux-arts **fleurissaient** ou **florissaient***
> *sous le règne de ce prince.* (Académie)
> *Dans le cours d'un règne **florissant**.* (J. Racine)
> *Un santé **florissante**.*

335 **Haïr** perd le tréma au singulier de l'indicatif présent et de l'impératif présent (**Bu** § 837):

> *Je hais* [ʒəɛ], *tu hais, il hait. Hais.*

Au passé simple et à l'imparfait du subjonctif, à cause du tréma, on écrit sans accent circonflexe: *nous haïmes, vous haïtes, qu'il haït* [ai] (formes d'ailleurs à peu près inusitées).

Verbes en *-oir* et en *-re*

336 Les participes passés **dû, redû, mû, crû** (de *croître*), **recrû** (de *recroître*) ont l'accent circonflexe au masculin singulier seulement (**Bu** § 808):

> *L'honneur dû. Mû par l'intérêt. La rivière a crû.*
> Mais: *La somme due. Ils sont mus par l'intérêt.*

> ℜemarque
>
> **Dû** comme nom prend l'accent circonflexe: *Je réclame mon **dû**.*
> On écrit sans accent circonflexe: *accru, décru, ému, indu, promu,*
> *recru* (au sens de «très fatigué, harassé»).

337 Les verbes en **-indre** et en **-soudre** ne gardent le *d* que devant un *r*, c'est-à-dire au futur simple et au conditionnel présent (donc en particulier, pas de *d* au singulier du présent de l'indicatif ou de l'impératif) (**Bu** § 793):

> *Peindre, je peins, tu peins, il peint; peins; je peindrai; je peindrais.*
> *Résoudre, je résous, tu résous, il résout; résous; je résoudrai; je résoudrais.*

Dans les verbes en *-indre*, les consonnes *-nd-* se changent en *-gn-* (c'est-à-dire [ɲ]) devant une voyelle:

> *Peindre, nous peignons, je peignais, peignant,* etc.

338 **Battre, mettre** et leurs composés ne gardent qu'un *t* au singulier du présent de l'indicatif et de l'impératif (**Bu** § 848-849):

> *Mettre, je mets, tu mets, il met; mets.*

5 Le verbe

339 Au singulier du présent de l'indicatif et de l'impératif, la consonne finale du radical de l'indicatif se maintient (**Bu** § 793) :

1° Dans les verbes en **-dre** (autres que les verbes en *-indre* et en *-soudre*) :

Pren*dre*, je pren**ds**, tu pren**ds**, il pren**d** ; pren**ds**.

Répon*dre*, je répon**ds**, tu répon**ds**, il répon**d** ; répon**ds**.

Répan*dre*, je répan**ds**, tu répan**ds**, il répan**d** ; répan**ds**.

Mor*dre*, je mor**ds**, tu mor**ds**, il mor**d** ; mor**ds**.

Mou*dre*, je mou**ds**, tu mou**ds**, il mou**d** ; mou**ds**.

2° Dans **vaincre, rompre** et dans les composés de ces verbes :

Vain*cre*, je vain**cs**, tu vain**cs**, il vain**c** ; vain**cs**.

Rom*pre*, je rom**ps**, tu rom**ps**, il rom**pt** ; rom**ps**.

340 Les verbes en **-aître** et en **-oître** ont l'accent circonflexe sur l'*i* du radical chaque fois que cette voyelle est suivie d'un *t*[1] (**Bu** § 793) :

Il paraî*t*, je paraî*trai*, tu paraî*tras*, etc.

Il accroî*t*, j'accroî*trai*, etc.

Mais sans accent circonflexe :

Je parais, tu parais, etc. ; j'accrois, tu accrois, etc. ; je décrois, tu décrois, etc.

> ## Remarque
>
> *Croître* a l'accent circonflexe non seulement quand *i* est suivi d'un *t*, mais chaque fois qu'une confusion serait possible avec une forme correspondante de *croire*.
>
> *Je croîs, tu croîs, il croît en sagesse.*
>
> *Je crûs, tu crûs, il crût, nous crûmes, vous crûtes, ils crûrent en science.*
>
> On écrit au passé simple : *J'accrus, tu accrus, il accrut, nous accrûmes, vous accrûtes, ils accrurent.* De même : *Je décrus, tu décrus,* etc. ; *je recrus, tu recrus,* etc. Et au participe passé : *accru, décru* **[voir § 336, Rem.]**

341 En général, dans les verbes en **-ire** (sauf *rire, sourire* et *écrire*), le pluriel du présent de l'indicatif, l'imparfait de l'indicatif, le présent du subjonctif, le passé simple, l'imparfait du subjonctif, ont un *s* sonore [z] entre le radical et la terminaison (**Bu** § 864) :

Conduire, condui-**s**-ant, nous condui-**s**-ons, je condui-**s**-ais,

que je condui-**s**-e, je condui-**s**-is, que je condui-**s**-isse.

---

1. Sauf si l'on choisit d'appliquer les rectifications orthographiques **[voir § 499]**.

Rire, sourire ne prennent aucune consonne entre le radical et la désinence ((Bu) § 867) :

> *Ri-ant, nous ri-ons, que nous ri-ions,* etc.

Écrire et ses composés ont un *v* entre le radical et la désinence aux temps indiqués ci-dessus ((Bu) § 859) :

> *Nous écri-**v**-ons, que je décri-**v**-e, il souscri-**v**-ait.*

f) La conjugaison passive

342 Pour conjuguer un verbe au passif, on fait suivre du participe passé simple de ce verbe tous les temps du verbe *être* ((Bu) § 827).

Verbe type: ÊTRE AIMÉ			
Indicatif			
Présent:	Je suis aimé	*Passé composé:*	J'ai été aimé
Imparfait:	J'étais aimé	*Plus-que-parfait:*	J'avais été aimé
Passé simple:	Je fus aimé	*Passé antérieur:*	J'eus été aimé
Futur simple:	Je serai aimé	*Futur antérieur:*	J'aurai été aimé
Conditionnel			
Présent[1]:	Je serais aimé	*Passé[2]:*	J'aurais été aimé
Impératif			
Présent:	Sois aimé		
Subjonctif			
Présent:	Que je sois aimé	*Passé:*	Que j'aie été aimé
Imparfait:	Que je fusse aimé	*Plus-que-parfait:*	Que j'eusse été aimé
Infinitif			
Présent:	Être aimé	*Passé:*	Avoir été aimé
		Futur (rare)*:*	Devoir être aimé
Participe			
Présent:	Étant aimé	*Passé:*	Aimé -e
			Ayant été aimé
		Futur (rare)*:*	Devant être aimé

---

1. Ces formes sont aussi celles du *futur du passé de l'indicatif.*

2. Mêmes formes au *futur antérieur du passé.* Une seconde forme du conditionnel passé *J'eusse été aimé* n'est autre que celle du plus-que-parfait du subjonctif.

343 **g) La conjugaison pronominale** (Bu § 828)

Verbe type : S'ENVOLER			
Indicatif			
Présent:	Je m'envole	*Passé composé:*	Je me suis envolé
Imparfait:	Je m'envolais	*Plus-que-parfait:*	Je m'étais envolé
Passé simple:	Je m'envolai	*Passé antérieur:*	Je me fus envolé
Futur simple:	Je m'envolerai	*Futur antérieur:*	Je me serai envolé
Conditionnel			
Présent[1]:	Je m'envolerais	*Passé[2]:*	Je me serais envolé
Impératif			
Présent:	Envole-toi		
Subjonctif			
Présent:	Que je m'envole	*Passé:*	Que je me sois envolé
Imparfait:	Que je m'envolasse	*Plus-que-parfait:*	Que je me fusse envolé
Infinitif			
Présent:	S'envoler	*Passé:*	S'être envolé
		Futur (rare):	Devoir s'envoler
Participe			
Présent:	S'envolant	*Passé:*	Envolé, -e S'étant envolé
		Futur (rare):	Devant s'envoler

---

1. Ces formes sont aussi celles du *futur du passé de l'indicatif.*

2. Mêmes formes au *futur antérieur du passé.* Une seconde forme du conditionnel passé *Je me fusse envolé* n'est autre que celle du plus-que-parfait du subjonctif.

ℝemarques

1. Pour les différentes valeurs des verbes pronominaux, **[voir § 287]**.

2. Les verbes pronominaux prennent toujours, aux temps composés, l'auxiliaire *être*
   [voir § 301, 2°] :
   *Je me **suis** trompé. Ils se **sont** battus. Elle s'**est** évanouie.*

3. Le pronom représentant le sujet du verbe pronominal se place avant le verbe ;
   aux temps composés, il se place avant l'auxiliaire. Ce pronom est atone.

   À l'impératif, ce pronom se place après le verbe : *Souviens-**toi**, Envolons-**nous**.*
   Il est alors tonique (sauf s'il perd son accent tonique au profit
   d'un monosyllabe faisant corps avec la forme verbale : *Souviens-toi bien.*
   Envolons-nous donc !).

344 **h) La conjugaison impersonnelle** (Ⓑⓤ § 829)

VERBE TYPE: NEIGER			
Indicatif			
Présent:	Il neige	*Passé composé:*	Il a neigé
Imparfait:	Il neigeait	*Plus-que-parfait:*	Il avait neigé
Passé simple:	Il neigea	*Passé antérieur:*	Il eut neigé
Futur simple:	Il neigera	*Futur antérieur:*	Il aura neigé
Conditionnel			
Présent[1]:	Il neigerait	*Passé*[2]:	Il aurait neigé
Subjonctif			
Présent:	Qu'il neige	*Passé:*	Qu'il ait neigé
Imparfait:	Qu'il neigeât	*Plus-que-parfait:*	Qu'il eût neigé
Infinitif			
Présent:	Neiger	*Passé:*	Avoir neigé
Participe			
Présent[3]:	Neigeant	*Passé:*	Neigé Ayant neigé

---

1. Ces formes sont aussi celles du *futur du passé de l'indicatif.*

2. Mêmes formes au *futur antérieur du passé.* Une seconde forme du conditionnel passé *Il eût neigé* n'est
   autre que celle du plus-que-parfait du subjonctif.

3. *Usité* seulement lorsque le verbe impersonnel est pris figurément. (**[voir § 288]**, a, Rem.)

i) La conjugaison interrogative (🅑 § 830)

345 Seuls le mode *indicatif* et le mode *conditionnel* peuvent prendre la forme interrogative.

> ### ℝemarques
>
> 1. Devant le pronom sujet en inversion, à la 1re personne du singulier, l'*e* s'écrit *é* et se prononce [ɛ] [1] :
>   *Aimé-je? Cueillé-je? Puissé-je.*
>
> 2. On n'admet pas, en général, l'inversion du sujet *je* à la 1re personne du singulier de l'indicatif présent, dans la conjugaison interrogative des verbes autres que les verbes en *-er*, sauf pour quelques verbes très usités :
>   *Ai-je? Dis-je? Dois-je? Fais-je? Puis-je? Suis-je?*
>   *Sais-je? Vais-je? Vois-je? Veux-je?*
>   ***Tiens-je*** *tellement à laisser un poème, un piège?* (F. Ponge)
>   Au lieu de *cours-je? mens-je?* etc., on dira : *Est-ce que je cours?* etc.
>
> 3. Devant les sujets, *il, elle, on,* en inversion, lorsque le verbe se termine par *e* ou *a*, on intercale la consonne euphonique [2] *t* (entre traits d'union) :
>   *Chante-t-il? Ira-t-elle? Viendra-t-on?*

346 Verbe AIMER conjugué interrogativement

Indicatif		
Présent:	Aimé-je? aimes-tu, ...	ou : Est-ce que j'aime?
Imparfait:	Aimais-je?	Est-ce que j'aimais?
Passé simple:	Aimai-je?	Est-ce que j'aimai?
Futur simple:	Aimerai-je?	Est-ce que j'aimerai?
Passé composé:	Ai-je aimé?	Est-ce que j'ai aimé?
Plus-que-parfait:	Avais-je aimé?	Est-ce que j'avais aimé?
Passé antér.:	Eus-je aimé?	Est-ce que j'eus aimé?
Futur antér.:	Aurai-je aimé?	Est-ce que j'aurai aimé?

---

1. Les rectifications orthographiques de 1990 proposent d'écrire *aimè-je* **[voir § 498]**.

2. «Euphonique», du moins selon le sentiment de l'usager ordinaire. La grammaire historique enseigne que ce *t* est dû à l'analogie avec des formes telles que *dit-il, sort-il, aimait-il.*

Conditionnel			
Présent:	Aimerais-je?	ou:	Est-ce que j'aimerais?
Passé:	Aurais-je aimé?		Est-ce que j'aurais aimé
	Eussé-je aimé?		(... j'eusse aimé)?

2. La conjugaison des verbes irréguliers et des verbes défectifs

347 a) **Les verbes irréguliers**

On appelle verbes **irréguliers** (Bu § 831):

1° Ceux qui, tout en gardant le même radical à tous les temps, présentent à certaines formes des particularités de terminaisons, par exemple:

Cueill-ir. Ind. pr. Je cueill-**e** (comme j'aim-**e**).

2° Ceux dont le radical ne reste pas le même à tous les temps, par exemple: tenir:

a) Radic. **tien-**:	Indic. pr.:	Je tiens, tu tiens, il tient, ils tiennent.
	Impér. pr.:	Tiens.
	Subj. pr.:	Que je tienne, que tu tiennes, qu'il tienne, qu'ils tiennent.
b) Radic. **ten-**:	Indic. pr.:	Nous tenons, vous tenez.
	Imparf.:	Je tenais, tu tenais, etc.
	Impér. pr.:	Tenons, tenez.
	Subj. pr.:	Que nous tenions, que vous teniez.
	Part. pr.:	Tenant.
	Part. pas.:	Tenu.
c) Radic. **tiend-**:	Futur s.:	Je tiendrai, tu tiendras, etc.
	Cond. pr.:	Je tiendrais, tu tiendrais, etc.
d) Radic. **tin-**:	Passé s.:	Je tins, tu tins, etc.
	Subj. imparf.:	Que je tinsse, que tu tinsses, etc.

209

348 **b) Les verbes défectifs (§ 876-877)**

On appelle verbes *défectifs* ceux qui ne sont pas usités à certains temps ou à certaines personnes; par exemple:
- *Absoudre* n'a ni passé simple ni subjonctif imparfait.
- *S'ensuivre* n'est usité qu'à l'infinitif et aux troisièmes personnes de chaque temps.
- *Gésir* ne s'emploie plus qu'au présent et à l'imparfait de l'indicatif et au participe présent.

349 **c) Liste alphabétique des verbes irréguliers et des verbes défectifs**

> **N.B.**
>
> On se dispense d'indiquer ici le *conditionnel:* chaque fois que le futur simple existe, le conditionnel existe aussi.

Abattre

Comme *battre.*

Absoudre

Ind. pr.: *J'absous, tu absous, il absout, nous absolvons, vous absolvez, ils absolvent.* • Imparf.: *J'absolvais.* • Passé s. (manque). • Fut.: *J'absoudrai.* • Impér.: *Absous, absolvons, absolvez.* • Subj. pr.: *Que j'absolve.* • Subjonct. imparf. (manque). • Part. pr.: *Absolvant.* • Part. pas.: *Absous, absoute.*

Abstenir (s')

Comme *tenir,* mais les temps composés prennent *être.*

Abstraire

Comme *traire.*

Accourir

Comme *courir.*

Accroire

N'est usité qu'à l'infin., précédé du verbe *faire: Il m'en fait accroire.*

Accroître

Ind. pr.: *J'accrois, tu accrois, il accroît, nous accroissons, vous accroissez, ils accroissent.* • Imparf.: *J'accroissais.* • Passé s.: *J'accrus, tu accrus, il accrut, nous accrûmes, vous accrûtes, ils accrurent.* • Fut.: *J'accroîtrai.* • Impér.: *Accrois, accroissons, accroissez.* • Subj. pr.: *Que j'accroisse.* • Subj. imp.: *Que j'accrusse.* • Part. pr.: *Accroissant.* • Part. pas.: *Accru, accrue* [voir § 340, Rem.]. • Aux temps composés, il prend *avoir* ou *être* selon la nuance de la pensée [voir § 303].

Accueillir

Comme *cueillir.*

Acquérir

Ind. pr.: *J'acquiers, tu acquiers, il acquiert, nous acquérons, vous acquérez, ils acquièrent.* • Imparf.: *J'acquérais.* • Passé s.: *J'acquis.* • Fut.: *J'acquerrai.* • Impér.: *Acquiers, acquérons, acquérez.* • Subj. pr.: *Que j'acquière, que tu acquières, qu'il acquière, que nous acquérions, que vous acquériez, qu'ils acquièrent.* • Subj. imp.: *Que j'acquisse.* • Part. pr.: *Acquérant.* • Part. pas.: *Acquis, acquise.*

Adjoindre

Comme *craindre.*

Admettre

Comme *mettre.*

Advenir

Comme *tenir,* mais n'est usité qu'à l'infinitif et aux troisièmes personnes, et prend *être* aux temps composés. • *Advenant* s'emploie dans les contrats, etc. au sens de « s'il arrive ».

Aller

Ind. pr.: *Je vais, tu vas, il va, nous allons, vous allez, ils vont.* • Imparf.: *J'allais.* • Passé s.: *J'allai.* • Fut.: *J'irai.* • Impér.: *Va* (pour *vas-y,* [voir § 315, Rem.]), *allons, allez.* • Subj. pr.: *Que j'aille, que tu ailles, qu'il aille, que nous allions, que vous alliez, qu'ils aillent.* • Subj. imp.: *Que j'allasse.* • Part. pr.: *Allant.* • Part. pas.: *Allé, allée.* • Les temps composés prennent *être.*
S'en aller. • Comme *aller: Je m'en vais,* etc. • Remarquez: Impér.: *Va-t'en, allons-nous-en, allez-vous-en.* • Aux temps comp., l'auxil. *être* se place entre *en* et *allé: Je m'en suis allé,* etc.

Apercevoir

Comme *recevoir.*

Apparaître

Comme *paraître.*

Apparoir

(= être évident, être manifeste). Terme de justice usité seulement à l'infin., et impersonnellement, à la 3ᵉ pers. de l'ind. pr.: *Il a fait apparoir de son bon droit.* • *Ainsi qu'il appert de tel acte.*

Appartenir

Comme *tenir.*

Appendre

Comme *rendre.*

Apprendre

Comme *prendre.*

Assaillir

Ind. pr.: *J'assaille, tu assailles, il assaille, nous assaillons, vous assaillez, ils assaillent.* • Imparf.: *J'assaillais, nous assaillions.* • Passé s.: *J'assaillis.* • Fut.: *J'assaillirai.* • Impér.: *Assaille, assaillons, assaillez.* • Subj. pr.: *Que j'assaille, que nous assaillions, que vous assailliez, qu'ils assaillent.* • Subj. imp.: *Que j'assaillisse.* • Part. pr.: *Assaillant.* • Part. pas.: *Assailli, assaillie.*

Asseoir

Ind. pr.: *J'assieds, tu assieds, il assied, nous asseyons, vous asseyez, ils asseyent* (ou: *J'assois, tu assois, il assoit,* nous assoyons, vous assoyez, ils assoient). • Imparf.: *J'asseyais, nous asseyions* (ou: *J'assoyais, nous assoyions*). • Passé s.: *J'assis*. • Fut.: *J'assiérai* (ou: *J'assoirai*). • Impér.: *Assieds, asseyons, asseyez* (ou: *Assois, assoyons, assoyez*). • Subj. pr.: *Que j'asseye, que nous asseyions, qu'ils asseyent* (ou: *Que j'assoie, que nous assoyions, qu'ils assoient*). • Subj. imp.: *Que j'assisse*. • Part. pr.: *Asseyant* (ou: *Assoyant*). • Part. pas.: *Assis, assise*.

Astreindre
Comme *craindre*.

Atteindre
Comme *craindre*.

Attendre
Comme *rendre*.

Attraire
Comme *traire*, mais ne s'emploie plus guère qu'à l'infinitif.

Battre
Ind. pr.: *Je bats, tu bats, il bat, nous battons, vous battez, ils battent*. • Imparf.: *Je battais*. • Passé s.: *Je battis*. • Fut.: *Je battrai*. • Impér.: *Bats, battons, battez*. • Subj. pr.: *Que je batte*. • Subj. imp.: *Que je battisse*. • Part. pr.: *Battant*. • Part. pas.: *Battu, battue*.

Boire
Ind. pr.: *Je bois, tu bois, il boit, nous buvons, vous buvez, ils boivent*. • Imparf.: *Je buvais*. • Passé s.: *Je bus*. • Fut.: *Je boirai*. • Impér.: *Bois, buvons, buvez*. • Subj. pr.: *Que je boive,* que tu boives, qu'il boive, que nous buvions, que vous buviez, qu'ils boivent. • Subj. imp.: *Que je busse*. • Part. pr.: *Buvant*. • Part. pas.: *Bu, bue*.

Bouillir
Ind. pr.: *Je bous, tu bous, il bout, nous bouillons, vous bouillez, ils bouillent*. • Imparf.: *Je bouillais, nous bouillions*. • Passé s.: *Je bouillis*. • Fut.: *Je bouillirai*. • Impér.: *Bous, bouillons, bouillez*. • Subj. pr.: *Que je bouille, que nous bouillions, que vous bouilliez, qu'ils bouillent*. • Subj. imp.: *Que je bouillisse*. • Part. pr.: *Bouillant*. • Part. pas.: *Bouilli, bouillie*.

Braire
Ne s'emploie guère qu'à l'infin. et aux troisièmes personnes du prés. de l'indic., du fut. et du condit.: *Il brait, ils braient*. • *Il braira, ils brairont*. • *Il brairait, ils brairaient*. • Les formes suivantes sont rares: Imparf.: *Il brayait, ils brayaient*. • Part. pr.: *Brayant*. • Part. pas.: *Brait* (dans les temps composés: *Il a brait*, etc.) (sans fém. ni plur.).

Bruire
N'est guère utilisé qu'à l'infin., à la 3e p. du sg. de l'ind. pr.: *Il bruit* • aux 3es pers. de l'imparf.: *Il bruissait, ils bruissaient* (*il bruyait, ils bruyaient* sont archaïques) • et au part. pr.: *Bruissant* (*bruyant* ne s'emploie plus que comme adjectif).

Ceindre
Comme *craindre*.

Chaloir

(= importer). • Ne s'emploie plus qu'impersonnellement, dans les expressions : *il ne m'en chaut, il ne m'en chaut guère, peu me chaut.*

Choir

Ne s'emploie plus qu'en poésie ou par plaisanterie, à l'infin., au fut. : *Je cherrai* • et au part. pas. : *Chu, chue.*

Circoncire

Comme *suffire,* mais le part. pas. est en *-s* : *Circoncis, circoncise.*

Circonscrire

Comme *écrire.*

Circonvenir

Comme *tenir.*

Clore

N'est usité qu'à l'infin. et aux formes suivantes : Ind. pr. : *Je clos, tu clos, il clôt,* (rare : *ils closent).* • Fut. (rare) : *Je clorai, tu cloras,* etc. • Impér. : *Clos.* • Subj. pr. (rare) : *Que je close,* etc. • Part. pas. : *Clos, close.*

Combattre

Comme *battre.*

Commettre

Comme *mettre.*

Comparaître

Comme *connaître.*

Comparoir

Terme de procédure usité seulement à l'infin. (mot archaïque, remplacé par *comparaître).* • *Comparant* s'emploie comme adjectif ou comme nom.

Complaire

Comme *plaire.*

Comprendre

Comme *prendre.*

Compromettre

Comme *mettre.*

Concevoir

Comme *recevoir.*

Conclure

Ind. prés. : *Je conclus, tu conclus, il conclut, nous concluons, vous concluez, ils concluent.* • Imparf. : *Je concluais, nous concluions.* • Passé s. : *Je conclus.* • Fut. : *Je conclurai.* • Impér. : *Conclus, concluons, concluez.* • Subj. pr. : *Que je conclue, que nous concluions.* • Subj. imp. : *Que je conclusse.* • Part. pr. : *Concluant.* • Part. pas. : *Conclu, conclue.*

Concourir

Comme *courir.*

Condescendre

Comme *rendre.*

Conduire

Ind. pr. : *Je conduis, tu conduis, il conduit, nous conduisons, vous conduisez, ils conduisent.* • Imparf. : *Je conduisais.* • Passé s. : *Je conduisis.* • Fut. : *Je conduirai.* • Impér. : *Conduis, conduisons, conduisez.* • Subj. imp. : *Que je conduisisse.* • Part. pr. : *Conduisant.* • Part. pas. : *Conduit, conduite.*

Confire

Comme *suffire,* sauf le part. pas. : *Confit, confite.*

213

Confondre
Comme *rendre.*

Conjoindre
Comme *craindre.*

Connaître
Ind. pr.: *Je connais, tu connais, il connaît, nous connaissons, vous connaissez, ils connaissent.* • Imparf.: *Je connaissais.* • Passé s.: *Je connus.* • Fut.: *Je connaîtrai.* • Imp.: *Connais, connaissons, connaissez.* • Subj. pr.: *Que je connaisse.* • Subj. imp.: *Que je connusse.* • Part. pr.: *Connaissant.* • Part. pas.: *Connu, connue.*

Conquérir
Comme *acquérir.*

Consentir
Comme *mentir.*

Construire
Comme *conduire.*

Contenir
Comme *tenir.*

Contraindre
Comme *craindre.*

Contredire
Comme *dire,* sauf à la 2e pers. du plur. de l'ind. pr. et de l'impér., où l'on a: *contredisez.*

Contrefaire
Comme *faire.*

Contrevenir
Comme *tenir.*

Convaincre
Comme *vaincre.*

Convenir
Comme *tenir.* • Dans le sens de «être approprié à, plaire, être à propos», il se conjugue avec *avoir* aux temps composés. Dans le sens de «tomber d'accord, faire un accord», il se conjugue avec *être.*

Correspondre
Comme *rendre.*

Corrompre
Comme *rompre.*

Coudre
Ind. pr.: *Je couds, tu couds, il coud, nous cousons, vous cousez, ils cousent.* • Imparf.: *Je cousais.* • Passé s.: *Je cousis.* • Fut.: *Je coudrai.* • Impér.: *Couds, cousons, cousez.* • Subj. pr.: *Que je couse.* • Subj. imp.: *Que je cousisse.* • Part. pr.: *Cousant.* • Part. pas.: *Cousu, cousue.*

Courir
Ind. pr.: *Je cours, tu cours, il court, nous courons, vous courez, ils courent.* • Imparf.: *Je courais.* • Passé s.: *Je courus.* • Fut: *Je courrai.* • Impér.: *Cours, courons, courez.* • Subj. pr.: *Que je coure, que tu coures, qu'il coure, que nous courions, que vous couriez, qu'ils courent.* • Subj. imp.: *Que je courusse.* • Part. pr.: *Courant.* • Part. pas.: *Couru, courue.*

Couvrir
Ind. pr.: *Je couvre, tu couvres, il couvre, nous couvrons, vous couvrez, ils couvrent.* • Imparf.: *Je couvrais.* • Passé s.: *Je couvris.* • Fut.: *Je couvrirai.* • Impér.: *Couvre, couvrons, couvrez.* • Subj. pr.: *Que je couvre.* • Subj. imp.:

Que je couvrisse. • Part. pr.: *Couvrant.* • Part. pas.: *Couvert, couverte.*

Craindre

Ind. pr.: *Je crains, tu crains, il craint, nous craignons, vous craignez, ils craignent.* • Imparf.: *Je craignais, nous craignions.* • Passé s.: *Je craignis.* • Fut.: *Je craindrai.* • Impér.: *Crains, craignons, craignez.* • Subj. pr.: *Que je craigne, que nous craignions.* • Subj. imp.: *Que je craignisse.* • Part. pr.: *Craignant.* • Part. pas.: *Craint, crainte.*

Croire

Ind. pr.: *Je crois, tu crois, il croit, nous croyons, vous croyez, ils croient.* • Imparf.: *Je croyais, nous croyions.* • Passé s.: *Je crus.* • Fut.: *Je croirai.* • Impér.: *Crois, croyons, croyez.* • Subj. pr.: *Que je croie, que tu croies, qu'il croie, que nous croyions, que vous croyiez, qu'ils croient.* • Subj. imp.: *Que je crusse.* • Part. pr.: *Croyant.* • Part. pas.: *Cru, crue.*

Croître

Ind. pr.: *Je croîs, tu croîs, il croît, nous croissons, vous croissez, ils croissent.* • Imparf.: *Je croissais.* • Passé s.: *Je crûs, tu crûs, il crût, nous crûmes, vous crûtes, ils crûrent.* • Fut.: *Je croîtrai.* • Impér.: *Croîs, croissons, croissez.* • Subj. pr.: *Que je croisse.* • Subj. imp.: *Que je crusse* (on ne voit pas pourquoi l'Académie écrit cette forme sans accent circonflexe). • Part. pr.: *Croissant.* • Part. pas.: *Crû.*

Cueillir

Ind. pr.: *Je cueille, tu cueilles, il cueille, nous cueillons, vous cueillez, ils cueillent.* • Imparf.: *Je cueillais, nous cueillions.* • Passé s.: *Je cueillis.* • Fut.: *Je cueillerai.* • Impér.: *Cueille, cueillons, cueillez.* • Subj. pr.: *Que je cueille, que nous cueillions.* • Subj. imp.: *Que je cueillisse.* • Part. pr.: *Cueillant.* • Part. pas.: *Cueilli, cueillie.*

Cuire

Comme *conduire.*

Débattre

Comme *battre.*

Décevoir

Comme *recevoir.*

Déchoir

Ind. pr.: *Je déchois, tu déchois, il déchoit, nous déchoyons, vous déchoyez, ils déchoient.* • Imparf.: (inusité). • Passé s.: *Je déchus.* • Fut.: *Je déchoirai.* • Impér.: (inusité). • Subj. pr.: *Que je déchoie, que nous déchoyions, que vous déchoyiez, qu'ils déchoient.* • Subj. imp.: *Que je déchusse.* • Part. pr.: (inusité). • Part. pas.: *Déchu, déchue.* • Aux temps composés, il prend *avoir* ou *être* selon la nuance de la pensée [§ 303].

Déclore

Comme *clore.* N'est plus guère utilisé que dans la langue littéraire, à l'infinitif et au participe passé: *Déclos, déclose.*

Découdre

Comme *coudre.*

Découvrir
Comme *couvrir.*

Décrire
Comme *écrire.*

Décroître
Comme *accroître.*

Dédire (se)
Comme *dire,* sauf à la 2ᵉ pers. de l'ind. et de l'impér.: *Vous vous dédisez, dédisez-vous.* • Aux temps composés, il se conjugue avec *être.*

Déduire
Comme *conduire.*

Défaillir
Comme *assaillir.* • Selon l'Académie, *défaillir* n'est plus guère usité qu'au plur. du prés. de l'ind., à l'imparf., au passé s., au passé comp., à l'infin. et au part. pr.

Défaire
Comme *faire.*

Défendre
Comme *rendre.*

Démentir
Comme *mentir,* mais il a un part. pas. féminin: *démentie.*

Démettre
Comme *mettre.*

Démordre
Comme *rendre.*

Départir
Comme *mentir,* mais son part. pas.: *Départi* a un féminin: *départie.*

Dépeindre
Comme *craindre.*

Dépendre
Comme *rendre.*

Déplaire
Comme *plaire.*

Désapprendre
Comme *prendre.*

Descendre
Comme *rendre.* • Aux temps composés, il prend *avoir* ou *être* selon la nuance de la pensée [§ 303].

Desservir
Comme *servir.*

Déteindre
Comme *craindre.*

Détendre
Comme *rendre.*

Détenir
Comme *tenir.*

Détordre
Comme *rendre.*

Détruire
Comme *conduire.*

Devenir
Comme *tenir,* mais aux temps composés, il se conjugue avec *être.*

Dévêtir
Comme *vêtir.*

Devoir
Ind. pr.: *Je dois, tu dois, il doit, nous devons, vous devez, ils doivent.* • Imparf.: *Je devais.* • Passé s.: *Je dus.* • Fut.: *Je devrai.* • Impér. (très peu usité): *Dois, devons, devez.* • Subj. pr.: *que je doive, que nous devions.* • Subj. imp.: *Que je dusse.* • Part. pr.: *Devant.* • Part. pas.:

Dû (plur.: *dus:* [voir § 336], *due* (plur.: *dues).*

Dire

Ind. pr.: *Je dis, tu dis, il dit, nous disons, vous dites, ils disent.* • Imparf.: *Je disais.* • Passé s.: *Je dis.* • Fut.: *Je dirai.* • Impér.: *Dis, disons, dites.* • Subj. pr.: *Que je dise.* • Subj. imp.: *Que je disse.* • Part. pr.: *Disant.* • Part. pas.: *Dit, dite.*

Disconvenir

Comme *tenir.* • Aux temps composés, dans le sens de «ne pas convenir d'une chose», il prend *être: Il n'est pas disconvenu de cette vérité.* Dans le sens de «ne pas convenir à», il prend *avoir: Cette mesure a disconvenu à beaucoup de gens.*

Discourir

Comme *courir.*

Disjoindre

Comme *craindre.*

Disparaître

Comme *connaître.*

Dissoudre

Comme *absoudre.*

Distendre

Comme *rendre.*

Distraire

Comme *traire.*

Dormir

Ind. pr.: *Je dors, tu dors, il dort, nous dormons, vous dormez, ils dorment.* • Imparf.: *Je dormais.* • Passé s.: *Je dormis.* • Fut.: *Je dormirai.* • Impér.: *Dors, dormons, dormez.* • Subj. pr.: *Que je dorme.* • Subj. imp.: *Que je*

dormisse. • Part. pr.: *Dormant.* • Part. pas.: Dormi [le fém. *dormie* est rare: *Trois nuits mal dormies* (A. de Musset)].

Ébattre (s')

Comme *battre.* Les temps composés prennent *être.*

Échoir

Usité seulement à l'infin. et aux formes suivantes: Ind. pr.: *Il échoit (il échet* est juridique), *ils échoient.* • Passé s.: *Il échut.* • Fut.: *Il échoira, ils échoiront (il écherra, ils écherront:* formes archaïques). • Condit.: *Il échoirait, ils échoiraient (il écherrait, ils écherraient:* formes archaïques). • Part. pr.: *Échéant.* • Part. pas.: *Échu, échue.* • Les temps composés se conjuguent avec *être.*

Éclore

N'est guère usité qu'à l'infin. et aux 3e pers. de quelques temps: *Il éclôt, ils éclosent. Il est éclos. Il éclora. Il éclorait. Qu'il éclose. Éclos.* • Selon Littré, *éclore* a les temps suivants: Ind. pr.: *J'éclos, tu éclos, il éclôt, nous éclosons, vous éclosez, ils éclosent.* • Imparf.: *J'éclosais.* • Fut.: *J'éclorai.* • Condit.: *J'éclorais.* • Subj. pr.: *Que j'éclose.* • Part. pas.: *Éclos, éclose.* • Les temps composés prennent *être* ou *avoir* [voir § 303].

Éconduire

Comme *conduire.*

Écrire

Ind. pr.: *J'écris, tu écris, il écrit, nous écrivons, vous écrivez, ils*

5 Le verbe

écrivent. • Imparf.: *J'écrivais.*
• Passé s.: *J'écrivis.* • Fut.:
J'écrirai. • Impér.: *Écris, écrivons, écrivez.* • Subj. pr.: *Que j'écrive.* • Subj. imp.: *Que j'écrivisse.* • Part. pr.: *Écrivant.*
• Part. pas.: *Écrit, écrite.*

Élire
Comme *lire.*

Émettre
Comme *mettre.*

Émouvoir
Comme *mouvoir,* mais le part. pas.: *Ému* s'écrit sans accent circonflexe [voir § 336, Rem.].

Empreindre
Comme *craindre.*

Enceindre
Comme *craindre.*

Enclore
Ind. pr.: *J'enclos, tu enclos, il enclôt, nous enclosons, vous enclosez, ils enclosent.* • Imparf. (rare): *J'enclosais.* • Passé s. (manque). • Fut.: *J'enclorai.*
• Impér.: *Enclos.* • Subj. pr.: *Que j'enclose.* • Subj. imp.: (manque). • Part. pr. (rare): *Enclosant.* • Part. pas.: *Enclos, enclose.*

Encourir
Comme *courir.*

Endormir
Comme *dormir.*

Enduire
Comme *conduire.*

Enfreindre
Comme *craindre.*

Enfuir (s')
Comme *fuir.* • Aux temps composés, il prend *être.*

Enjoindre
Comme *craindre.*

Enquérir (s')
Comme *acquérir.* • Aux temps composés, il prend *être.*

Ensuivre (s')
Comme *suivre,* mais n'est usité qu'à l'infin. et aux 3es pers. de chaque temps. • Aux temps composés, il se conjugue avec *être.*

Entendre
Comme *rendre.*

Entremettre (s')
Comme *mettre.* • Aux temps composés, il se conjugue avec *être.*

Entreprendre
Comme *prendre.*

Entretenir
Comme *tenir.*

Entrevoir
Comme *voir.*

Entrouvrir
Comme *couvrir.*

Envoyer
Ind. pr.: *J'envoie, tu envoies, il envoie, nous envoyons, vous envoyez, ils envoient.* • Imparf.: *J'envoyais, nous envoyions.*
• Passé s.: *J'envoyai.* • Fut.: *J'enverrai.* • Impér.: *Envoie, envoyons, envoyez.* • Subj. pr.: *Que j'envoie, que nous envoyions.*
• Subj. imp.: *Que j'envoyasse.*
• Part. pr.: *Envoyant.* • Part. pas.: *Envoyé, envoyée.*

Épandre
Comme *rendre*.

Éprendre (s')
Comme *prendre*. • Aux temps composés, il se conjugue avec *être*.

Équivaloir
Comme *valoir*, mais le part. pas.: *Équivalu* n'a ni féminin ni pluriel.

Éteindre
Comme *craindre*.

Étendre
Comme *tendre*.

Étreindre
Comme *craindre*.

Exclure
Comme *conclure*.

Extraire
Comme *traire*.

Faillir
N'est plus guère usité qu'à l'infin., au passé s., au fut., au condit. et aux temps composés. • Passé s.: *Je faillis*. • Fut.: *Je faillirai*. • Part. pas.: *Failli, faillie*. • Dans le sens de «faire faillite», *faillir* se conjugue sur *finir*.

Faire
Ind. pr.: *Je fais, tu fais, il fait, nous faisons, vous faites, ils font*. • Imparf.: *Je faisais*. • Passé s.: *Je fis*. • Fut.: *Je ferai*. • Impér.: *Fais, faisons, faites*. • Subj. pr.: *Que je fasse*. • Subj. imp.: *Que je fisse*. • Part. pr.: *Faisant*. • Part. pas.: *Fait, faite*.

Falloir
Verbe impersonnel. Ind. pr.: *Il faut*. • Imparf.: *Il fallait*. • Passé s.: *Il fallut*. • Fut.: *Il faudra*. • Subj. pr.: *Qu'il faille*. • Subj. imp.: *Qu'il fallût*. • Part. pas.: *Fallu* (sans fém. ni plur.).

Feindre
Comme *craindre*.

Fendre
Comme *rendre*.

Férir
(= frapper) • N'est plus usité qu'à l'infin. dans l'expression *sans coup férir*, et au part. pas.: *Féru, férue*, qui s'emploie comme adjectif et signifie au propre: «qui est blessé, frappé de qq. ch.» et au figuré: «qui est épris de».

Fleurir
Au sens propre, se conjugue régulièrement sur *finir*. • Au sens figuré de «prospérer», fait souvent *florissait* à l'imparf. de l'ind. et presque toujours *florissant* au part. pr. L'adj. verbal est toujours *florissant* [voir § 334].

Fondre
Comme *rendre*.

Forfaire
N'est guère usité qu'à l'infin. et aux temps composés: *J'ai forfait à l'honneur*, etc.

Frire
N'est guère usité qu'à l'infin., au sing. de l'ind. pr.: *Je fris, tu fris, il frit*. • au part. pas.: *Frit, frite*. • et aux temps composés: *J'ai frit, j'avais frit*, etc. • Rares:

Fut.: *Je frirai.* • Condit.: *Je frirais.* • Impér. sg.: *Fris.* • On supplée les autres formes au moyen des temps du verbe *faire* et de l'infinitif *frire*: *Nous faisons frire*, etc.

Fuir
Ind. pr.: *Je fuis, tu fuis, il fuit, nous fuyons, vous fuyez, ils fuient.* • Imparf.: *Je fuyais, nous fuyions.* • Passé s.: *Je fuis.* • Fut.: *Je fuirai.* • Impér.: *Fuis, fuyons, fuyez.* • Subj. pr.: *Que je fuie, que tu fuies, qu'il fuie, que nous fuyions, que vous fuyiez, qu'ils fuient.* • Subj. imp. (rare): *Que je fuisse.* • Part. pr.: *Fuyant.* • Part. pas.: *Fui, fuie.*

Geindre
Comme *craindre*.

Gésir
(= être couché). • Ne s'emploie plus qu'à l'ind. pr.: *Je gis, tu gis, il gît (ci-gît), nous gisons, vous gisez, ils gisent.* • à l'imparf.: *Je gisais*, etc. • au part. pr.: *Gisant.*

Haïr
Ind. pr.: *Je hais, tu hais, il hait, nous haïssons, vous haïssez, ils haïssent.* • Imparf.: *Je haïssais.* • Passé s. (rare): *Je haïs, nous haïmes, vous haïtes, ils haïrent.* • Futur: *Je haïrai.* • Impér.: *Haïs, haïssons, haïssez.* • Subj. pr.: *Que je haïsse.* • Subj. imp. (rare): *Que je haïsse, que tu haïsses, qu'il haït.* • Part. pr.: *Haïssant.* • Part. pas.: *Haï, haïe.*

Inclure
Comme *conclure*, sauf part. pas.: *Inclus, incluse*, qui est le plus souvent précédé de *ci.*

Induire
Comme *conduire*.

Inscrire
Comme *écrire*.

Instruire
Comme *conduire*.

Interdire
Comme *dire*, sauf à la 2e p. du plur. de l'ind. pr. et de l'impér., où l'on a: *interdisez*.

Intervenir
Comme *venir*. Il prend l'auxiliaire *être*.

Introduire
Comme *conduire*.

Issir
(= sortir). • Ne subsiste plus qu'au part. pas.: *Issu, issue*, qui s'emploie seul ou avec *être*: *Un prince issu du sang des rois. Il est issu d'une famille noble.*

Joindre
Comme *craindre*.

Lire
Ind. pr.: *Je lis, tu lis, il lit, nous lisons, vous lisez, ils lisent.* • Imparf.: *Je lisais.* • Passé s.: *Je lus.* • Fut.: *Je lirai.* • Impér.: *Lis, lisons, lisez.* • Subj. pr.: *Que je lise.* • Subj. imp.: *Que je lusse.* • Part. pr.: *Lisant.* • Part. pas.: *Lu, lue.*

Luire
Ind. pr.: *Je luis, tu luis, il luit, nous luisons, vous luisez, ils*

luisent. • Imparf.: *Je luisais.* • Passé s. (peu usité): *Je luisis.* • Fut.: *Je luirai.* • Impér.: *Luis, luisons, luisez.* • Subj. pr.: *Que je luise.* • Subj. imp. (peu usité): *Que je luisisse.* • Part. pr.: *Luisant.* • Part. pas.: *Lui* (sans fém. ni plur.).

Maintenir
Comme *tenir.*

Maudire
Ind. pr.: *Je maudis, tu maudis, il maudit, nous maudissons, vous maudissez, ils maudissent.* • Imparf.: *Je maudissais.* • Passé s.: *Je maudis.* • Fut.: *Je maudirai.* • Impér.: *Maudis, maudissons, maudissez.* • Subj. pr.: *Que je maudisse.* • Subj. imp.: *Que je maudisse.* • Part. pr.: *Maudissant.* • Part. pas.: *Maudit, maudite.*

Méconnaître
Comme *connaître.*

Médire
Comme *dire,* sauf à la 2ᵉ p. du plur. de l'ind. pr. et de l'impér. où l'on a: *médisez.* Le part. pas. *médit* n'a ni fém. ni plur.

Mentir
Ind. pr.: *Je mens, tu mens, il ment, nous mentons, vous mentez, ils mentent.* • Imparf.: *Je mentais.* • Passé s.: *Je mentis.* • Fut.: *Je mentirai.* • Impér.: *Mens, mentons, mentez.* • Subj. pr.: *Que je mente.* • Subj. imp.: *Que je mentisse.* • Part. pr.: *Mentant.* • Part. pas.: *Menti* (sans fém., ni plur.).

Méprendre (se)
Comme *prendre.* • Aux temps composés, il se conjugue avec *être.*

Messeoir
N'est plus en usage à l'infin.; il s'emploie dans les mêmes temps que *seoir* (= convenir).

Mettre
Ind. pr.: *Je mets, tu mets, il met, nous mettons, vous mettez, ils mettent.* • Imparf.: *Je mettais.* • Passé s.: *Je mis.* • Fut.: *Je mettrai.* • Impér.: *Mets, mettons, mettez.* • Subj. pr.: *Que je mette.* • Subj. imp.: *Que je misse.* • Part. pr.: *Mettant.* • Part. pas.: *Mis, mise.*

Mordre
Comme *rendre.*

Morfondre (se)
Comme *rendre.* • Aux temps composés, il se conjugue avec *être.*

Moudre
Ind. pr.: *Je mouds, tu mouds, il moud, nous moulons, vous moulez, ils moulent.* • Imparf.: *Je moulais.* • Passé s.: *Je moulus.* • Fut.: *Je moudrai.* • Impér.: *Mouds, moulons, moulez.* • Subj. pr.: *Que je moule.* • Subj. imp.: *Que je moulusse.* • Part. pr.: *Moulant.* • Part. pas.: *Moulu, moulue.*

Mourir
Ind. pr.: *Je meurs, tu meurs, il meurt, nous mourons, vous mourez, ils meurent.* • Imparf.: *Je mourais.* • Passé s.: *Je mourus.* • Fut.: *Je mourrai.* • Impér.:

Meurs, mourons, mourez. • Subj. pr.: *Que je meure, que tu meures, qu'il meure, que nous mourions, que vous mouriez, qu'ils meurent.* • Subj. imp.: *Que je mourusse* • Part. pr.: *Mourant.* • Part. pas.: *Mort, morte.* • Aux temps composés, il se conjugue avec *être.*

Mouvoir
Ind. pr.: *Je meus, tu meus, il meut, nous mouvons, vous mouvez, ils meuvent.* • Imparf.: *Je mouvais.* • Passé s. (rare): *Je mus.* • Fut.: *Je mouvrai.* • Impér.: *Meus, mouvons, mouvez.* • Subj. pr.: *Que je meuve.* • Subj. imp. (rare): *Que je musse.* • Part. pas.: *Mû* (plur.: *mus:* [voir § 336], *mue* (plur. *mues*).

Naître
Ind. pr.: *Je nais, tu nais, il naît, nous naissons, vous naissez, ils naissent.* • Imparf.: *Je naissais.* • Passé s.: *Je naquis.* • Fut.: *Je naîtrai.* • Impér.: *Nais, naissons, naissez.* • Subj. pr.: *Que je naisse.* • Subj. imp.: *Que je naquisse.* • Part. pr.: *Naissant.* • Part. pas.: *Né, née.* • Aux temps composés, il se conjugue avec *être.*

Nuire
Comme *conduire,* mais le part. pas.: *Nui* s'écrit sans *t* et n'a pas de féminin.

Obtenir
Comme *tenir.*

Occire (= tuer)
Ne s'emploie plus que par plaisanterie à l'infin., au part.

pas.: *Occis, occise* et aux temps composés.

Offrir
Comme *couvrir.*

Oindre
Comme *craindre,* mais ne s'emploie plus guère qu'à l'infin. et au part. pas.: *Oint, ointe.*

Omettre
Comme *mettre.*

Ouïr
N'est plus guère usité qu'à l'infinitif et au part. pas.: *Ouï, ouïe,* surtout dans: *J'ai ouï dire.*

Ouvrir
Comme *couvrir.*

Paître
Ind. pr.: *Je pais, tu pais, il paît, nous paissons, vous paissez, ils paissent.* • Imparf.: *Je paissais.* • Passé s. (manque). • Fut.: *Je paîtrai.* • Impér.: *Pais, paissons, paissez.* • Subj. pr.: *Que je paisse.* • Subj. imp. (manque). • Part. pr.: *Paissant.* • Part. pas. (manque).

Paraître
Comme *connaître.*

Parcourir
Comme *courir.*

Parfaire
Comme *faire.*

Partir
Comme *mentir,* mais son part. pas.: *Parti* a un féminin et un pluriel. • Aux temps composés, *partir* se conjugue avec l'auxiliaire *être. Partir,* employé anciennement au sens de « par-

tager», ne s'emploie plus que dans l'expression *avoir maille à partir avec qqn* (*maille:* petite pièce de monnaie qui valait la moitié du denier).

Parvenir
Comme *tenir,* mais les temps composés se conjuguent avec *être.*

Peindre
Comme *craindre.*

Pendre
Comme *rendre.*

Percevoir
Comme *recevoir.*

Perdre
Comme *rendre.*

Permettre
Comme *mettre.*

Plaindre
Comme *craindre.*

Plaire
Ind. pr.: *Je plais, tu plais, il plaît, nous plaisons, vous plaisez, ils plaisent.* • Imparf.: *Je plaisais.* • Passé s.: *Je plus.* • Fut.: *Je plairai.* • Impér.: *Plais, plaisons, plaisez.* • Subj. pr.: *Que je plaise.* • Subj. imp.: *Que je plusse.* • Part. pr.: *Plaisant.* • Part. pas.: *Plu* (sans fém. ni plur.).

Pleuvoir
Verbe impersonnel (voir pourtant [voir § 288, *a*, Rem.]). • Ind. pr.: *Il pleut.* • Imparf.: *Il pleuvait.* • Passé s.: *Il plut.* • Fut.: *Il pleuvra.* • Subj. pr.: *Qu'il pleuve.* • Subj. imp.: *Qu'il plût.* • Part.

pr.: *Pleuvant.* • Part. pas.: *Plu* (sans fém. ni plur.).

Poindre
Dans le sens de «commencer à paraître», se conjugue comme *craindre,* mais ne s'emploie plus guère qu'à l'infin. et à la 3e p. du sing. de l'ind. pr. et du fut.: *Le jour point, poindra.*

Pondre
Comme *rendre.*

Pourfendre
Comme *rendre.*

Poursuivre
Comme *suivre.*

Pourvoir
Comme *voir,* sauf au passé s.: *Je pourvus.* • Au fut.: *Je pourvoirai.* • Au condit.: *Je pourvoirais.* • Et subj. imp.: *Que je pourvusse.*

Pouvoir
Ind. prés.: *Je peux* (ou *je puis*), *tu peux, il peut, nous pouvons, vous pouvez, ils peuvent.* • Imparf.: *Je pouvais.* • Passé s.: *Je pus.* • Fut.: *Je pourrai.* • Impér. (manque) • Subj. pr.: *Que je puisse.* • Subj. imp.: *Que je pusse.* • Part. pr.: *Pouvant.* • Part. pas.: *Pu* (sans fém. ni plur.).

Prédire
Comme *dire,* sauf à la 2e p. du plur. de l'ind. pr. et de l'impér., où l'on a: *prédisez.*

Prendre
Ind. pr.: *Je prends, tu prends, il prend, nous prenons, vous prenez, ils prennent.* • Imparf.: *Je pre-*

nais. • Passé s.: *Je pris.* • Fut.: *Je prendrai.* • Impér.: *Prends, prenons, prenez.* • Subj. pr.: *Que je prenne, que tu prennes, qu'il prenne, que nous prenions, que vous preniez, qu'ils prennent.* • Subj. imp.: *Que je prisse.* • Part. pr.: *Prenant.* • Part. pas.: *Pris, prise.*

Prescrire
Comme *écrire.*

Pressentir
Comme *sentir.*

Prétendre
Comme *rendre.*

Prévaloir
Comme *valoir,* sauf au subj. pr.: *Que je prévale, que tu prévales, qu'il prévale, que nous prévalions, que vous prévaliez, qu'ils prévalent.* • Le part. pas.: *Prévalu* n'a ni fém. ni plur.

Prévenir
Comme *tenir.*

Prévoir
Comme *voir,* sauf au fut.: *Je prévoirai.* • et au condit.: *Je prévoirais.*

Produire
Comme *conduire.*

Promettre
Comme *mettre.*

Promouvoir
Ne s'emploie qu'à l'infin., au part. pr.: *Promouvant* et aux temps composés. • Le part. pas.: *Promu* s'écrit sans accent circonflexe [voir § 336, Rem.].

Proscrire
Comme *écrire.*

Provenir
Comme *tenir,* mais aux temps composés, il se conjugue avec *être.*

Quérir (ou querir)
Ne s'emploie plus qu'à l'infin. après *aller, venir, envoyer.*

Rabattre
Comme *battre.*

Rapprendre
Comme *prendre.*

Rasseoir
Comme *asseoir.*

Ravoir
N'est guère usité qu'à l'infin. Le fut. et le condit.: *Je raurai, je raurais,* appartiennent à la langue familière.

Réapparaître
Comme *connaître.*

Rebattre
Comme *battre.*

Recevoir
[voir § 311].

Reclure
N'est usité qu'à l'infin. et au part. pas.: *Reclus, recluse.*

Reconduire
Comme *conduire.*

Reconnaître
Comme *connaître.*

Reconquérir
Comme *acquérir.*

Reconstruire
Comme *conduire.*

Recoudre
Comme *coudre.*

Recourir
Comme *courir.*

Recouvrir
Comme *couvrir.*

Récrire
Comme *écrire.*

Recroître
Comme *accroître.*

Recueillir
Comme *cueillir.*

Recuire
Comme *conduire.*

Redescendre
Comme *rendre.* • Aux temps composés, il prend *avoir* ou *être* selon la nuance de la pensée [voir § 303].

Redevenir
Comme *venir,* mais les temps composés se conjuguent avec *être.*

Redevoir
Comme *devoir.*

Redire
Comme *dire.*

Réduire
Comme *conduire.*

Réélire
Comme *lire.*

Refaire
Comme *faire.*

Refendre
Comme *fendre.*

Refondre
Comme *rendre.*

Rejoindre
Comme *craindre.*

Relire
Comme *lire.*

Reluire
Comme *luire.*

Remettre
Comme *mettre.*

Remordre
Comme *rendre.*

Renaître
Comme *naître,* mais n'a pas de part. pas.: il ne peut donc avoir de temps composés.

Rendormir
Comme *dormir,* mais le féminin du part. pas. est courant: *Rendormi, rendormie.* • Aux temps composés, *se rendormir* se conjugue avec *être.*

Rendre
[voir § 312].

Renvoyer
Comme *envoyer.*

Repaître
Comme *paître,* mais il a un passé s.: *Je repus*; • un subj. imp.: *Que je repusse*; • et un part. pas.: *Repu, repue.*

Répandre
Comme *rendre.*

Reparaître
Comme *connaître.*

Repartir
(= partir de nouveau). Comme *partir.* Les temps composés prennent *être.*

Repartir
(= répondre). • Comme *partir,* mais les temps composés prennent *avoir.* • Ne pas confondre

avec *répartir* (= partager), qui se conjugue régulièrement sur *finir*.

Repeindre
Comme *craindre*.

Rependre
Comme *rendre*.

Repentir (se)
Comme *sentir*. • Aux temps composés, se conjugue avec *être*.

Répondre
Comme *rendre*.

Reprendre
Comme *prendre*.

Reproduire
Comme *conduire*.

Requérir
Comme *acquérir*.

Résoudre
Ind. pr.: *Je résous, tu résous, il résout, nous résolvons, vous résolvez, ils résolvent.* • Imparf.: *Je résolvais.* • Passé s.: *Je résolus.* • Fut.: *Je résoudrai.* • Impér.: *Résous, résolvons, résolvez.* • Subj. pr.: *Que je résolve.* • Subj. imp.: *Que je résolusse.* • Part. pr.: *Résolvant.* • Part. pas.: *Résolu, résolue.* Une autre forme du part. pas.: *Résous*, signifiant *changé*, est rarement employée: son féminin *résoute* est même à peu près inusité.

Ressentir
Comme *mentir*, mais son part. pas.: *Ressenti* a un féminin: *ressentie*.

Resservir
Comme *servir*.

Ressortir
1. (= sortir d'un lieu où l'on vient d'entrer, former relief, résulter). • Comme *mentir*, mais les temps composés prennent *être*. • 2. Ne pas confondre avec *ressortir* (= être du ressort de), qui se conjugue régulièrement sur *finir*: *Ces affaires ressortissent, ressortissaient à tel tribunal.*

Ressouvenir (se)
Comme *tenir*, mais les temps composés prennent *être*.

Restreindre
Comme *craindre*.

Résulter
N'est usité qu'à l'infin. et à la 3e p. des autres temps. • Aux temps composés, il se conjugue avec *avoir* quand on veut marquer l'action: *Du mal en a résulté*; • avec *être* quand on veut marquer l'état: *Il en est résulté du mal* [§ 303].

Revenir
Comme *tenir*, mais les temps composés prennent *être*.

Revêtir
Comme *vêtir*.

Revivre
Comme *vivre*.

Revoir
Comme *voir*.

Rire
Ind. pr.: *Je ris, tu ris, il rit, nous rions, vous riez, ils rient.* • Imparf.: *Je riais, nous riions.* • Passé s.: *Je ris, nous rîmes, vous rîtes, ils rirent.* • Fut.: *Je*

rirai. • Impér.: *Ris, rions, riez.* • Subj. pr.: *Que je rie, que nous riions.* • Subj. imp. (rare): *Que je risse.* • Part. pr.: *Riant.* • Part. pas.: *Ri* (sans fém. ni plur.).

Rompre
Ind. pr.: *Je romps, tu romps, il rompt, nous rompons, vous rompez, ils rompent.* • Imparf.: *Je rompais.* • Passé s.: *Je rompis.* • Fut.: *Je romprai* • Impér.: *Romps, rompons, rompez.* • Subj. pr.: *Que je rompe.* • Subj. imp.: *Que je rompisse.* • Part. pr.: *Rompant.* • Part. pas.: *Rompu, rompue.*

Rouvrir
Comme *couvrir.*

Saillir
1. (= jaillir). • Ne s'emploie guère qu'à l'infin. et aux 3es personnes: Ind. pr.: *Il saillit, ils saillissent.* • Imparf.: *Il saillissait, ils saillissaient.* • Passé s.: *Il saillit, ils saillirent.* • Fut.: *Il saillira, ils sailliront.* • Impér. (manque). • Subj. pr.: *Qu'il saillisse, qu'ils saillissent* • Subj. imp.: *Qu'il saillît, qu'ils saillissent.* • Part. pr.: *Saillissant.* • Part. pas.: *Sailli, saillie.*

Saillir
2. (= être en saillie). • Ne s'emploie qu'aux 3es personnes: Ind. pr.: *Il saille, ils saillent.* • Imparf.: *Il saillait, ils saillaient.* • Passé s.: *Il saillit, ils saillirent.* • Fut.: *Il saillera, ils sailleront.* • Impér. (manque). • Subj. pr.: *Qu'il saille, qu'ils saillent.* • Subj. imp.: *Qu'il saillît, qu'ils*

saillissent. • Part. pr.: *Saillant.* • Part. pas.: *Sailli, saillie.*

Satisfaire
Comme *faire.*

Savoir
Ind. pr.: *Je sais, tu sais, il sait, nous savons, vous savez, ils savent* • Imparf.: *Je savais.* • Passé s.: *Je sus.* • Fut.: *Je saurai.* • Impér.: *Sache, sachons, sachez.* • Subj. pr.: *Que je sache.* • Subj. imp.: *Que je susse* • Part. pr.: *Sachant.* • Part. pas.: *Su, sue.*

Secourir
Comme *courir.*

Séduire
Comme *conduire.*

Sentir
Comme *mentir*, mais son part. pas.: *Senti* a un féminin: *sentie.*

Seoir
1. (= convenir). • N'est usité qu'au part. pr. et aux 3es pers.: il n'a pas de temps composés. Ind. pr.: *Il sied, ils siéent.* • Imparf.: *Il seyait, ils seyaient.* • Passé s. (manque). • Fut.: *Il siéra, ils siéront.* • Condit.: *Il siérait, ils siéraient.* • Impér. (manque). • Subj. pr. (rare): *Qu'il siée, qu'ils siéent.* • Subj. imp. (manque). • Part. pr.: *Seyant. (Séant s'emploie comme adjectif: Il n'est pas séant de faire cela.)*

Seoir
2. (= être assis, être situé, siéger). • Ne s'emploie plus guère qu'au part. pr.: *Séant.* • et au

part. pas.: *Sis, sise.* • Pas de temps composés.

Servir

Ind. pr.: *Je sers, tu sers, il sert, nous servons, vous servez, ils servent.* • Imparf.: *Je servais.* • Passé s.: *Je servis.* • Fut.: *Je servirai.* • Impér.: *Sers, servons, servez.* • Subj. pr.: *Que je serve.* • Subj. imp.: *Que je servisse.* • Part. pr.: *Servant.* • Part. pas.: *Servi, servie.*

Sortir

1. Comme *mentir,* mais son part. pas.: *Sorti* a un fémin.: *sortie.* • Aux temps composés, *sortir,* transitif, se conjugue avec *avoir*: *J'ai sorti la voiture.* Dans le sens intransitif, il se conjugue avec *être.* • 2. *Sortir,* terme de droit signifiant «produire», se conjugue comme *finir,* mais ne s'emploie qu'aux 3es personnes: Ind. pr.: *La sentence sortit son effet, les sentences sortissent leur effet,* etc. • Aux temps composés, ce verbe se conjugue avec *avoir.*

Souffrir

Comme *couvrir.*

Soumettre

Comme *mettre.*

Sourdre

N'est plus guère usité qu'à l'infin. et aux 3es pers. de l'ind. pr.: *Il sourd, ils sourdent* • Part. pr.: *Sourdant.*

Sourire

Comme *rire.*

Souscrire

Comme *écrire.*

Soustraire

Comme *traire.*

Soutenir

Comme *tenir.*

Souvenir (se)

Comme *tenir.* Aux temps composés, il se conjugue avec *être.*

Subvenir

Comme *tenir.*

Suffire

Ind. pr.: *Je suffis, tu suffis, il suffit, nous suffisons, vous suffisez, ils suffisent.* • Imparf.: *Je suffisais.* • Passé s.: *Je suffis.* • Fut.: *Je suffirai.* • Impér.: *Suffis, suffisons, suffisez.* • Subj. pr.: *Que je suffise.* • Subj. imp.: *Que je suffisse.* • Part. pr.: *Suffisant.* • Part. pas.: *Suffi* (sans fém. ni plur.).

Suivre

Ind. pr.: *Je suis, tu suis, il suit, nous suivons, vous suivez, ils suivent.* • Imparf.: *Je suivais.* • Passé s.: *Je suivis.* • Fut.: *Je suivrai.* • Impér.: *Suis, suivons, suivez.* • Subj. pr.: *Que je suive.* • Subj. imp.: *Que je suivisse.* • Part. pr.: *Suivant.* • Part. pas.: *Suivi. suivie.*

Surfaire

Comme *faire.*

Surprendre

Comme *prendre.*

Surseoir

Ind. pr.: *Je sursois, tu sursois. il sursoit, nous sursoyons, vous sursoyez, ils sursoient.* • Impér.: *Je sursoyais, nous sursoyions.*

• Passé s.: *Je sursis.* • Fut.: *Je surseoirai.* • Condit.: *Je surseoirais.* • Impér.: *Sursois, sursoyons, sursoyez.* • Subj. pr.: *Que je sursoie, que nous sursoyions.* • Subj. imp.: *Que je sursisse.* • Part. pr.: *Sursoyant.* • Part. pas.: *Sursis,* fém. inusité.

Survenir

Comme *tenir.* • Aux temps composés, il se conjugue avec *être.*

Survivre

Comme *vivre.*

Suspendre

Comme *rendre.*

Taire

Ind. pr.: *Je tais, tu tais, il tait, nous taisons, vous taisez, ils taisent.* • Imparf.: *Je taisais.* • Passé s.: *Je tus.* • Fut.: *Je tairai.* • Impér.: *Tais, taisons, taisez.* • Subj. pr.: *Que je taise.* • Subj. imp.: *Que je tusse.* • Part. pr.: *Taisant.* • Part. pas.: *Tu, tue.*

Teindre

Comme *craindre.*

Tendre

Comme *rendre.*

Tenir

Ind. pr.: *Je tiens, tu tiens, il tient, nous tenons, vous tenez, ils tiennent* • Imparf.: *Je tenais.* • Passé s.: *Je tins, nous tînmes, vous tîntes, ils tinrent.* • Fut.: *Je tiendrai.* • Impér.: *Tiens, tenons, tenez.* • Subj. pr.: *Que je tienne, que nous tenions.* • Subj. imp.: *Que*

je tinsse. • Part. pr.: *Tenant.* • Part. pas.: *Tenu, tenue.*

Tistre ou tître (= tisser)

N'est usité qu'au part. pas.: *Tissu, tissue,* et aux temps composés. Il ne s'emploie guère qu'au figuré: *C'est lui qui a tissu cette intrigue.*

Tondre

Comme *rendre.*

Tordre

Comme *rendre.*

Traduire

Comme *conduire.*

Traire

Ind. pr.: *Je trais, tu trais, il trait, nous trayons, vous trayez, ils traient.* • Imparf.: *Je trayais, nous trayions.* • Passé s. (manque). • Fut.: *Je trairai.* • Impér.: *Trais, trayons, trayez.* • Subj. pr.: *Que je traie, que nous trayions.* • Subj. imp. (manque). • Part. pr.: *Trayant.* • Part. pas.: *Trait, traite.*

Transcrire

Comme *écrire.*

Transmettre

Comme *mettre.*

Transparaître

Comme *connaître.*

Tressaillir

Comme *assaillir.*

Vaincre

Ind. pr.: *Je vaincs, tu vaincs, il vainc, nous vainquons, vous vainquez, ils vainquent.* • Imparf.: *Je vainquais.* • Passé s.: *Je vainquis.* • Fut.: *Je vain-*

crai. • Impér.: *Vaincs, vainquons, vainquez.* • Subj. pr.: *Que je vainque.* • Subj. imp.: *Que je vainquisse.* • Part. pr.: *Vainquant.* • Part. pas.: *Vaincu, vaincue.*

Valoir

Ind. pr.: *Je vaux, tu vaux, il vaut, nous valons, vous valez, ils valent.* • Imparf.: *Je valais.* • Passé s.: *Je valus.* • Fut.: *Je vaudrai.* • Impér.: *Vaux* (rare), *valons, valez.* • Subj. pr.: *Que je vaille, que tu vailles, qu'il vaille, que nous valions, que vous valiez, qu'ils vaillent.* • Subj. imp.: *Que je valusse.* • Part. pr.: *Valant.* • Part. pas.: *valu, value.*

Vendre

Comme *rendre.*

Venir

Comme *tenir,* mais aux temps composés, il prend *être.*

Vêtir

Ind. pr.: *Je vêts, tu vêts, il vêt, nous vêtons, vous vêtez, ils vêtent.* • Imparf.: *Je vêtais.* • Passé s.: *Je vêtis.* • Fut.: *Je vêtirai.* • Impér.: *Vêts, vêtons, vêtez.* • Subj. pr.: *Que je vête, que nous vêtions.* • Subj. imp.: *Que je vêtisse.* • Part. pr.: *Vêtant.* • Part. pas.: *Vêtu, vêtue.*

Vivre

Ind. pr.: *Je vis, tu vis, il vit, nous vivons, vous vivez, ils vivent.* • Imparf.: *Je vivais.*

• Passé s.: *Je vécus.* • Fut.: *Je vivrai.* • Impér.: *Vis, vivons, vivez.* • Subj. pr.: *Que je vive.* • Subj. imp.: *Que je vécusse.* • Part. pr.: *Vivant.* • Part. pas.: *Vécu, vécue.*

Voir

Ind. pr.: *Je vois, tu vois, il voit, nous voyons, vous voyez, ils voient.* • Imparf.: *Je voyais, nous voyions.* • Passé s.: *Je vis.* • Fut.: *Je verrai.* • Impér.: *Vois, voyons, voyez.* • Subj. pr.: *Que je voie, que tu voies, qu'il voie, que nous voyions, que vous voyiez, qu'ils voient.* • Subj. imp.: *Que je visse.* • Part. prés.: *Voyant.* • Part. pas.: *Vu, vue.*

Vouloir

Ind. pr.: *Je veux, tu veux, il veut, nous voulons, vous voulez, ils veulent.* • Imparf.: *Je voulais.* • Passé s.: *Je voulus.* • Fut.: *Je voudrai.* • Impér.: *Veuille, veuillons, veuillez* [*Veux, voulons, voulez* ne s'emploient que pour exhorter à s'armer d'une ferme volonté. • On dit: *n'en veuille (veuillons, veuillez) pas à...,* mais souvent aussi: *n'en veux (voulons, voulez) pas à...*]. • Subj. pr.: *Que je veuille, que tu veuilles, qu'il veuille, que nous voulions, que vous vouliez, qu'ils veuillent.* • Subj. imp.: *Que je voulusse.* • Part. pr.: *Voulant.* • Part. pas.: *Voulu, voulue.*

E La syntaxe des modes et des temps

> **N.B.**
>
> Dans les pages qui vont suivre, on représentera, pour figurer la valeur des différents temps:
>
> - par une ligne horizontale (ligne du temps) la succession des instants de la durée qui s'écoule;
> - par P l'instant présent;
> - par deux parenthèses les limites du segment de la durée où se tient la pensée;
> - par une ligne pointillée ce qui se passe non dans la réalité, mais dans le champ de la pensée.

1. L'indicatif

350 L'**indicatif** est le mode de l'action considérée dans sa réalité (§ 879).

a) Le présent (§ 880)

351 **Emploi général**

Dans le sens strict, le présent indique que le fait a lieu au moment même de la parole:

> J'**écris** en ce moment.

Emplois particuliers

Nous pouvons rendre mobile l'instant présent et le situer en un point quelconque de la ligne du temps. Nous pouvons aussi étendre en quelque sorte l'instant présent et le faire déborder plus ou moins sur le passé et sur l'avenir.

Ainsi, dans des emplois particuliers le présent peut exprimer:

1° Un fait permanent ou habituel, que nous pouvons, à quelque moment de la durée où nous nous plaçons, regarder comme présent:

> La terre **tourne**.

> Je me **lève** chaque matin
> à six heures.

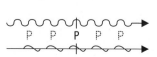

231

2° Un fait situé dans un passé récent ou dans un futur proche:

Votre père ?
*Je le **quitte** à l'instant.*

*Un instant ! J'**arrrive**.*

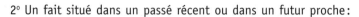

3° Un fait futur présenté comme conséquence directe et infaillible d'un autre:

*Un pas de plus, tu **es** morte !*

4° Un fait passé qu'on présente comme s'il était en train de se produire au moment où l'on parle: c'est le «présent historique» employé pour donner l'impression qu'on voit l'action se dérouler maintenant:

Nous marchions.
*Une fusillade **éclate**.*

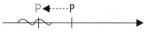

5° Un fait futur après *si* conditionnel:

*Si vous **partez** demain,*
je vous suivrai.

b) L'imparfait (Ⓑ § 881)

352 Emploi général

En général, l'imparfait montre une action en train de se dérouler dans une portion du passé, mais sans faire voir le début ni la fin de cette action; il la montre en partie accomplie, mais non achevée:

*Le soir **tombait**.*

> **Ⓡemarque**
>
> L'imparfait permet de faire voir, dans le passé, comme dans un tableau continu, plusieurs actions se déroulant ensemble, ou plusieurs états existant ensemble: c'est pourquoi il convient à la *description*:

> Je **suais** à grosses gouttes,
> et pourtant j'**étais** transi,
> j'**avais** le frisson.
> Mes cheveux se **dressaient**.
> Je **sentais** le brûlé. (A. Daudet)

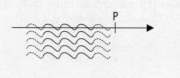

Emplois particuliers

Dans des emplois particuliers, l'imparfait peut marquer :

1° Un fait permanent ou habituel dans le passé :

Les citoyens romains
dédaignaient le commerce.

Il **quittait** l'hôpital
tous les jours vers
cinq heures.   (M. Thiry)

2° Un futur prochain ou un passé récent par rapport à tel moment du passé :

Je pris courage : dans deux
heures du renfort **arrivait**.

Nous **sortions** à peine
qu'un orage éclata.

3° Un fait qui devait être la conséquence immédiate et infaillible d'un autre fait (qui ne s'est pas produit) :

Un pas de plus, je
tombais dans le précipice.

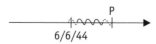

4° Un fait qui a eu lieu à un moment précis du passé :

Le 6 juin 1944, les Américains
débarquaient en Normandie.

5° Une action présente que l'on semble se hâter de rejeter dans le passé, dans un souci d'atténuation :

Je **venais** présenter
ma note.

233

6° Un fait présent ou futur après *si* marquant l'hypothèse (le verbe principal étant au conditionnel présent) :

*Si j'**avais** de l'argent*
(aujourd'hui, demain),
je vous en donnerais.

c) **Le passé simple** (🅱 § 882)

353 **Emploi général**

Le passé simple exprime un fait passé considéré depuis son début et dont le déroulement a pris fin ; il ne marque aucunement le contact que ce fait, en lui-même ou par ses conséquences, peut avoir avec le présent :

*Le rat des villes **invita*** *le rat des champs.*

Remarques

1. Comme il montre le déroulement de l'action depuis son début jusqu'à sa fin, le passé simple permet de faire voir plusieurs actions dans leur succession et de faire apparaître la progression des événements : c'est pourquoi il convient particulièrement à la *narration* de faits passés :
*Les étoiles **s'éteignirent**. Blanquette **redoubla** de coups de cornes, le loup de coups de dents... Une lueur pâle **parut** dans l'horizon. Le chant d'un coq enroué **monta** d'une métairie.* (A. Daudet)

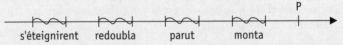

s'éteignirent   redoubla   parut   monta

Il arrive fréquemment que, dans un récit, on interrompe le déroulement des actions pour faire voir quelque chose qui n'appartient qu'au décor ; on passe donc du *passé simple* à l'*imparfait* :
*Déjà ! **dit** la petite chèvre ; et elle **s'arrêta** fort étonnée. En bas, des champs étaient noyés de brume. Le clos de M. Seguin disparaissait dans le brouillard, et de la maisonnette on ne voyait plus que le toit avec un peu de fumée. Elle **écouta** les clochettes d'un troupeau qu'on ramenait et se **sentit** l'âme toute triste.* (A. Daudet)

2. Le passé simple ne s'emploie que dans la langue écrite (sauf dans le sud de la France) ; depuis le XVIIe siècle, il a été peu à peu supplanté par le passé composé dans l'usage oral.

Emploi particulier

Le passé simple s'emploie parfois comme équivalent du présent pour exprimer une vérité générale ; il est alors accompagné d'un complément de temps :

*Un bienfait reproché **tint**
toujours lieu d'offense.* (J. Racine)

d) Le passé composé (Bu § 883)

354 Emploi général

Le passé composé exprime un fait passé, achevé au moment où l'on parle, et que l'on considère comme relié au présent (parfois le fait a eu lieu dans une période non encore entièrement écoulée, parfois il a une suite ou des résultats dans le présent).

Cela se comprend mieux si l'on considère qu'une phrase comme « j'*ai lu* un livre » avait originairement la valeur de « j'ai [maintenant] un livre lu », « je suis [maintenant] dans la situation d'avoir lu un livre ».

*J'**ai écrit** ce matin.*

*Je vous **ai rencontré**
l'an dernier.*

Le passé composé peut aussi avoir, dans la langue parlée, la valeur qu'a le passé simple dans la langue écrite, puisque celle-ci ignore ce temps [voir § 353, 2] :

*Jules César **est né** en 101 avant Jésus-Christ.*

Emplois particuliers

Dans des emplois particuliers, le passé composé sert à exprimer :

1° Une vérité générale ; il est alors accompagné d'un complément de temps :

*Attention ! On a vite
fait une erreur.*

2° Un fait répété ou habituel :

*Quand elle a bien **travaillé**,
on la félicite.*

3° Avec la valeur du futur antérieur, un fait non encore accompli, mais présenté comme s'il l'était déjà:

J'ai fini
dans dix minutes.

4° Avec la valeur du futur antérieur, un fait à venir, après *si* marquant l'hypothèse:

Si, dans deux heures,
*la fièvre **a monté**,*
vous me rappellerez.

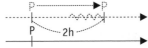

e) Le passé antérieur (Bu § 885)

355 **Emploi général**

Le passé antérieur est propre à la langue écrite. Il exprime un fait passé entièrement achevé au moment où un autre fait passé a commencé; souvent les deux faits se suivent immédiatement, mais ils peuvent ne pas être contigus.

Le passé antérieur s'emploie généralement dans des propositions subordonnées, après une conjonction de temps et se trouve combiné avec un passé simple, dans la principale (parfois avec un passé composé, ou un imparfait, ou un plus-que-parfait):

*Quand il **eut écrit**,*
il sortit.

Longtemps après qu'il
***eut écrit**, il sortit.*

Emploi particulier

Le passé antérieur se trouve parfois dans des propositions principales exprimant une action faite rapidement; dans cet emploi, il est toujours accompagné d'un complément de temps: *bientôt, vite,* etc.:

*On **eut** bientôt **rejoint***
le fuyard.

f) Le plus-que-parfait (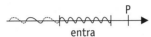 § 884)

356 Emploi général

Le plus-que-parfait exprime, comme le passé antérieur, un fait passé qui a eu lieu avant un autre fait passé, mais il ne montre pas le début de la situation dont il s'agit (tandis que le passé antérieur le montre) :

*Il **avait écrit** sa lettre*
quand sa mère entra.

Emplois particuliers

Dans des emplois particuliers, le plus-que-parfait peut exprimer :

1° Un fait répété ou habituel :
*Quand il **avait déjeuné**, il sortait.*

2° Avec la valeur d'un passé composé, un fait passé qu'on recule dans le passé, souvent par souci d'atténuation [voir § 352.5] :
*J'**étais venue** vous*
présenter ma note.

3° Un fait situé dans le passé, après *si* marquant l'hypothèse (le verbe principal étant au conditionnel passé) :

*Si vous m'**aviez appelée**,*
je serais venue.

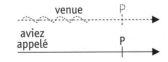

g) Le futur simple (§ 887)

357 Emploi général

Le futur simple sert, en général, à exprimer un fait à venir :
*Je vous **paierai** aujourd'hui, demain, plus tard.*

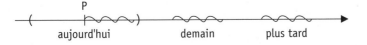

Emplois particuliers

Dans des emplois particuliers, le futur simple peut marquer :

1° Un fait présent que, par politesse, on présente comme s'il ne devait se produire que plus tard :

*Je vous **demanderai** une bienveillante attention.*
*Vous m'**excuserez**, s'il vous plaît.*

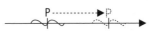

2° Avec *avoir* ou *être*, un fait présent que l'on considère comme simplement probable : on se place, en pensée, dans l'avenir, à un moment où l'opinion qu'on a se trouvera vérifiée :

*Notre ami est absent : il **aura** encore sa migraine.*

3° Un fait présent contre lequel on s'indigne en le considérant comme prolongé dans le futur :

*Quoi ! les gens **se moqueront** de moi !* (J. de La Fontaine)

4° Un ordre, un souhait, une prière, dont on veut atténuer ou renforcer le caractère impératif :

*Vous **reviendrez** demain.*
*Tu ne le **feras** plus, n'est-ce pas ?*

5° Parfois (surtout dans les exposés historiques) un fait passé, mais postérieur à un présent que le narrateur a situé en imagination dans le passé :

*L'œuvre de Van Gogh aura peu d'échos et il ne **vendra** qu'une seule toile de son vivant.*
(Grand dict. encyclo. Larousse, article « Van Gogh »)

h) Le futur antérieur (Bu § 888)

358 Emploi général

Le futur antérieur exprime un fait qui, à tel moment à venir par rapport à maintenant, sera accompli; il marque l'antériorité à l'égard d'un fait futur:

Vous récolterez ce que
*vous **aurez semé**.*

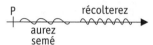

Emploi particulier

Le futur antérieur peut exprimer un fait passé, qu'on place en imagination dans l'avenir, à un moment antérieur à un autre moment à venir. En cet emploi, il sert à marquer soit la supposition, soit diverses nuances affectives:

*J'**aurai laissé** mes lunettes*
au salon, va me les chercher.
*Vous vous **serez trompé**.*
*Ainsi, j'**aurai peiné** en vain !*

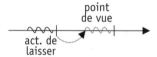

i) Les deux futurs du passé

359 Le futur du passé (Bu § 889)

Le futur du passé exprime un fait futur par rapport à un moment du passé:

*Elle déclara qu'elle **viendrait**.*

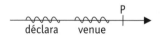

Le futur antérieur du passé (Bu § 890)

Le futur antérieur du passé exprime un fait qui, à tel moment du passé était à venir, avant un autre fait également à venir:

*Elle déclara qu'elle viendrait, quand on l'**aurait appelée**.*

> **R**emarque
>
> Les formes du futur du passé et du futur antérieur du passé se confondent respectivement avec celles du conditionnel présent et du conditionnel passé. Mais, quant au sens, le futur du passé et le futur antérieur du passé n'ont rien du *mode* conditionnel: *Elle a déclaré qu'elle* **viendrait** n'est que la transcription au passé de *Elle déclare qu'elle* **viendra**.

2. Le conditionnel (⑧ § 889)

360 Emploi général

Le **conditionnel** exprime un fait qu'on présente comme imaginaire et dont l'accomplissement dépend d'une condition énoncée ou non. Il peut marquer:

1° Un fait futur dont l'accomplissement dépend d'une condition présentée comme possible (sens potentiel):

> *Si mes enfants avaient des difficultés* (cela sera peut-être, je n'en sais rien), *je les* **aiderais**.

2° Un fait présent ou passé soumis à une condition non réalisée (sens irréel):

> *Si j'étais riche* (mais cela n'est pas), *je* **ferais** *des heureux*.
> *Si j'avais été riche* (mais cela n'a pas été), *j'* **aurais fait** *des heureux*.

Emplois particuliers

Le conditionnel n'exprime pas toujours un fait soumis à une condition. Il s'emploie encore:

1° Pour exprimer une affirmation atténuée:

> *Un accident* **aurait eu** *lieu à l'usine; il y* **aurait** *dix morts*.

2° Pour exprimer une exclamation traduisant l'indignation, l'étonnement:

> *J'* **ouvrirais** *pour si peu le bec! Aux dieux ne plaise!* (J. de La Fontaine)
> *Comment! Vous* **manqueriez** *à votre parole!*

3° Pour indiquer un fait simplement imaginaire:

> *Jouons à la police et aux voleurs: tu* **serais** *un voleur*.

4° Pour marquer un désir atténué, une volonté adoucie:

> *Je* **désirerais** *vous parler*.
> **Voudriez**-*vous avancer?*

5° Pour marquer la supposition, la concession, l'opposition :

Rien ne te sert d'être farine ;
Car, quand tu serais sac, je n'approcherais pas. (J. de La Fontaine)

Ⓡemarques

1. Le plus-que-parfait du subjonctif peut avoir le sens du conditionnel passé
(2ᵉ forme) :
Rodrigue, qui l'eût cru ? (P. Corneille)
2. Pour le *conditionnel-temps*, **[voir § 359, Rem.]**

---

3. L'impératif (Ⓑ § 892)

361 **Emploi général**

L'**impératif** est, d'une façon générale, le mode du commandement, de l'exhortation, de la prière :

– *Je lui parlerai, je le convaincrai.*
– *Non, ne faites pas ça !* (A. Chedid)

Ayez pitié des enfants
Ne négligez pas les enfants
Accordez l'amour aux enfants. (E. Blasse)

Emplois particuliers

Dans des emplois particuliers, l'impératif peut exprimer :

1° La supposition, la concession :
Ôtez leurs grands pieds, leurs godillots de plomb aux figurines
de A. Giacometti, ce n'est plus rien. (F. Ponge)

2° Un ordre, une exhortation que le sujet parlant s'adresse à lui-même :
Dissimulons encore, comme j'ai commencé. (J. Racine)

Ⓡemarque

L'impératif passé est d'un emploi restreint ; il indique qu'un fait devra être
accompli à tel moment du futur, par rapport auquel il sera passé :
Aie terminé ce travail demain à midi.

---

4. Le subjonctif (ⓑ § 894)

362 Le **subjonctif** exprime, en général, un fait simplement envisagé dans la pensée, avec un sentiment particulier (comme dans le désir, le souhait, la volonté, etc.).

Il se trouve le plus souvent dans des propositions *subordonnées,* mais il s'emploie aussi dans des propositions *indépendantes* ou *principales.*

363 **Le subjonctif indépendant** (ⓑ § 895)

Le subjonctif, dans la proposition indépendante ou principale, peut exprimer :

1° À la 3ᵉ personne, un ordre ou une défense :

> *Qu'elle **parte** et qu'elle ne **revienne** plus !*

2° Un souhait (avec ou sans *que*) :

> *Que la chance vous **sourie** !*
> *Dieu me **garde** d'oublier vos bienfaits !*
> ***Puissiez**-vous revenir saine et sauve !*

3° Une concession :

> *Qu'il **ait agi** sans mauvaise intention : il n'en mérite pas moins une sanction.*
> *Vous le voulez ? **Soit** !*

4° Une supposition :

> *Que je **vive**, et je ferai d'autres ouvrages sur mon travail et mes combats.* (G. Duhamel)

5° Une exclamation traduisant l'indignation :

> *Moi, Seigneur, que je **fuie** !* (J. Racine)

Ⓡemarques

1. *Que* introduisant les propositions indépendantes ou principales dont il vient d'être question est une particule conjonctionnelle, signe du subjonctif.

2. Le subjonctif exprime une affirmation atténuée dans les expressions négatives *je ne sache pas, je ne sache rien, je ne sache personne* (à la 1ʳᵉ personne du singulier, mais parfois aussi avec le sujet *on*) et dans les expressions *que je sache, qu'on sache, que nous sachions* (en phrase négative), *que tu saches, que vous sachiez* (en phrase interrogative, sans négation) :
   *Je ne **sache** pas que ce travail ait paru.* (F. Brunot)
   *On ne **sache** pas qu'elle ait jamais protesté autrement.* (A. Billy)
   *Il n'a point été à la campagne, que je **sache**.* (É. Littré)
   *Est-il venu quelqu'un que vous **sachiez**, que tu **saches** ?* (Id.)

364 **Le subjonctif subordonné** (**Bu** § 896)

N.B.

Les cas que nous allons signaler se retrouveront, mais dissociés, dans la quatrième partie (Propositions subordonnées).

Dans les propositions subordonnées, le subjonctif s'emploie :

1° Après les verbes de forme impersonnelle marquant soit la nécessité, la possibilité, le doute, l'obligation ou un sentiment personnel, soit la certitude ou la vraisemblance et exprimant un sens négatif, interrogatif ou conditionnel [voir § 456, b, 1° et 2°].

2° Après les verbes d'opinion, de déclaration, de perception, quand le fait est envisagé simplement dans la pensée [voir § 462, b, 1°].

3° Après les verbes exprimant la volonté, le doute ou quelque sentiment [voir§ 462, b].

4° Après *que* introduisant une subordonnée complément d'objet mise en tête de la phrase avant la principale [voir § 462, b, 3°].

5° Dans la subordonnée attribut, ou en apposition, ou complément d'agent, ou complément d'adjectif, si elle exprime un fait envisagé simplement dans la pensée [voir §§ 458, b; 460, b; 483; 488, b].

6° Dans la subordonnée complément de nom ou de pronom (subord. *relative*) :
  a) marquant un but à atteindre, une conséquence [voir § 486, b] ;
  b) ayant un antécédent accompagné d'un superlatif relatif ou de *le seul, l'unique,* etc. [voir § 486, b, 2°] ;
  c) dépendant d'une principale négative, interrogative ou conditionnelle, si la subordonnée relative exprime un fait envisagé simplement dans la pensée [voir § 486, Rem, 2].

7° Dans la subordonnée complément circonstanciel :
  a) marquant le temps et introduite par *avant que, en attendant que, jusqu'à ce que* [voir § 467, b] ;
  b) marquant la fausse cause et introduite par *non que, non pas que, ce n'est pas que* [voir § 469, Rem.] ;
  c) marquant le but [voir § 471] ;
  d) marquant la conséquence après une principale négative ou interrogative, ou après *assez pour que, trop pour que, trop peu pour que, suffisamment pour que, sans que,* ou encore quand la subordonnée exprime un fait qui est à la fois une conséquence et un but à atteindre ([voir§ 473, c] et [voir § 481, d]) ;

e) marquant la concession (ou l'opposition) [voir § 475] ;

f) marquant la condition (ou la supposition) et introduite par une locution conjonctive composée à l'aide de *que* [voir § 478] ; [voir aussi § 477, 3°, Rem. 3].

5. L'infinitif (⒝§ 900)

365 L'**infinitif** exprime purement et simplement l'idée de l'action, sans indication de personne ni de nombre ; il ne fait pas connaître si l'action est réelle ou non.

Outre la valeur purement *verbale,* il peut avoir la valeur d'un *nom.*

Comme verbe (⒝§ 901)

366 C'est surtout dans la proposition infinitive [voir § 461, 4°] que l'infinitif s'emploie comme verbe ; mais il se trouve aussi avec la valeur d'une forme personnelle dans certaines propositions indépendantes ou principales.

On distingue :

1° L'infinitif d'*interrogation* :
Que **faire** ? Où **aller** ?

2° L'infinitif *exclamatif* :
Hé quoi ! **charger** ainsi cette pauvre bourrique ! (J. de La Fontaine)

3° L'infinitif de *narration* :
C'est une araignée, tiens bon, serre les jambes !
Et de **rire** plus fort, de lâcher de vilains mots qui les faisaient se tordre. (É. Zola)

4° L'infinitif *impératif* :
Bien **faire** et **laisser** dire.

Comme nom (⒝§ 902)

367 Certains infinitifs peuvent être employés substantivement et prendre l'article :
Un **parler** étrange.
Nous devons prévoir le **boire** et le **manger**.

368 L'infinitif peut remplir toutes les fonctions du nom :

1° Sujet (**Bu** § 911-912) :
> *Promettre* n'est pas tenir. *Il importe de* **vérifier**.

2° Attribut (**Bu** § 913) :
> *Mourir n'est pas* **mourir**, *mes amis, c'est* **changer**. (A. de Lamartine)

3° Complément d'objet direct ou indirect (**Bu** § 904, 910, 914) :
> *Il veut* **parler**. *Il craint de* **parler**. *Il renonce à* **parler**.

4° Complément circonstanciel (**Bu** § 909) :
> *Elle sème pour* **récolter**.

5° Apposition ou complément déterminatif (**Bu** § 914) :
> *Il n'y a pour l'homme que trois événements :* **naître, vivre** *et* **mourir**.
> (J. de La Bruyère)
> *La fureur de* **vivre**.

6° Complément de l'adjectif (**Bu** § 915) :
> *Elle est prête à* **partir**.

6. Le participe

369 Le **participe** est la forme adjective du verbe : il tient à la fois de la nature du verbe et de celle de l'adjectif (**Bu** § 920-921) :
> *Je l'ai trouvé* **agonisant**.
> *Des amours* **cachées**.

a) Le participe présent

370 Le participe présent peut être regardé tantôt comme *forme verbale* tantôt comme *adjectif* (**Bu** § 923).

Comme forme verbale

371 Comme forme verbale, le participe présent exprime généralement une action en train de s'accomplir à la même époque que l'action exprimée par le verbe qu'il accompagne. Il marque donc une action présente, passée ou future :
> *Je le vois* **souriant** (= qui sourit).
> *Je l'ai vu* **souriant** (= qui souriait).
> *Je le verrai* **souriant** (= qui sourira).

> **N.B.**
>
> Il peut se faire que l'indication de l'époque (présente, passée ou future)
> à laquelle se situe l'action exprimée par le participe présent soit donnée,
> non par le verbe principal, mais par un élément du contexte :
> *Je vous parlerai de Pascal **s'adonnant**, dès son adolescence, à la recherche
> scientifique.*
> *Cet ingénieur se voit, **organisant** dans quelques années toute l'activité
> industrielle de sa région.*

Le participe présent a toujours le sens actif :

> *Une interprète **parlant** quatre langues* (= une interprète qui parle quatre
> langues).

> **R**emarque
>
> Certains participes présents s'emploient comme noms :
> *Un débutant, un combattant, un passant, un mourant,* etc.

372 Le participe présent est invariable :

> *Épaisses volutes de fumée **dégageant** une odeur âcre qui prenait
> à la gorge.* (S. Bemba)

> **R**emarque
>
> Le participe présent est variable, selon l'usage d'autrefois, dans certaines
> expressions : *les **ayants** cause, les **ayants** droit, toute(s) affaire(s) **cessante(s)**.*

Comme adjectif (**Ⓑ** § 922-923)

373 Comme adjectif, le participe présent a la valeur d'un simple qualificatif et s'accorde en genre et en nombre avec le nom auquel il se rapporte ;
il s'appelle alors **adjectif verbal** :

> *Glissez, glissez, brises **errantes**,*
> *Changez en cordes **murmurantes***
> *La feuille et la fibre des bois.* (A. de Lamartine)

374 En général, l'adjectif verbal a le sens actif.

Il a parfois le sens passif ou réfléchi :

> *Une couleur **voyante*** (= qui est vue).
> *Une personne bien **portante**.*

Parfois il n'est ni actif ni passif :

Une rue passante.

375 Un certain nombre d'adjectifs verbaux se distinguent, par l'ortho-graphe, des participes présents correspondants (**Bu** § 922) :

ADJ. VERB.	PART. PRÉS.	ADJ. VERB.	PART. PRÉS.
1° -ent :	**-ant :**	précédent	précédant
adhérent	adhérant	somnolent	somnolant
affluent	affluant	violent	violant
coïncident	coïncidant	**2° -cant :**	**-quant :**
compétent	compétant	communicant	communiquant
confluent	confluant	convaincant	convainquant
convergent	convergeant	provocant	provoquant
déférent	déférant	suffocant	suffoquant
détergent	détergeant	vacant	vaquant
différent	différant	**3° -gant :**	**-guant :**
divergent	divergeant	délégant	déléguant
émergent	émergeant	extravagant	extravaguant
équivalent	équivalant	intrigant	intriguant
excellent	excellant	fatigant	fatiguant
expédient	expédiant	navigant	naviguant
influent	influant	zigzagant	zigzaguant
négligent	négligeant		

Distinction du participe présent d'avec l'adjectif verbal

376 Le participe présent exprime une *action* qui progresse, nettement déli-mitée dans la durée, simplement passagère (**Bu** § 923).

L'adjectif verbal exprime un *état,* sans délimitation dans la durée, et indique, en général, une qualité plus ou moins permanente[1].

---

1. Des théoriciens ont dit que, pour distinguer plus facilement le participe présent (invariable) d'avec l'ad-jectif verbal (variable), il était bon d'observer que la forme en *-ant* est participe présent quand on peut le remplacer par un temps du verbe précédé de «qui» : *J'observais ces enfants riant de toutes les plaisanteries* [c'est-à-dire : *qui riaient de toutes les plaisanteries*]. Le procédé n'est pas sûr : dans beaucoup de cas, l'ad-jectif verbal peut, lui aussi, être remplacé par un temps du verbe, précédé de «qui» : *On aime les enfants riants* [c'est-à-dire : *qui rient, qui expriment le rire et la gaieté*].

Mieux vaudrait, semble-t-il, quand on hésite, essayer de faire prendre à la forme en *-ant* l'e du féminin (en substituant, s'il y a lieu, au nom masculin un nom féminin) : quand la transformation est possible, on déduit que la forme en *-ant* est un adjectif verbal ; dans le cas contraire, on a affaire à un participe présent. Mais le plus sûr, c'est encore de consulter le sens et d'appliquer avec discernement ce principe : le participe pré-sent exprime une *action*, l'adjectif verbal, une *qualité*, un *état*.

• La forme en -*ant* est **participe présent** :

1° Quand elle a un complément d'objet direct :

Imagine qu'un soir
La lumière s'attarde sur la terre,
***Ouvrant** ses mains d'orage et donatrices.* (Y. Bonnefoy)

2° Quand elle a un complément d'objet indirect ou un complément circonstanciel, pourvu qu'on exprime l'action :

*Des discours **plaisant** à chacun.*

*Des chouettes **voletant** d'une tour à l'autre, **passant** et **repassant** entre la lune et moi, dessinaient sur mes rideaux l'ombre mobile de leurs ailes.* (Fr.-R. de Chateaubriand)

3° Quand elle est précédée de la négation *ne* [voir § 409, *a* Rem. 1] :

*Ils restaient interdits, ne **protestant** que pour la forme.*

4° Ordinairement quand elle est *suivie* d'un adverbe qui la modifie :

*Ce sont des enfants très agréables, **riant** et **chantant** toujours.*

5° Quand elle appartient à un verbe pronominal :

*Au fond du couloir, elle aperçut des élèves **se bousculant** et **se battant** même.*

6° Ordinairement quand elle est précédée de la préposition *en* (c'est alors le *gérondif* [voir § 294, Rem.]) :

*La voiture **en tournant** renversa le couple qui traversait.*

À noter en particulier le tour avec *aller* suivi de la forme en -*ant*, précédée ou non de *en* (ce tour sert à marquer la continuité, la progression de l'action) :

*L'inquiétude **va croissant**.* (Académie)
*Son mal **va en empirant**.*

7° Dans la proposition participe [voir § 392] :

*La nature **aidant**, nous le guérirons.*

• La forme en -*ant* est **adjectif verbal** quand on peut la remplacer par un autre adjectif qualificatif, et notamment :

1° Quand elle est attribut ou simple épithète :

*La forêt était **riante**.*
*Les bœufs **mugissants** et les brebis **bêlantes** venaient en foule.*
(F. de Fénelon)

2° Ordinairement quand elle est *précédée* d'un adverbe (autre que *ne*) qui la modifie [voir § 409, b] :

*Des gazons toujours **renaissants** et fleuris.* (F. de Fénelon)

b) Le participe passé (Bu § 924)

Sens

377 Le participe passé peut être regardé tantôt comme *forme verbale,* tantôt comme *adjectif.*

Comme **forme verbale,** le participe passé se trouve dans tous les temps composés :

> *J'ai **compris**.*
> *Ils sont **partis**.*
> *Le coupable sera **condamné**.*

Il se trouve aussi employé seul :

> *Cet ouvrage, **achevé** si hâtivement, ne saurait être bien fait.*

Comme **adjectif,** le participe passé a la valeur d'un simple qualificatif :

> *Un air **emprunté**.*
> *Ces enfants sont bien **élevés**.*

> **R**emarques
>
> 1. Le participe passé employé sans auxiliaire a généralement le sens passif :
> *Un directeur **respecté**.*
> Il a parfois le sens actif :
> *Un homme **dissimulé** (= qui dissimule).*
> *Une femme **réfléchie** (= qui réfléchit).*
>
> 2. Le participe *dit* se soude avec l'article défini pour désigner, en termes de procédure et d'administration, les personnes ou les choses dont on a parlé :
> ***Ledit** preneur. **Ladite** maison. **Audit** lieu.*

Accord du participe passé

Règles générales (Bu § 939)

378 Le participe passé employé **sans auxiliaire** s'accorde en genre et en nombre avec le mot auquel il se rapporte :

> *On devrait recueillir tous les chiens **abandonnés**.*

379 Le participe passé conjugué avec **être** s'accorde en genre et en nombre avec le sujet du verbe :

> *Vos raisons seront **admises**.*

La même règle s'applique au participe passé employé soit comme attribut du sujet avec des verbes analogues au verbe *être* [voir § 59, *b* et *c*], soit comme attribut du complément d'objet direct:

> *Ils paraissent* **charmés.**
> *Elles demeurent* **déconcertées.**
> *Certains hommes de génie meurent* **ignorés** ; *la postérité les laisse parfois* **ensevelis** *dans l'oubli.*

380 Le participe passé conjugué avec **avoir** s'accorde en genre et en nombre avec son complément d'objet direct s'il en est précédé; il reste invariable s'il en est suivi ou s'il n'a pas de complément d'objet direct (ⓑ § 942):

> *Les efforts que nous avons* **faits** *ont été inutiles.*
> *Toutes ces revendications, je les avais* **prévues.**
> *Nous avons* **fait** *des efforts.*
> *J'avais* **prévu** *ces demandes nouvelles.*
> *Elles ont toujours* **espéré** ; *jamais elles n'ont* **douté** *du succès.*

Ⓡemarques

1. Dans les temps surcomposés, le dernier participe seul peut varier:
   Ils sont partis dès que je les ai eu **avertis.**

2. La règle d'accord du participe passé conjugué avec *avoir* reste applicable lorsque le complément d'objet direct a un attribut:
   Certains musiciens que leurs contemporains avaient **crus** *grands sont aujourd'hui tombés dans l'oubli.*
   Ces fleurs, je les ai **trouvées** *fanées.*

Règles particulières

381 **Attendu, non compris,** etc. (ⓑ § 259)

a) *Attendu, non compris, y compris, entendu, excepté, ôté, ouï, passé, supposé, vu,* placés devant le nom ou le pronom, s'emploient comme prépositions et restent invariables:
> *Tout a été détruit,* **excepté** *cette maison.*

b) Quand ces participes sont placés après le nom ou le pronom, ou qu'ils ne le précèdent que par inversion, ils varient:
> *Tout a été détruit, cette maison* **exceptée.**
> **Exceptée** *de la destruction générale, cette maison reste debout.*

> **R**emarque
>
> **Étant donné,** devant le nom, peut rester invariable ou s'accorder avec ce nom :
> *Étant donné sa stupidité, on ne pouvait attendre autre chose de lui.* (Académie)
> *Étant données les circonstances, sa conversation pourra être instructive.*
> (R. Martin du Gard)

382 Ci-annexé, ci-joint, ci-inclus

a) *Ci-annexé, ci-joint, ci-inclus* sont variables quand ils sont épithètes ou attributs (**Bu** § 941) :

> *La lettre **ci-incluse** vous éclairera.*
> *Les pièces que vous trouverez **ci-jointes** sont importantes.*
> *Ces lettres, je vous les renvoie **ci-annexées**.*

b) Ils restent invariables quand on leur donne la valeur adverbiale (comparez : *ci-contre, ci-après,* etc.) :

> *Vous trouverez **ci-inclus** une lettre de votre père.* (Académie)
> ***Ci-joint** l'expédition du jugement.* (Idem)
> *Veuillez trouver **ci-joint** copie de la lettre.*

> **R**emarque
>
> Dans beaucoup de cas, l'accord dépend de l'intention de celui qui parle ou qui écrit. Cependant l'usage est de donner à *ci-annexé, ci-joint, ci-inclus,* la valeur adverbiale :
> - quand ils sont en tête de la phrase ;
> - quand, dans le corps de la phrase, ils précèdent un nom sans article ni adjectif démonstratif ou possessif.

383 Participe passé de certains verbes intransitifs

a) Des verbes intransitifs comme *coûter, valoir, peser, mesurer, marcher, courir, vivre, dormir, régner,* etc. peuvent être accompagnés d'un complément circonstanciel qu'il faut se garder de prendre pour un complément d'objet direct ; le participe passé de ces verbes reste invariable (**Bu** § 947) :

> *Les trois mille euros que ce meuble m'a **coûté**.* (Académie)
> *Ce cheval ne vaut plus la somme qu'il a **valu**.* (Idem)
> *Les vingt minutes que j'ai **marché, couru**.*
> *Les vingt ans qu'elle a **vécu, régné**.*

b) Certains verbes intransitifs peuvent devenir transitifs; leur participe passé est alors variable. Tels sont notamment:

coûter au sens de : causer, occasionner;
valoir au sens de : procurer;
peser au sens de : constater le poids; examiner;
courir au sens de : poursuivre en courant; s'exposer à; parcourir, etc.

> *Les efforts que ce travail m'a **coûtés**.* (Académie)
> *La gloire que cette action lui a **value**.* (Id.)
> *Les paquets que j'ai **pesés**.*
> *Les dangers que nous avons **courus**.*

384 **Participe passé des verbes impersonnels** (🅑🅤 § 948)

Le participe passé des verbes impersonnels ou pris impersonnellement est toujours invariable:

> *Les sommes qu'il a **fallu** ont paru énormes.*
> *Les chaleurs qu'il a **fait** ont été torrides.*
> *Les inondations qu'il y a **eu** ont causé bien des dégâts.*

385 **Dit, dû, cru, su, pu, etc.** (🅑🅤 § 949)

Les participes *dit, dû, cru, su, pu, voulu,* et autres semblables restent invariables lorsqu'ils ont pour complément d'objet direct un infinitif ou une proposition à sous-entendre après eux:

> *J'ai fait tous les efforts que j'ai **pu** [faire].*
> *Elle m'a donné tous les renseignements qu'elle avait **dit***
> *[sous-entendu : qu'elle me donnerait].*

> **R**emarque
>
> Le participe passé précédé du pronom relatif *que* est invariable lorsque ce pronom est complément d'objet direct d'un verbe placé après le participe; dans ce cas, le participe a pour complément la proposition qui vient après lui:
>
> *C'est une faveur qu'il a **espéré** qu'on lui accorderait.*
>
> Semblablement le participe reste invariable quand il est précédé du relatif *que* et suivi d'une relative introduite par *qui*:
>
> *Nous subissons les chaleurs torrides qu'on avait **prévu** qui arriveraient.*

386 **Participe passé précédé du pronom *l'*** (🅑🅤 § 945)

Le participe passé est invariable lorsqu'il a pour complément d'objet direct le pronom neutre *l'* représentant une proposition et signifiant *cela*:

> *Cette intervention est moins difficile que je ne l'avais **estimé***
> (= que je n'avais estimé *cela*, c.-à-d. *qu'elle était difficile*).

387 Participe passé précédé d'un collectif ou d'un adverbe de quantité

a) Lorsque le participe passé est précédé d'un complément d'objet direct renvoyant à un **collectif** suivi de son complément, l'accord est commandé par le collectif ou par son complément, selon le sens (**Bu** § 431) :

*Il y avait là une bande de voleurs que la police eut bientôt **cernée**.*
*Il y avait là une bande de voleurs que la police eut bientôt **ligotés**.*

> **R**emarque
>
> Lorsque le complément d'objet direct précédant le participe renvoie
> à *le peu* suivi de son complément, c'est *le peu* qui règle l'accord s'il domine
> dans la pensée (il marque *souvent* alors l'insuffisance) (**Bu** § 430) :
>
> *Le peu de confiance que vous m'avez **témoigné** m'a découragé.*
>
> Si *le peu* n'attire pas particulièrement l'attention, c'est le complément
> de *peu* qui commande l'accord (on peut alors supprimer *peu* sans ruiner le sens ;
> *le peu* marque simplement la petite quantité) :
>
> *Le peu de confiance que vous m'avez **témoignée** m'a encouragé.*

b) Lorsque le complément d'objet direct précédant le participe est un **adverbe de quantité** suivi de son complément, c'est celui-ci qui commande l'accord :

*Autant de batailles il a **livrées**, autant de victoires il a **remportées**.*
*Combien de fautes a-t-il **faites** ?*

L'accord n'a pas lieu si le complément de l'adverbe de quantité suit le participe :

*Combien a-t-il **fait** de fautes ?*

388 Participe passé suivi d'un infinitif (**Bu** § 951)

a) Le participe passé conjugué avec *avoir* et suivi d'un infinitif s'accorde avec le complément d'objet direct qui précède lorsque ce complément se rapporte au participe :

*Les violonistes que j'ai **entendus** jouer étaient habiles.*
(J'ai entendu qui ? – *que,* c.-à-d. les violonistes, qui jouaient.)

b) Mais le participe reste invariable si le complément d'objet direct se rapporte à l'infinitif :

*Les airs que j'ai **entendu** jouer étaient charmants.*
(J'ai entendu quoi ? – *jouer que,* c.-à-d. jouer les airs.)

N.B. Moyens pratiques

1. Intercaler le complément d'objet direct (ou le nom qu'il représente) entre le participe et l'infinitif, puis tourner l'infinitif par le participe présent ou par une proposition relative à l'imparfait, ou encore par l'expression *en train de*: si la phrase garde son sens, faire l'accord:
   *Je les ai **vus** sortir: j'ai vu eux sortant... qui sortaient... en train de sortir.*

2. Quand l'être ou l'objet désigné par le complément d'objet direct fait l'action exprimée par l'infinitif, le participe s'accorde:
   *Les comédiens qu'on a **encouragés** à jouer cette pièce*
   (ce sont les comédiens qui jouent cette pièce).

3. Si l'infinitif est suivi ou peut être suivi d'un complément d'agent introduit par la préposition *par*, le participe est invariable:
   *Ces arbres que j'avais **vus** grandir, je les ai **vu** abattre*
   (par le bûcheron).

Remarques

1. Le participe *fait* suivi d'un infinitif est invariable[1]:
   *Ces personnes, je les ai **fait** venir.*

2. *Eu* et *donné* suivis d'un infinitif introduit par *à* peuvent, dans la plupart des cas, s'accorder ou rester invariables, parce qu'il est indifférent de faire rapporter le complément d'objet direct au participe ou à l'infinitif:
   *Les affronts qu'il a **eu(s)** à subir* (il a eu des affronts à subir,
   ou: il a eu à subir des affronts).
   *Les problèmes qu'on m'a **donné(s)** à résoudre.*

389 **Participe passé précédé de *en*** (**Bu** § 946)

Le participe passé précédé du pronom *en* complément d'objet direct est généralement invariable, parce que *en* est neutre et partitif:
   *Voyez ces fleurs, en avez-vous **cueilli**?* (= avez-vous cueilli de cela?...
   une partie de ces fleurs?) (É. Littré)
   *Des difficultés, certes, j'en ai **éprouvé**!*

---

1. Les rectifications orthographiques proposées en 1990 suggèrent d'étendre cette règle à *laissé*
[voir § **501**].

ⓇEmarques

1. Cette règle reste d'application lorsque le pronom *en* est accompagné d'un adverbe de quantité :
   *Tu m'as dit que les romans te choquent ; j'en ai beaucoup **lu**.* (A. de Musset)
   *J'en ai tant **vu**, des rois.* (V. Hugo)

2. Dans des phrases comme la suivante, le pronom *en* (qui n'est pas complément d'objet direct et qui n'est d'ailleurs ni neutre ni partitif) n'a rien à voir avec l'accord du participe :
   Ce sont de vrais amis ; je n'oublierai pas les services que j'en ai reçus.

390 Participe passé des verbes pronominaux (Ⓑⓤ§ 953)

Ⓝ.Ⓑ. Moyens pratiques

1. Dans la question que l'on fait pour trouver le complément d'objet direct d'un verbe pronominal, on remplace l'auxiliaire *être* par l'auxiliaire *avoir* :
   Ils se sont imposé des sacrifices (Ils ont imposé quoi ? des sacrifices).

2. Bien se rappeler la classification des verbes pronominaux : [voir § 287].

a) Le participe passé des verbes pronominaux **réfléchis** ou **réciproques** s'accorde avec le pronom réfléchi quand celui-ci est complément d'objet direct :
   *Elle s'est **coupée** au doigt* (= elle a coupé soi...).
   *Pierre et Raphaël se sont **battus**.*
   *Elle s'est **coupé** le doigt* (= elle a coupé le doigt à soi).
   *Pierre et Raphaël se sont **dit** des injures* (= ils ont dit des injures à soi).

ⓇEmarque

1. À côté du pronom réfléchi complément d'objet indirect, on peut avoir un pronom complément d'objet direct qui commande l'accord :
   *Les sacrifices qu'elle s'est **imposés*** (que = complément d'objet direct).

2. Le participe des verbes suivants est toujours invariable, parce que ces verbes ne peuvent jamais avoir de complément d'objet direct :

se convenir	se parler	se ressembler	se suffire
se nuire	se plaire	se rire	se survivre
se mentir	se déplaire	se sourire	
s'en vouloir	se complaire	se succéder	

> *Ils se sont **nui**.*
> *Les rois qui se sont **succédé**.*
> *Ils se sont **plu** l'un à l'autre.*

b) Le participe passé des verbes pronominaux dont le **pronom** est **sans fonction logique** (qui n'est pas complément d'objet, ni direct ni indirect) s'accorde avec le sujet:

> *Ils se sont **tus**.*
> *Elles se sont **évanouies**.*
> *Nous nous sommes **joués** de la difficulté.*

Exceptions: *se rire, se plaire* (se trouver bien, trouver du plaisir), *se déplaire* (ne pas se trouver bien), *se complaire* (trouver sa satisfaction):

> *Ils se sont **ri** de nos menaces.*
> *Ils se sont **plu** à me tourmenter.*
> *Elles se sont **plu (déplu)** dans ce lieu.*
> *Ils se sont **complu** dans leur erreur.*

c) Le participe passé des verbes pronominaux **passifs** s'accorde avec le sujet:

> *La bataille s'est **livrée** ici.*

Règle simplifiée

Du moment que le pronom de forme réfléchie n'est pas manifestement complément d'objet indirect, le participe passé du verbe pronominal est variable.

Quatre exceptions:
> *se rire,*
> *se plaire* (se trouver bien, trouver du plaisir),
> *se déplaire* (ne pas se trouver bien),
> *se complaire* (trouver sa satisfaction).

c) La construction du participe et du gérondif

391 La clarté demande que le participe (présent ou passé) placé au commencement d'une phrase ou d'un membre de phrase se rapporte au *sujet* du verbe base de la phrase (**Bu** § 920):

> ***Connaissant** votre générosité, **j'**espère que vous ne repousserez pas ma demande.*
> ***Ayant** bien **récité** ma leçon, **j'**ai obtenu la meilleure note.*
> ***En attendant** votre réponse, **je** vous prie de croire à mes sentiments les meilleurs.*

On considère comme incorrectes les tournures suivantes :

> *Connaissant votre générosité, ma demande ne saurait être mal reçue.*
> *Ayant bien récité ma leçon, le professeur m'a attribué la meilleure note.*
> *En attendant votre réponse, veuillez croire à mes sentiments les meilleurs.*

®emarque

Dans quelques phrases toutes faites, on trouve le gérondif se rapportant à un élément autre que le sujet du verbe principal, selon un usage fréquent autrefois (**Bu** § 926) :

*La fortune vient **en dormant**.*
*L'appétit vient **en mangeant**.*

---

392 Le participe (présent ou passé) peut s'employer en construction absolue avec un sujet qui lui est propre et qui n'a aucune fonction dans la proposition principale ; il sert alors à former une **proposition participe**, complément circonstanciel du verbe base de la phrase :

> *Le **père mort**, les fils vous retournent le champ.* (J. de La Fontaine)
> *Le **soir tombant**, ils rentrèrent.*

▪ L'accord du verbe avec le sujet

a) **Règles générales**

393 Le verbe s'accorde en nombre et en personne avec son sujet exprimé ou sous-entendu (**Bu** § 928) :

> *Les meilleures actions **s'altèrent** et **s'affaiblissent** par la manière dont on les **fait**.* (J. de La Bruyère)
> *Cieux, **écoutez** ma voix ; terre, **prête** l'oreille.* (J. Racine)

394 Le verbe qui a plusieurs sujets se met au pluriel (**Bu** § 441) :

> *Le langage n'était pas mon bien. Et le raisonnement abstrait, la construction illusoire et délectable de l'imaginaire me **trahissaient** continuellement, sans que je m'en doute.* (J.M.G. Le Clézio)

Si les sujets ne sont pas de la même personne, le verbe s'accorde avec la personne qui a la priorité : la 1re personne l'emporte sur les deux autres, et la 2e sur la 3e (**Bu** § 442, 937) :

> *Mes parents et moi **attendons** votre retour.*
> *J'ai gagé que cette dame et vous **étiez** du même âge.* (Ch. de Montesquieu)

> **R**emarque
>
> Le plus souvent, quand les sujets sont de différentes personnes, on les résume
> par le pronom pluriel de la personne qui a la priorité (**Bu** § 937) :
> *Mes deux frères et moi, **nous** étions tout enfants.* (V. Hugo)

b) Règles particulières

Le cas d'un seul sujet

395 **Nom collectif ou adverbe de quantité sujet** (**Bu** § 431, 934)

Le verbe qui a pour sujet un **collectif** suivi de son complément s'accorde
avec celui des deux mots qui frappe le plus l'esprit :

avec le collectif si l'on considère *en bloc* (dans leur *totalité*) les êtres ou les
objets dont il s'agit :

> *Une foule de malades **accourait**.* (G. de Maupassant)
> *La foule des vivants **rit** et **suit** sa folie.* (V. Hugo)

avec le complément si l'on considère *en détail* (dans leur *pluralité*) les êtres
ou les objets dont il s'agit :

> *Une foule de gens **diront** qu'il n'en est rien.* (Académie)
> *Un troupeau de cerfs nous **croisent**.* (A. Camus)

> **R**emarques
>
> 1. Après *la plupart,* le verbe s'accorde toujours avec le complément ;
>   si ce complément est sous-entendu, il est censé être au pluriel
>   (**Bu** § 438, 934, 935) :
>   *La plupart des gens ne **font** réflexion sur rien.* (Académie)
>   *La plupart **sont** persuadés que le bonheur est dans la richesse ;
>   ils se trompent.* (Idem)
>
> 2. Après *le peu* suivi de son complément, le verbe s'accorde avec *le peu*
>   quand ce mot domine dans la pensée (il marque *souvent* alors l'insuffisance)
>   (**Bu** § 430) :
>   *Le peu de qualités dont il a fait preuve l'**a** fait éconduire.* (Académie)
>
>   Si *le peu* n'attire pas particulièrement l'attention, c'est le complément
>   de *peu* qui commande l'accord (on peut alors supprimer *peu* sans ruiner
>   le sens ; *le peu* marque simplement la petite quantité) :
>   *Le peu de services qu'il a rendus **ont** paru mériter une récompense.* (Académie)

Le verbe qui a pour sujet un **adverbe de quantité** s'accorde avec le complément de cet adverbe; si ce complément n'est pas exprimé, il est censé être au pluriel (**Bu** § 430) :

> *Combien de gens **s'imaginent** qu'ils ont de l'expérience par cela seul qu'ils ont vieilli.* (É. Littré)
>
> *Beaucoup **surveillent** les miroirs pour retrouver les grimaces qu'ils faisaient il y a vingt ans.* (L. Scutenaire)

Remarques

1. Après *plus d'un*, le verbe se met presque toujours au singulier, à moins qu'on n'exprime la réciprocité ou que *plus d'un* ne soit répété (**Bu** § 440) :

   *Plus d'une Pénélope **honora** son pays.* (N. Boileau)

   *Plus d'un ami **se réconcilient** après s'être querellés.*

   *Plus d'un savant, plus d'un artiste **sont morts** dans la misère.*

2. Après *moins de deux,* le verbe se met au pluriel :

   *Moins de deux ans **sont** passés.*

---

396 *Il* **sujet des verbes impersonnels**

Le verbe impersonnel (ou employé impersonnellement) ayant pour sujet apparent le pronom *il* et accompagné d'un sujet réel s'accorde toujours avec le sujet apparent *il* (**Bu** § 930) :

> *Il **pleut** de grosses gouttes.*
>
> *Il **court** des bruits alarmants.*

397 **Pronom** *ce* **sujet**

Le verbe *être* ayant pour sujet le pronom *ce* se met ordinairement au pluriel quand l'attribut est un nom pluriel ou un pronom de la 3ᵉ personne du pluriel (**Bu** § 933) :

> *Ce **sont** de braves enfants.* (Académie)
>
> *Ceux qui vivent, ce **sont** ceux qui luttent.* (V. Hugo)

Le singulier s'emploie aussi, mais il est plus courant dans la langue familière que dans la langue littéraire :

> *Ce n'**était** pas des confidences qu'elle murmurait.* (M. Barrès)
>
> *C'**est** elles qui m'ont porté secours.* (Colette)
>
> *C'**est** eux qui l'auront voulu.* (J. Lemaître)

®emarques

1. Lors même que l'attribut est un nom pluriel ou un pronom de la 3ᵉ personne du pluriel, le verbe *être* ayant pour sujet le pronom *ce* se met au singulier:

   a) Dans *si ce n'est* signifiant «excepté»:

   *Si ce n'**est** eux, quels hommes eussent osé l'entreprendre?* (É. Littré)

   b) Dans certaines tournures interrogatives où le pluriel serait désagréable à l'oreille: *sera-ce? fut-ce*, etc.:

   ***Fut**-ce mes amis qui me l'aient demandé, je l'aurais refusé.*

   On se gardera d'écrire ces formes *fusse* ou *fussent* qui sont incorrectes.

   c) Dans l'indication des heures, d'une somme d'argent, etc., quand l'attribut de forme plurielle évoque l'idée d'un singulier, d'un tout, d'une quantité globale:

   *C'**est** quatre heures qui sonnent* (on indique l'heure, non *les* heures).

   *C'**est** deux cents euros que vous devez* (idée d'*une* somme).

2. Si le mot pluriel qui suit le verbe *être* ayant pour sujet *ce* n'est pas attribut, le verbe reste au singulier:

   *C'**est** des voisins que je veux parler.*

3. Lorsque l'attribut est formé de plusieurs noms dont le premier au moins est au singulier, le verbe *être* ayant pour sujet *ce* se met au singulier, ou, moins souvent, au pluriel:

   *C'**est** la gloire et les plaisirs qu'il a en vue.* (É. Littré)

   *Ce ne **sont** pas l'enfer et le ciel qui les sauveront.* (Fr.-R. de Chateaubriand)

   Mais on met obligatoirement le pluriel quand l'attribut multiple développe un pluriel ou un collectif qui précède:

   *Il y a cinq parties du monde; ce **sont**: l'Europe, l'Asie,* etc.

4. Dans les expressions *ce doit être, ce peut être*, suivies d'un nom pluriel ou d'un pronom de la 3ᵉ personne du pluriel, *devoir* et *pouvoir* se mettent au singulier ou au pluriel:

   *Ce **doit** être mes tantes et mon oncle.* (É. Littré)

   *Ce **pourrait** être deux amis.* (Ch. A. Sainte-Beuve)

   *Ce **devaient** être deux Orientaux.* (M. Proust)

   *Ce **devaient** être des vers.* (É. Henriot)

398 Pronom relatif *qui* sujet (® § 931)

Le verbe ayant pour sujet le pronom relatif *qui* se met au même nombre et à la même personne que l'antécédent de ce pronom:

*C'est moi qui **irai**.*

*Toi qui m'**écoutes**, suis mes conseils.*

Remarques

1. Puisque c'est l'antécédent qui commande l'accord, toutes les règles
   et remarques relatives à l'accord du verbe doivent s'appliquer
   comme si l'antécédent était le véritable sujet:
   *Le loup, le renard et la belette qui **sont chantés** par ce poète québécois.*
   *Toi et moi qui **savons**.*
   *Une meute de loups qui **suivait** les voyageurs.*
   *Le peu de meubles qui se **trouvent** dans les habitations espagnoles sont d'un
   goût affreux.* (Th. Gautier)

2. Lorsque le relatif est précédé d'un attribut se rapportant à un pronom
   personnel, cet attribut commande l'accord:
   a) S'il est précédé de l'article défini:
   *Vous êtes l'élève qui **écrit** le mieux.*
   b) S'il porte l'idée démonstrative:
   *Vous êtes cet élève qui **écrit** le mieux.*
   *Vous êtes celui qui **écrit** le mieux.*
   c) Si la proposition principale est négative ou interrogative:
   *Vous n'êtes pas un élève qui **triche**.*
   *Êtes-vous un élève qui **triche**?*

3. Lorsque l'attribut est un nom de nombre ou un mot indéfini indiquant
   une pluralité, c'est toujours le pronom personnel qui règle l'accord:
   *Vous êtes deux qui **briguez** cet emploi (ou **beaucoup**, ou **plusieurs**,
   ou **quelques-uns**).*

   Il y a incertitude sur l'accord lorsque, dans une phrase affirmative:
   a) L'attribut est précédé de l'article indéfini:
   *Je suis un étranger qui **viens** chercher un asile dans l'Égypte.* (Voltaire)
   *Je suis un homme qui ne **sait** que planter des choux.* (A. France)
   b) L'attribut est *le seul, le premier, le dernier, l'unique*:
   *Vous êtes le seul qui **connaisse** ou qui **connaissiez** ce sujet.* (É. Littré)

4. Après **un(e) des, un(e) de,** le relatif *qui* se rapporte tantôt au nom pluriel,
   tantôt à *un(e)*, selon que l'action ou l'état concerne, quant au sujet, plusieurs
   êtres ou objets ou bien un seul:
   *Observons une des étoiles qui **brillent** au firmament* [ce sont *les étoiles* qui
   brillent].
   *À un des examinateurs qui l'**interrogeait** sur une question annexe, ce candidat
   a donné une réponse étonnante* [un *seul* examinateur l'interrogeait].

   Après **un de ceux qui, une de celles qui,** le verbe se met au pluriel:
   *Un de ceux qui me **regardaient** se mit à rire.*

> Quand *un(e) des... qui* contient un attribut, c'est presque toujours le nom pluriel qui commande l'accord:
> *L'astrophysique est une des sciences qui **sont** le plus passionnantes.*

Le cas de plusieurs sujets

399 **Accord avec le sujet le plus rapproché** (🅑🅤 § 938)

Le verbe qui a plusieurs sujets s'accorde avec le plus rapproché:
1° Lorsque ces sujets sont à peu près **synonymes**:

> *La douceur, la bonté de cette femme **plaît** à tous ceux qui la connaissent.*

2° Lorsque ces sujets forment une **gradation**:

> *Une parole, un geste, un regard en **dit** plus parfois qu'un long discours.*
> *Un aboiement, un souffle, une ombre **fait** trembler le lièvre.*

3° Lorsque ces sujets sont **résumés par un mot** comme *tout, rien, chacun, nul,* etc.:

> *Ses paroles, sa voix, son sourire, tout **vint** à lui déplaire.* (G. Flaubert)

> **R**emarque
>
> Parfois les mots *tout, rien,* etc., au lieu de résumer les sujets, les annoncent:
> *Mais rien, ni le rasoir douteux, le blaireau jaune, l'odeur, les propos du barbier, ne **put** me faire reculer.* (A. Gide)

400 **Infinitifs sujets**

Le verbe qui a pour sujets plusieurs infinitifs se met au pluriel:

> *Promettre et tenir **sont** deux.* (Académie)

Cependant, si les infinitifs expriment une idée unique, le verbe se met au singulier:

> *Recommencer et se corriger **est** la base de tout progrès, nous a dit l'entraîneur.*

401 **Sujets joints par** *ainsi que, comme, avec,* etc. (🅑🅤 § 454)

a) Lorsque deux sujets sont joints par une conjonction de comparaison: *ainsi que, comme, de même que, non moins que, non plus que,* etc., c'est le premier sujet qui règle l'accord si la conjonction garde toute sa valeur comparative:

> *Son visage, aussi bien que son cœur, **avait** rajeuni de dix ans.*
> (A. de Musset)

*Leur beauté autant que leur fortune **éblouit**.* (M. Leblanc)

*L'alouette, comme l'hirondelle, au besoin, **nourrira** ses sœurs.* (J. Michelet)

b) Mais le verbe s'accorde avec les deux sujets si la conjonction prend la valeur de *et* :

*Le français ainsi que l'italien **dérivent** du latin.* (É. Littré)

*Une condition où le corps non plus que l'âme ne **trouvent** ce qu'ils désirent.* (H. de Montherlant)

*La santé comme la fortune **retirent** leurs faveurs à ceux qui en abusent.* (Ch. de Saint-Évremond)

c) Lorsque deux sujets sont joints par *moins que, plus que, non, et non, plutôt que,* etc., le verbe s'accorde avec le premier seulement, le second se rapportant à un verbe sous-entendu :

*La misère, plutôt que l'amour, **apparaissait** dans toute son attitude.* (A. de Musset)

402 **Sujets joints par *ou* ou par *ni*** (ⓑ§ 441, 449, 450)

a) Lorsque plusieurs sujets de la 3ᵉ personne sont joints par *ou* ou bien par *ni*, le verbe se met au pluriel si l'on peut rapporter simultanément l'action ou l'état à chacun des sujets :

*Le pire ou le plus sot de nos patients nous **instruisent** encore.* (M. Yourcenar)

*Ni l'or, ni la grandeur ne nous **rendent** heureux.* (J. de La Fontaine)

*Ni l'un ni l'autre n'**ont** su ce qu'ils faisaient.* (A. de Vigny)

b) Mais si l'on ne peut pas rapporter l'action ou l'état simultanément à chacun des sujets, le verbe s'accorde avec le dernier sujet seulement :

*La douceur ou la violence en **viendra** à bout.* (Académie)

*Ni Grégoire ni Corentin ne **sera** délégué de la classe.*

Ⓡemarques

1. Même quand les sujets joints par *ni* ne s'excluent pas mutuellement, l'accord se fait parfois avec le dernier sujet seulement (ⓑ§ 441, 449, 450) :
*Ni l'un ni l'autre ne **viendra**.* (Académie)

2. Si les sujets joints par *ou* ou bien par *ni* ne sont pas de la même personne, le verbe se met au pluriel et à la personne qui a la priorité :
*Marie ou moi **ferons** ce travail.*
*Ni vous ni moi ne le **pouvons**.* (Académie)

> 3. **L'un ou l'autre,** pris pronominalement ou adjectivement, veut toujours
> le verbe au singulier:
> *L'un ou l'autre fit-il une tragique fin?* (N. Boileau)
> *L'un ou l'autre projet* **sera sélectionné** *pour la finale du concours.*

403 L'un(e) et l'autre (Bu § 445)

Après la locution pronominale **l'un(e) et l'autre**, le verbe se met au pluriel
ou, beaucoup moins souvent, au singulier:

> *L'un et l'autre* **sont** *venus.* (Académie)
> *L'une et l'autre* **est** *bonne.* (Idem)

> **R**emarque
>
> *L'un(e) et l'autre,* adjectif, quoique précédant un nom singulier, admet le verbe
> au pluriel ou au singulier:
> *L'une et l'autre hypothèse* **sont** *également plausibles.* (A. Hermant)
> *L'un et l'autre cadeau* **faisait** *grand plaisir à Christophe.* (R. Rolland)

Chapitre 6

L'adverbe

1. Définitions et espèces

404 L'**adverbe** est un mot invariable que l'on joint à un verbe, à un adjectif ou à un autre adverbe, pour en modifier le sens (**Bu** § 954) :

Elle parle **bien**. *Un poème* **très** *étrange.*
Elle écrit **fort** *vite.*

405 Une **locution adverbiale** est une réunion de mots équivalant à un adverbe :

D'ores et déjà, çà et là, en vain, ne pas, tout de suite, etc.

ℝemarques

1. Il y a des **adverbes composés,** dont les éléments sont réunis par un trait d'union : *Au-delà, ci-dessus, avant-hier,* etc.

2. Certains adverbes peuvent avoir un complément [**voir § 66, 1°**].

406 On peut distinguer sept espèces d'averbes, marquant (🅑 § 956) :

1° la manière ;
2° la quantité
(et l'intensité) ;
3° le temps ;

4° le lieu ;
5° l'affirmation ;
6° la négation ;
7° le doute.

a) **Les adverbes de manière**

ainsi	debout	gratis	pis	vite
bien	ensemble	incognito	plutôt	volontiers
comme	exprès	mal	quasi	etc.
comment	franco	mieux	recta	

Il faut y ajouter un très grand nombre d'adverbes en *-ment,* quantité de locutions adverbiales : *à l'envi, à dessein, à tort, à loisir, à propos, cahin-caha,* etc., certains adjectifs neutres pris adverbialement avec des verbes : *bon, bas, haut, cher, clair,* etc. [**voir § 187**].

b) **Les adverbes de quantité et d'intensité**

assez	fort	presque
aussi	guère	que *(vous êtes fort !)*
autant	mais *(n'en pouvoir -)*	quelque *(dix ans)*
beaucoup	moins	si
bien *(aise)*	moitié *(mort)*	tant
combien	par *(trop)*	tout *(fier)*
comme… !	(ne) pas autrement (= guère)	tout à fait
comment (= à quel point)	pas mal	tellement
davantage	peu	très
environ *(un an)*	plus	trop

Il faut y ajouter certains adverbes en *-ment* exprimant la quantité, l'intensité : *abondamment, énormément, grandement, extrêmement, immensément, complètement,* etc.

c) Les adverbes de temps

alors	déjà	jadis	sitôt
après	demain	jamais	soudain
après-demain	depuis	longtemps	souvent
aujourd'hui	derechef	lors	subito
auparavant	désormais	maintenant	tantôt
aussitôt	dorénavant	naguère	tard
autrefois	encore	parfois	tôt
avant	enfin	puis	toujours
avant-hier	ensuite	quand ?	
bientôt	hier	quelquefois	

On y joint un certain nombre de locutions adverbiales, telles que : *tout de suite, de suite, par la suite, dans la suite, tout à coup, à l'instant, à jamais, à présent, de temps en temps, jusque-là, tout à l'heure,* etc.

d) Les adverbes de lieu

ailleurs	çà	derrière	loin
alentour	céans (vieux)	dessous	où
arrière	ci	dessus	outre
attenant	contre	devant	partout
autour	dedans	ici	près
avant	dehors	là	proche (vieux)

À cette liste, il faut ajouter un certain nombre de locutions adverbiales, comme : *au-dedans, au-dehors, ci-après, ci-contre, en arrière, en avant, quelque part, là-bas, là-dedans,* etc.

e) Les adverbes d'affirmation

assurément	certes	que si	soit
aussi	en vérité	sans doute	volontiers
certainement	oui	si	vraiment
bien	précisément	si fait (vieux)	etc.

f) Les adverbes de négation

Ce sont, à proprement dire : *non,* forme tonique, et *ne,* forme atone. Certains mots, comme *aucun, aucunement, nullement, guère, jamais, rien, personne,* qui accompagnent ordinairement la négation, sont devenus aptes à exprimer eux-mêmes l'idée négative.

g) Les adverbes de doute

Ce sont : *apparemment, peut-être, probablement, sans doute, vraisemblablement.*

> **℞emarque**
>
> On peut ranger dans une catégorie à part, celle des **adverbes d'interrogation**, certains adverbes servant à interroger sur le temps, la manière, la cause, le lieu, la quantité :
>
> *Quand ? Comment ? Pourquoi ? Que (ne) ? Où ? D'où ? Par où ? Combien ?*
>
> À cette même catégorie appartiennent l'expression *est-ce que ?* et *si* introduisant l'interrogation indirecte (mais *si* est plutôt alors conjonction) :
> **Est-ce que** tu pars ?
> Je demande **si** tu pars.

2. La formation des adverbes en *-ment*

407 a) **Règle générale** (🅱 § 967)

On forme les adverbes en *-ment* en ajoutant ce suffixe *-ment* au féminin de l'adjectif :

> *Grand, grande, grande**ment** ; doux, douce, douce**ment**.*

Beaucoup d'adjectifs ne peuvent donner naissance à des adverbes en *-ment* :

> *charmant, fâché, content,* etc.

b) Règles particulières (Ⓑ § 968)

1° Dans les adverbes en *-ment* correspondant à des adjectifs terminés au masculin par une voyelle, l'*e* féminin de ces adverbes a disparu : *Vrai, vraiment, aisé, aisément, poli, poliment, éperdu, éperdument.*

> **Ⓡemarque**
>
> L'accent circonflexe marque la chute de l'*e* féminin dans : *assidûment, congrûment, continûment, crûment, goulûment, incongrûment, indûment*[1].
> L'Académie écrit : *gaiement,* mais on écrit aussi : *gaîment.*

2° On a **-ément** au lieu de *-ement* dans certains adverbes tels que : *commodément, confusément, énormément, expressément, précisément, profondément,* etc.

3° *Gentil* donne *gentiment ; impuni, impunément.* À *traître* répond *traîtreusement,* formé sur *traîtreuse,* féminin de l'ancien adjectif *traîtreux.*

4° Aux adjectifs en *-ant* et *-ent* correspondent des adverbes en **-amment, -emment** : *Vaillant, vaillamment ; prudent, prudemment.*

Exceptions : *Lent, lentement ; présent, présentement ; véhément, véhémentement.*

5° Quelques adverbes en *-ment* sont tirés de noms, d'adjectifs indéfinis ou d'adverbes : *Bêtement, diablement, vachement* (très familier), *mêmement, tellement, comment, quasiment.*

3. Les degrés des adverbes

408 Certains adverbes admettent, comme les adjectifs qualificatifs, divers degrés. Ce sont (Ⓑ § 969-970) :

1° *Loin, longtemps, près, souvent, tôt, tard.*

2° Les adjectifs pris adverbialement et modifiant un verbe : *bas, bon, cher,* etc. [voir § 187].

3° Certaines locutions adverbiales : *à regret, à propos,* etc.

4° La plupart des adverbes en *-ment.*

---

1. Sauf si l'on applique les rectifications orthographiques de 1990 [voir § 499].

5° *Beaucoup, bien, mal, peu.*
Moins doucement, aussi doucement, plus doucement, très doucement,
le plus doucement.

> **R**emarque
>
> *Beaucoup, bien, mal, peu* ont pour comparatifs de supériorité *plus* (ou *davantage*),
> *mieux, pis* (ou *plus mal*), *moins*; et pour superlatifs relatifs : *le plus, le mieux,*
> *le pis* (ou *le plus mal*), *le moins*.

4. La place de l'adverbe

409 La place de l'adverbe est assez variable ; assez souvent elle est réglée
par des raisons de style (**Bu** § 971).

a) Avec un verbe (**Bu** § 972)

Temps simple

Si le verbe est à un temps simple, l'adverbe qui le modifie se place géné-
ralement après lui :
*Nous travaillons **assidûment**.*
*Vous choisissez **toujours** les mêmes vêtements.*

Temps composé

Si le verbe est à un temps composé, l'adverbe se place à peu près indiffé-
remment après le participe ou entre l'auxiliaire et le participe :
*J'ai travaillé **assidûment**, j'ai **assidûment** travaillé.*
*Il a **beaucoup** travaillé, il a souffert **beaucoup**.*

Cependant les adverbes de lieu se placent après le participe :
*J'ai cherché **ailleurs**.*
*Je vous ai attendu **ici**.*
*On l'a jetée **dehors**.*

> **R**emarques
>
> 1. L'adverbe *ne* précède toujours le verbe ; il en est de même des adverbes
> (ou pronoms) *en* et *y*, sauf à l'impératif affirmatif (**Bu** § 1020) :
> *Je **ne** travaille pas, je **n'**ai pas trouvé.*
> *J'**en** viens, j'**en** suis ; j'**y** cours, j'**y** ai habité.*
> *Mais : Vas-**y**, va-t'**en**.*

▼

2. Souvent, pour la mise en relief, l'adverbe, et surtout l'adverbe de lieu
ou de temps, se place en tête de la phrase :
Ici s'est livrée la bataille.
Demain, dès l'aube, à l'heure où blanchit la campagne,
Je partirai. (V. Hugo)

Ainsi finit la comédie.
Lentement le soleil se plongeait dans les flots.

3. En général, les adverbes interrogatifs et exclamatifs se placent en tête
de la proposition :
Où sont-ils partis ?
Comme il fait noir dans la vallée ! (A. de Musset)

4. L'adverbe modifiant un infinitif se place tantôt avant lui, tantôt après lui :
en général, c'est l'euphonie et le rythme qui décident (ᴮᵘ § 973) :
Trop parler est souvent nuisible ; il vaut mieux parler **peu** et parler **sagement**.
Il fait bon vivre **ici**.
Il cherche à vivre **ailleurs**.
On ne peut pas **toujours** travailler.

b) Avec un adjectif, un participe ou un adverbe (ᴮᵘ § 974)

L'adverbe se place, en général, avant l'adjectif, le participe ou l'adverbe
qu'il modifie :

Cette voiture demande une conduite **très** ferme, **moyennement** sportive,
toujours prudente.

Il agit **très** correctement, **assez** correctement.

Cet article est **très** demandé.

Voilà une personne **très** engageante, **toujours** souriante.

5. Emploi de certains adverbes

a) Les adverbes de manière (ᴮᵘ § 976)

410 **Pis,** comparatif archaïque de *mal,* ne s'emploie plus guère que dans
des locutions toutes faites. Il peut être (ᴮᵘ § 980) :

1° Adverbe :
Aller de mal en **pis**.
Tant **pis**.

2° Adjectif attribut ou complément d'un pronom neutre :
> *Il se portait mieux, mais aujourd'hui il est **pis** que jamais.* (Académie)
> *Il n'y a rien de **pis** que cela.* (Idem)

3° Pronom :
> *Il a fait **pis** que cela.*
> *Il est très désagréable, et qui **pis** est, malhonnête.*

4° Nom :
> *Voilà le **pis** de l'affaire* (vieux).

Dans l'expression *dire (écrire, penser) pis que pendre de quelqu'un*, **pis** est une forme nominalisée employée sans article.

℞emarque

Pis se distingue de *pire* en ce qu'il ne se joint jamais à un nom et en ce qu'il peut être adverbe ou pronom.

---

411 **Plutôt,** en un mot, marque la préférence :
> ***Plutôt** souffrir que mourir.* (J. de La Fontaine)

Plus tôt, en deux mots, marque le temps et s'oppose à « plus tard » :
> *Un jour **plus tôt**, un jour **plus tard**,*
> *Ce n'est pas grande différence.* (J. de La Fontaine)

b) Les adverbes de quantité (🅑 § 981)

412 • **Si, aussi** se joignent à des adjectifs, à des participes-adjectifs et à des adverbes (🅑 § 985) :
> *Une femme **si** sage, **si** estimée, qui parle **si** bien.*
> *Une femme **aussi** sage, **aussi** estimée qu'elle, qui parle **aussi** bien que personne.*

Tant, autant se joignent à des noms et à des verbes :
> *Il a **tant** de courage, il travaille **tant** !*
> *Il a **autant** de courage que vous, il travaille **autant** que nous.*

• **Si, tant** marquent l'intensité :
> *Elle est **si** faible qu'elle peut à peine marcher.*
> *Elle a **tant** marché qu'elle est épuisée.*

Aussi, autant marquent la comparaison :
> *Il est **aussi** sportif que son frère.*
> *Il s'entraîne **autant** que son frère.*

®emarques

1. **Si, tant** peuvent remplacer *aussi, autant* dans les phrases négatives ou interrogatives :
   Je ne connais rien de si précieux que l'honnêteté.
   Rien ne pèse tant qu'un secret. (J. de La Fontaine)

2. **Aussi** signifiant « pareillement » se met dans le sens affirmatif :
   Vous le voulez, et moi aussi ;

   avec la négation, on doit dire *non plus* :
   Vous ne le voulez pas, ni moi non plus ;

   avec *ne ... que*, on met indifféremment *non plus* ou *aussi* :
   Il lit sans cesse, je ne fais non plus que lire,
   ou : je ne fais aussi que lire.

3. **Tant** s'emploie pour exprimer une quantité indéterminée qu'on ne veut ou ne peut préciser :
   Cette employée gagne tant par jour.

N.B.

L'emploi de *autant,* dans ce sens, est à éviter. Ne dites pas :
Ce mécanicien gagne autant par jour.
Ceci vaut autant, cela autant.

413 Beaucoup (Bu § 983)

a) Après un comparatif, ou après un verbe d'excellence, ou avec un superlatif, *beaucoup* doit être précédé de la préposition *de* :
   Vous êtes plus savant de beaucoup. (Académie)
   L'emporter de beaucoup sur un autre. (Idem)
   Il est de beaucoup le plus savant.

b) Avant un comparatif, il peut être précédé de la préposition *de* :
   Il est beaucoup (ou : *de beaucoup*) *plus savant que son frère.*

414 Davantage ne peut modifier un adjectif ni un adverbe (Bu § 983).

Au lieu de : *Elle est davantage heureuse ; marchons davantage lentement,* il faut dire : *Elle est plus heureuse, marchons plus lentement.*

> ### Ⓡemarque
>
> *Davantage* pouvait, à l'époque classique, se construire avec *de* et un nom, et aussi avec *que*:
> *Rien n'obligeait à en faire **davantage de** bruit.* (N. Bossuet)
> *Il n'y a rien que je déteste **davantage que** de blesser la vérité.* (B. Pascal)
>
> Ces constructions se rencontrent encore dans l'usage moderne:
> *Ils n'en récoltèrent pas **davantage de** gratitude.* (J. Cocteau)
> *Cet homme de taille moyenne (...) me plaisait **davantage que** son frère aîné.* (M. Yourcenar)

415 **Plus, moins** introduisent par *que* le complément du comparatif (Ⓑ § 983, 984):

> *L'envie est plus irréconciliable **que** la haine.* (F. de La Rochefoucauld)

Toutefois lorsque le complément du comparatif est ou renferme un nom de nombre, il s'introduit par *de*:

> *Cela coûtera moins **de** cent dollars.*

On dit: *plus **qu'**à demi..., plus **qu'**à moitié,* etc., mais on peut dire aussi, surtout dans la langue littéraire: *plus **d'**à demi..., plus **d'**à moitié,* etc.

c) Les adverbes de temps (Ⓑ § 1004)

416 **De suite** signifie «sans interruption» (Ⓑ § 1006):

> *Il ne saurait dire deux mots **de suite**.* (Académie)

Tout de suite signifie «sur-le-champ»:

> *Je voudrais **tout de suite** le dossier Latour.* (M. Thiry)

> ### Ⓡemarque
>
> On vient d'indiquer la distinction traditionnelle. Cependant l'usage courant a admis *de suite* au sens de «sur-le-champ»:
> *Allez **de suite** vous restaurer.* (A. Gide)
> *On ne comprend pas **de suite** un mot semblable.* (P. Loti)

417 **Tout à coup** signifie «soudainement» (Ⓑ § 1006):

> *Son humeur a changé **tout à coup**.* (Académie)

Tout d'un coup signifie «tout en une fois»:

> *Il fit sa fortune **tout d'un coup**.* (Académie)

Tout d'un coup s'emploie aussi quelquefois dans le sens de *tout à coup* (Académie).

d) Les adverbes de négation

418 La négation pure s'exprime par *non*, forme tonique, et par *ne*, forme atone (Ⓑ § 1010).

419 a) **Non**, dans les réponses et ailleurs, a la valeur d'une proposition reprenant de façon négative une idée, une proposition ou un verbe antérieurs (Ⓑ § 1030) :

*Viendrez-vous ? **Non**.*

*Elle a menti ; prétendez-vous que **non** ?*

*Venez-vous ou **non** ?*

*Mon père viendra, ma mère, **non**.*

b) **Non** peut nier un élément de phrase qu'il oppose à un autre élément de même fonction que le premier :

*Mon avis, **non** le vôtre, doit prévaloir.*

*Il est sévère, **non** injuste.*

> **Ⓡemarques**
>
> 1. *Non* sert de préfixe négatif devant certains noms (avec un trait d'union) : *Non-intervention, non-lieu, non-sens*, etc. Il se trouve avec la même valeur devant un infinitif dans *fin de non-recevoir*.
>   Dans un emploi analogue, *non* se place devant des adjectifs qualificatifs, des participes, des adverbes, et devant certaines prépositions (sans trait d'union) : ***Non** solvable, leçon **non** sue, **non** loin de là, **non** sans frémir.*
>
> 2. Surtout dans les réponses directes, *non* est souvent renforcé par *pas, point, vraiment, certes, assurément, jamais, mais, oh ! ah !*, etc. : *Viendras-tu ? Non certes, non vraiment, non jamais, oh ! non.*

420 **Ne** est généralement accompagné d'un des mots *pas, point, aucun, aucunement, guère, jamais, nul, nullement, personne, plus, que, rien*, ou d'une des expressions *âme qui vive, qui que ce soit, quoi que ce soit, de ma vie, de longtemps, nulle part*, etc. (Ⓑ § 1016) :

*Elle **ne** vient **pas** ; elle **ne** fume **jamais** ; elle **ne** sait **rien** ; on **ne** voit **âme qui vive**.*

Ne ... que est une locution restrictive équivalant à *seulement* :

*Qui **n'**entend **qu'**une cloche **n'**entend **qu'**un son.*

> ## ®emarque
>
> Pour nier la locution restrictive *ne... que,* la langue moderne insère dans cette locution *pas* ou *point.* Cette construction *ne... pas* (ou *ne... point que*), quoique combattue par les puristes, est entrée dans l'usage :
>
> *Un discours **ne** se compose **pas que** d'idées générales.* (Fr. Mauriac)

NE employé seul

421 Obligatoirement (® § 1013)

Ne s'emploie obligatoirement seul :

1° Dans certaines phrases proverbiales ou sentencieuses et dans certaines expressions toutes faites :

> *Il **n'**est pire eau que l'eau qui dort.*
> *À Dieu **ne** plaise !*
> ***Ne** vous déplaise.*
> *Si ce **n'**est* (= excepté).
> *Il **ne** dit mot.*
> *Elle **n'**a garde.*
> *Il **n'**en a cure.*
> *Qu'à cela **ne** tienne.*
> *Qui ce fut, il **n'**importe.*

2° Avec *ni* répété :

> *L'homme **n'**est ni ange ni bête.* (B. Pascal)
> *Ni l'or ni la grandeur **ne** nous rendent heureux.* (J. de La Fontaine)

3° Avec *que,* adverbe interrogatif ou exclamatif signifiant *pourquoi :*

> *Que **ne** le disiez-vous plus tôt ?*
> *Que **ne** puis-je partir ?*

4° Avec *savoir* ou *avoir,* suivis de *que* interrogatif et d'un infinitif :

> *Je devais avoir l'air stupide avec, à la main, la chemise dont je **ne** savais que faire.* (G. Simenon)

Facultativement (® § 1014)

Ne s'emploie facultativement seul :

1° Dans les propositions relatives de conséquence dépendant d'une principale interrogative ou négative :

> *Y a-t-il quelqu'un dont il **ne** médise ?* (Académie)
> *Il n'est pas d'homme qui **ne** désire être heureux.* (Idem)

2° Avec *cesser, oser, pouvoir,* surtout aux temps simples et avec un infinitif complément:

> Il *ne* cesse de parler. (Académie)
> Je *n'*ose sortir. (G. Compère)
> Elle doit avoir peur: je *ne* peux expliquer autrement son immobilité.

> **R**emarque
> Pris négativement, *savoir* se construit le plus souvent avec le simple *ne* quand on veut exprimer l'idée de «être incertain»:
> Je *ne* sais, dit-il, si je devrais parler. (S.-A. Steeman)
> Mais quand il signifie «connaître, avoir la science de», il demande la négation complète:
> Je *ne* sais **pas** l'endroit. (J. de La Fontaine)
> Cet enfant *ne* sait **pas** lire.
> Au conditionnel, comme équivalent de «pouvoir», il veut le simple *ne*:
> Je *ne* saurais vous approuver.

3° Avec *si* conditionnel:

> Tu ne pourras l'emporter si tu *ne* te prépares sérieusement.

4° Devant *autre* suivi de *que*:

> Je *n'*ai d'autre désir que celui de vous être utile.

5° Après le pronom et l'adjectif interrogatif:

> Qui *ne* court après la Fortune? (J. de La Fontaine)
> Quel plaisir *n'*a son amertume?

6° Après *depuis que, il y a* (tel temps) *que, voici* ou *voilà* (tel temps) *que,* quand le verbe dépendant est à un temps composé:

> Elle a bien changé depuis que je *ne* l'ai vue.
> Il y a huit jours que je *ne* l'ai vu.

NE explétif

> **N**.B.
> Certaines propositions subordonnées de sens positif ont cependant la négation *ne*. L'emploi de ce *ne explétif* n'a jamais été bien fixé: dans l'usage littéraire, il est le plus souvent facultatif; dans la langue parlée, il se perd de plus en plus. C'est pourquoi il serait vain de vouloir donner pour cet emploi des règles absolues (§ 1023).

422 **Verbes de crainte** (Ⓑⓤ § 1024)

a) 1. Après les verbes de crainte pris affirmativement, on met ordinairement *ne* quand la subordonnée exprime un effet que l'on craint de voir se produire :

*Je crains que l'ennemi **ne** vienne.*

*Je redoute, j'ai peur, j'appréhende qu'un malheur **ne** vous arrive.*

2. Après ces verbes pris négativement, on ne met pas *ne* :

Je ne crains pas qu'il fasse cette faute. (É. Littré)

Je n'ai pas peur qu'on me reproche ce que j'ai fait.

3. Après ces verbes pris interrogativement ou bien à la fois interrogativement et négativement, le plus souvent on omet *ne* :

Craignez-vous qu'il vienne ? (A. Hatzfeld)

Ne craignez-vous pas qu'il vienne ? (É. Littré)

b) Dans tous ces cas, on met la négation complète s'il s'agit d'un effet que l'on craint de voir ne pas se produire :

*Je crains que ma mère **ne** vienne **pas**.*

*Aucun de nous ne craint que nos amis **ne** viennent **pas**.*

*Craignez-vous, ne craignez-vous pas que le succès **ne** couronne **pas** vos efforts ?*

423 **Verbes d'empêchement, de précaution, de défense** (Ⓑⓤ § 1024)

Après *éviter que, empêcher que*, l'emploi de *ne* est facultatif :

*J'empêche qu'il **ne** bouge.*

Vous savez empêcher qu'il vous dévore. (Voltaire)

*Je n'empêche pas qu'il **ne** fasse ou qu'il fasse ce qu'il voudra.* (Académie)

*Évitez qu'il **ne** vous parle.* (Idem)

J'évitais qu'il m'en parlât. (É. Littré)

Ⓡ**emarques**

1. Après *prendre garde que*, on met *ne* s'il s'agit d'un effet à éviter ; on ne met aucune négation s'il s'agit d'un résultat à obtenir :

*Prenez garde qu'on **ne** vous trompe.* (Académie)

Prenez garde que vous entendiez tout ce que vous faites. (J.B. Bossuet)

2. Après *défendre que*, on ne met pas *ne* :

Je défends que vous y participiez.

424 **Verbes de doute, de négation** (🅑 § 1024)

a) Après *douter, mettre en doute, nier, disconvenir, désespérer, contester, méconnaître, dissimuler,* etc., employés affirmativement, l'infinitif complément ou la subordonnée ne prennent pas *ne* :

> *Je doute fort que tout cela soit.* (Académie)
> *Il nie qu'il se soit trouvé dans cette maison.* (É. Littré)

b) Mais dans l'emploi négatif ou interrogatif, ces verbes demandent ordinairement *ne* après eux :

> *Je ne doute pas qu'il **ne** vienne bientôt.* (Académie)
> *Doutez-vous que cela **ne** soit vrai ?* (É. Littré)

425 **Propositions comparatives** (🅑 § 1024)

a) La proposition second terme d'une comparaison d'inégalité prend souvent *ne* si la principale est affirmative :

> *Il est autre que je **ne** croyais.* (Académie)
> *Le temps est meilleur qu'il **n'**était hier.* (Idem)

b) Quand la principale est négative ou interrogative, ordinairement on ne met pas *ne* dans la subordonnée :

> *Il n'agit pas autrement qu'il parle.* (Académie)
> *Quel mortel ne fut jamais plus heureux que vous l'êtes ?* (Voltaire)

426 **Locutions conjonctives** (🅑 § 1024)

a) Après *avant que,* l'emploi de *ne* est facultatif :

> *Avant qu'il fasse froid* ou *Avant qu'il **ne** fasse froid.* (Académie)

b) Après *moins que,* on met ordinairement *ne* :

> *À moins qu'il **ne** connaisse son nom d'emprunt...* (M. Leblanc)

Après *que* mis pour *avant que, sans que, à moins que, de peur que,* on doit mettre *ne* :

> *Tu ne bougeras pas d'ici que tu **n'**aies demandé pardon.* (G. Sand)

c) Après *sans que* (qui implique déjà une négation), on ne met pas *ne* :

> *Il y a des choses dans la vie qui ne servent à rien, qu'on pourrait supprimer sans que j'en sois atteint.* (J. Cayrol)

427 Après *il s'en faut que* (affirmatif, négatif ou interrogatif), *ne* est facultatif (🅑 § 1024) :

> *Il s'en faut de beaucoup que la somme entière **n'**y soit.*
> *Il s'en faut de beaucoup que leur nombre soit complet.* (Académie)

Après *il tient à ... que, il dépend de ... que,* pris affirmativement, on ne met aucune négation ou on met la négation complète, selon le sens :

*Il tient à moi que cela se fasse, que cela **ne** se fasse pas.* (É. Littré)

Dans l'emploi négatif ou interrogatif, ces expressions sont ordinairement suivies de *ne* :

*Il ne tient pas à moi que cela **ne** se fasse.* (Académie)

*À quoi tient-il donc que la vérité **ne** triomphe dans votre cœur ?*
(J.B. Massillon)

Chapitre 7

La préposition

1. Définition (Bu § 1035)

428 La **préposition** est un mot invariable qui sert ordinairement à introduire un complément, qu'il unit, par un rapport déterminé, à un mot complété :

*Elle habite **dans** un appartement* (rapport de lieu).
*Elle était mariée **depuis** deux ans* (rapport de temps).
*Le jardin **de** mon voisin* (rapport d'appartenance).
*Je pêche **à** la ligne* (rapport de moyen).

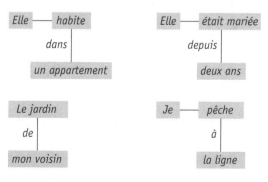

Remarque

La préposition est parfois une simple cheville syntaxique, notamment devant certaines épithètes, devant certains attributs, devant certaines appositions, devant certains infinitifs sujets ou compléments ; comme elle ne marque alors aucun rapport et qu'elle est vide de sens, on l'appelle **préposition vide** :

Rien de nouveau. Elle est tenue pour coupable.
Je le traite en frère. La ville de Lyon.
De le voir passer m'a suffi pour le juger. (P. Bourget)
J'aime à lire. Mon but est de vaincre. Elle cesse de parler.

429 Une **locution prépositive** est une réunion de mots équivalant à une préposition : *À cause de, auprès de, jusqu'à,* etc.

N.B.

Certaines prépositions et certaines locutions prépositives peuvent avoir un complément [voir § 66, 2°].

430 Liste des principales prépositions

À	De	Excepté	Passé	Sous
Après	Depuis	Hormis	Pendant	Suivant
Attendu	Derrière	Hors	Plein	Supposé
Avant	Dès	Jusque(s)	Pour	Sur
Avec	Devant	Malgré	Près	Touchant
Chez	Durant	Moyennant	Proche	Vers
Concernant	En	Outre	Sans	Vu
Contre	Entre	Par	Sauf	
Dans	Envers	Parmi	Selon	

431 *Voici* et *voilà* servent ordinairement à annoncer, à présenter : ce sont alors des **présentatifs** (**Bu** § 1100-1101) :

Voici ma chambre, voilà la vôtre.

Ce sont proprement des prépositions quand ils introduisent une indication de temps :

Je l'ai connu voici (ou *voilà*) *deux ans.*

La préposition

Voici, voilà, sont formés de *voi,* impératif de *voir,* sans s, selon l'ancien usage, et des adverbes *ci, là.* Ces présentatifs renferment donc originairement un élément verbal, qui reste sensible quand *voici* est suivi d'un infinitif ou quand *voici, voilà* sont précédés d'un pronom personnel complément:

Voici *venir la foudre.* (P. Corneille)

Me **voici.**

Te **voilà** *encore!*

N.B.

Dans l'analyse, on appelle *complément du présentatif* le mot ou groupe de mots exprimant ce qui est annoncé ou présenté par *voici* ou *voilà.*

432 **Liste des principales locutions prépositives**

À cause de	Au-dehors de	De dessous	Hors de
À côté de	Au-delà de	De dessus	Jusqu'à, jusque
À défaut de	Au-dessous de	De devant	dans, etc.
Afin de	Au-dessus de	De façon à	Loin de
À fleur de	Au-devant de	De manière à	Par-dedans
À force de	Au lieu de	D'entre	Par-dehors
À l'abri de	Au milieu de	De par	Par-delà
À la faveur de	Au péril de	De peur de	Par-dessous
À la merci de	Auprès de	Du côté de	Par-dessus
À la mode de	Au prix de	En deçà de	Par-devant
À l'égard de	Autour de	En dedans de	Par-devers
À l'encontre de	Au travers de	En dehors de	Par rapport à
À l'envi de	Aux dépens de	En dépit de	Près de
À l'exception de	Aux environs de	En face de	Proche de
À l'exclusion de	Avant de	En faveur de	Quant à
À l'insu de	D'après	En sus de	Sauf à
À moins de	D'avec	Étant donné	Sus à
À raison de	De chez	Face à	Vis-à-vis de
Au-dedans de	De delà	Faute de	etc.
Au défaut de	De derrière	Grâce à	

433 **Rapports exprimés**

Les rapports marqués par la préposition sont extrêmement nombreux; d'autre part, une même préposition (surtout *à* et *de*) peut servir à exprimer différents rapports.

La préposition peut marquer notamment:

Le lieu, la tendance: *en, dans, à, chez, de, vers, jusqu'à, sous,* etc.
Le temps: *à, de, vers, pour, avant, après, depuis, pendant,* etc.
L'attribution: *à, pour.*
La cause, l'origine: *attendu, vu, pour, à cause de, grâce à,* etc.
Le but, le motif: *pour, à, envers, touchant,* etc.
La manière, le moyen: *à, de, par, en, avec, sans, selon,* etc.
L'ordre, le rang: *après, devant, derrière, au-dessus de,* etc.
L'union, la conformité: *avec, selon, d'après, suivant,* etc.
L'appartenance: *de, à,* etc.
L'agent: *de, par.*
L'opposition: *contre, malgré, nonobstant,* etc.
La séparation, l'exception: *sans, sauf, excepté,* etc.

434 En principe, rien ne s'intercale entre la préposition et le mot qu'elle introduit. Pourtant des intercalations se font parfois:

> *Soirées passées l'oreille au guet **pour**, dès la première sirène, **descendre** à la cave les enfants.* (Fr. Mauriac)

435 **2. Répétition des prépositions** (Ⓑ § 1043-1046)

a) Les prépositions **à, de, en** se répètent ordinairement devant chaque complément:

> *Elle écrit **à** Pierre et **à** Nicolas.*
> *Elle a voyagé **en** Grèce et **en** Italie.*
> *La parole nous apparaît comme l'instrument majeur **de** la pensée, **de** l'émotion et **de** l'action.* (L.S. Senghor)

b) **À, de, en** ne se répètent pas:

1° Quand les membres du complément forment une locution:

> *École **des** arts et métiers.*
> *Il aime **à** aller et venir.* (É. Littré)
> *Il a perdu son temps **en** allées et venues.* (Académie)

2° Quand ces membres représentent le même ou les mêmes êtres ou objets:

> *J'en parlerai **à** M. Beauchemin, votre associé.*
> *J'ai reçu une lettre **de** ma collègue et amie.*

3° Quand ces membres désignent un groupe ou une idée unique:
*Les adresses **des** amis et connaissances.*
*Il importe **de** bien mâcher et broyer les aliments.* (É. Littré)

c) D'une manière générale, les prépositions autres que *à, de, en* ne se répètent pas, surtout lorsque les différents membres du complément sont
intimement unis par le sens ou lorsqu'ils sont à peu près synonymes:
***Dans** les peines et les douleurs, gardez l'espoir.*

> **®emarque**
> En répétant la préposition, on donne à chaque membre du complément un relief
> particulier:
> ***Sur** mes cahiers d'écolier*
> ***Sur** mon pupitre et les arbres*
> ***Sur** le sable **sur** la neige*
> *J'écris ton nom.* (P. Éluard)

3. Emploi de quelques prépositions

436 **À travers** ne se construit jamais avec *de*; **au travers** veut toujours *de*
(**Bu** § 1073):
*Il sourit **à travers** ses larmes.* (A. Hermant)
*Il avait longtemps marché **au travers de** la ville.* (A. Gide)

437 **Causer avec** (**Bu** § 288)

On dit: *causer avec quelqu'un*:
*Je cause volontiers **avec** lui.* (Académie)

> **®.B.**
> *Causer à quelqu'un* est de la langue populaire, mais il tend à pénétrer
> dans la langue littéraire; on évitera pourtant ce tour:
> *Il ne faut pas qu'on me cause de choses positives.* (H. Taine)
> *Il m'a causé très familièrement.* (R. Rolland)

438 **Durant. Pendant** (**Bu** § 1060)

L'usage ne fait guère de distinction entre ces deux prépositions: on peut
observer toutefois que *durant* exprime une période continue, et que *pendant* indique un moment, une portion limitée de la durée:
***Durant** la campagne, les ennemis se sont tenus enfermés dans leurs
places.* (É. Littré)

C'est *pendant* cette campagne que s'est livrée la bataille dont vous parlez.
(Idem)

439 **Jusque** se construit avec une préposition : *à* (c'est le cas le plus fréquent), *vers, sur, chez,* etc. (**Bu** § 1065) :

Le condamné court donc *jusqu'à* perdre le souffle, puis la vie. (J. Sternberg)
Jusqu'en Afrique, ***jusque sur*** les toits.

Il se construit aussi avec les adverbes *ici, là, où, alors,* et avec certains adverbes d'intensité modifiant un adverbe de temps ou de lieu :

Vertueux ***jusqu'ici****, vous pouvez toujours l'être. (J. Racine)
Voyez ***jusqu'où*** va leur licence. (Académie)
Je m'étais arrangé pour faire durer ***jusqu'assez tard*** ma soirée.
(J. Romains)

> ## ℝemarques
>
> 1. Une faute fréquente est l'omission de *à* dans des expressions telles que :
>   *jusqu'à Bruxelles, jusqu'à demain, jusqu'à hier, jusqu'à dix heures, jusqu'à maintenant,* etc.
>
> 2. On dit *jusqu'à aujourd'hui* ou *jusqu'aujourd'hui* :
>   J'ai différé ***jusqu'****aujourd'hui* ou ***jusqu'à*** aujourd'hui à vous donner de mes nouvelles. (Académie)

440 **Près de. Prêt à** (**Bu** § 363, 1073)

Près de, suivi d'un infinitif, signifie « sur le point de » :

La lune est ***près de*** se lever.

Prêt à signifie « préparé à, disposé à » :

La Mort ne surprend point le sage :
Il est toujours ***prêt à*** partir. (J. de La Fontaine)

Chapitre 8

La conjonction

1. Définition

441 La **conjonction** est un mot invariable qui sert à joindre et à mettre en rapport, soit deux propositions (de même nature ou de nature différente), soit deux mots de même fonction dans une proposition (**B**§ 1074, 1080) :

*On a perdu bien peu **quand** on garde l'honneur.* (Voltaire)
*La tempête s'éloigne **et** les vents sont calmés.* (A. de Musset)
*Rien **ni** personne n'avait eu de prise sur lui.* (P. Modiano)

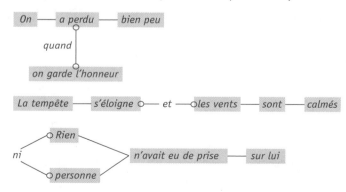

8 La conjonction

442 Une **locution conjonctive** est une réunion de mots équivalant à une conjonction :

Afin que, à moins que, pour que, c'est-à-dire, etc.

443 **Liste des principales conjonctions**

> **N.B.**
>
> La présente liste comprend des mots qui peuvent appartenir aussi à d'autres parties du discours, notamment à la catégorie des adverbes.

Ainsi *(vous consentez)*	Comme	Lorsque
Aussi *(j'y tiens)*	Comment (interr. ind.)	Mais
Avec *(le père, avec le fils)*	Donc	Néanmoins
Bien *(je le fais bien, moi)*	Encore *(s'il travaillait)*	Ni
Car	Enfin *(c'est un vaurien)*	Or
Cependant	Ensuite	Ou
Combien (interr. ind.)	Et	Partant
Pourquoi (interr. ind.)	Que	Soit... soit
Pourtant	Quoique	Soit *(dix dollars)*
Puis	Savoir *(ceci et cela)*	Tantôt... tantôt
Puisque	Si	Toutefois
Quand	Sinon	

444 **Liste des principales locutions conjonctives**

> **N.B.**
>
> Plusieurs locutions conjonctives, parmi celles qui ne sont pas formées à l'aide de *que*, peuvent aussi être considérées comme locutions adverbiales.

À condition que	Attendu que	Bien que
Afin que	Au cas que	Cependant que
Ainsi que	Au fur et à mesure que	D'autant que
Alors que	Au lieu que	D'autant plus que
À mesure que	Aussi bien que	De ce que
À moins que	Aussitôt que	De crainte que
Après que	Autant que	De façon que
À proportion que	Avant que	De manière que

La conjonction

De même que	Plutôt que	Au reste
De peur que	Posé que	Aussi bien
Depuis que	Pour que	Au surplus
De sorte que	Pourvu que	Bien plus
Dès que	Sans que	C'est-à-dire
En attendant que	Sauf que	C'est pourquoi
En cas que	Selon que	Comme si
Encore que	Si ce n'est que	D'ailleurs
En sorte que	Si peu que	Dans ces conditions
Étant donné que	Si tant est que	De plus
Excepté que	Soit que	Du moins
Jusqu'à ce que	Sitôt que	Du reste
Loin que	Suivant que	En effet
Lors même que (littér.)	Supposé que	En revanche
Maintenant que	Tandis que	Et puis
Malgré que	Tant que	Or donc
Moins que	Vu que	Ou bien
Non moins que	À la vérité	Par conséquent
Non plus que	Après tout	Quand même
Outre que	À savoir	Sans quoi
Parce que	Au cas où	Etc.
Par contre	Au contraire	
Pendant que	Au moins	

445 On distingue deux espèces de conjonctions :

– les conjonctions de *coordination* ;
– les conjonctions de *subordination*.

2. Les conjonctions de coordination

446 Les conjonctions de **coordination** sont celles qui servent à joindre soit deux propositions de même nature, soit deux éléments de même fonction dans une proposition (**Bu**§ 1081-1095) :

*Je pense, **donc** je suis.* (R. Descartes)

*Je me souviens que j'avais commencé une collection de boîtes d'allumettes **et** de paquets de cigarettes.* (G. Perec)

Les principales sont : *et, ou, ni, mais, car, or, donc, cependant, toutefois, néanmoins.*

447 **Principaux rapports** indiqués par les conjonctions (et locutions conjonctives) de coordination :

1° Addition, liaison : *et, ni, puis, ensuite, alors, aussi, bien plus, jusqu'à, comme, ainsi que, aussi bien que, de même que, non moins que, avec.*

2° Alternative, disjonction : *ou, soit... soit, soit... ou, tantôt... tantôt, ou bien.*

3° Cause : *car, en effet, effectivement.*

4° Conséquence : *donc, aussi, partant, alors, ainsi, par conséquent, en conséquence, conséquemment, par suite, c'est pourquoi.*

5° Explication : *savoir, à savoir, c'est-à-dire, soit.*

6° Opposition, restriction : *mais, au contraire, cependant, toutefois, néanmoins, pourtant, d'ailleurs, aussi bien, au moins, du moins, au reste, du reste, en revanche, par contre, sinon.*

7° Transition : *or.*

3. Les conjonctions de subordination (**Bu**§ 1075-1079)

448 Les conjonctions de **subordination** sont celles qui servent à joindre une proposition subordonnée à la proposition dont elle dépend :

*La nuit était claire et sonore **quand** je sortis du palais désert.* (J. Gracq)

N.B.
Certaines conjonctions de subordination peuvent avoir un complément
[voir § 66, 3°].

La conjonction

449 **Principaux rapports** indiqués par les conjonctions (et locutions conjonctives) de subordination :

1° But : *afin que, pour que, de peur que,* etc.

2° Cause : *comme, parce que, puisque, attendu que, vu que, étant donné que,* etc.

3° Comparaison : *comme, de même que, ainsi que, autant que, plus que, moins que, non moins que, selon que, suivant que, comme si,* etc.

4° Concession, opposition : *bien que, quoique, alors que, tandis que,* etc.

5° Condition, supposition : *si, au cas où, à condition que, pourvu que, à moins que,* etc.

6° Conséquence : *que, de sorte que, en sorte que, de façon que, de manière que,* etc.

7° Temps : *quand, lorsque, comme, avant que, alors que, dès lors que, tandis que, depuis que,* etc.

Chapitre 9

L'interjection

450 L'**interjection** est un mot invariable qui marque l'irruption dans le discours d'une sensation ou d'un sentiment personnel exprimés avec vivacité (**Bu** § 1104) :

Ah! vous arrivez! ***Allons,*** *vous dis-je.* ***Gare!***

L'interjection ne joue dans la phrase aucun rôle grammatical. Ordinairement elle est, dans l'écriture, suivie du point d'exclamation.

451 Une **locution interjective** est une réunion de mots équivalant à une interjection :

Hé quoi! Hé bien! Par exemple! Bon sang!

452 On emploie comme interjections :

1° De simples cris ou des onomatopées :

Ah! Eh! Ho! Hue! Ouf! Fi! Chut!
Holà! Crac! Paf! Patatras!

2° Des noms employés seuls ou associés à d'autres mots :

Attention! Courage! Ciel! Bonté divine!
Ma parole! Par exemple!

3° Des adjectifs employés seuls ou accompagnés d'un adverbe :
Bon! Ferme! Tout doux! Tout beau! Bravo!

4° Des adverbes ou des locutions adverbiales :
Bien! Comment! Eh bien! Or çà!

5° Des formes verbales et spécialement des impératifs :
Allons! Gare! Tiens! Suffit! Dis donc!

6° Des phrases entières :
Fouette cocher! Va comme je te pousse!
Vogue la galère!

®emarque

Certaines interjections peuvent avoir un complément :
*Adieu **pour tout jamais**! Gare **à toi**!*
*Gare **que la glace ne cède**!*

453 **Liste des principales interjections et locutions interjectives**

Adieu!	Eh!	Hourra!	Patatras!
Ah!	Euh!	Hue!	Pif!
Ahi!	Fi!	Hum!	Pouah!
Aïe!	Fichtre!	Là!	Pst!
Allo! (ou allô!)	Gare!	Las! (vieux)	Quoi!
Bah!	Ha!	Mince!	Sacristi!
Baste!	Haïe!	Motus!	Saperlipopette!
Bernique! (famil.)	Hardi!	Ô!	Saperlotte!
Bravo!	Hé!	Oh!	Sapristi!
Çà!	Hein!	Ohé!	St!
Chiche!	Hélas!	Ouais! (vieux)	Stop!
Chut!	Hem!	Ouf!	Sus!
Ciao! [tʃao]	Ho!	Ouiche! (famil.)	Vivat!
Crac!	Holà!	Ouste! (id.)	Zut! (famil.)
Dame!	Hon!	Paf!	
Dia!	Hosanna!	Pan!	

9 L'interjection

Ah! çà	Grand Dieu!	Là! là!	Quoi donc!
À la bonne heure!	Hé bien!	Ma foi!	Ta ta ta!
Bonté divine!	Hé quoi!	Mon Dieu!	Tout beau!
Eh bien!	Ho! Ho!	Or çà!	Tout doux!
Eh quoi!	Jour de Dieu!	Oui-da!	
Fi donc!	Juste Ciel!	Par exemple!	

Les propositions subordonnées

A Classification

454 On peut fonder la classification des propositions subordonnées sur les fonctions qu'elles remplissent dans la phrase (**Bu** § 1109-1110).

De même que, dans la **phrase simple**, les fonctions de sujet, d'attribut, d'apposition, de complément d'objet direct ou indirect, de complément circonstanciel, etc., peuvent être remplies par un *mot* (nom, pronom, adjectif), de même, dans la **phrase composée**, ces différentes fonctions peuvent être remplies par une *proposition* :

SUJET :

Il faut **de la patience**.   Il faut **que l'on patiente**.

ATTRIBUT :

La solution serait **une semaine**   La solution serait **que vous vous**
de repos.   **reposiez une semaine**.

APPOSITION :

Ne renversons pas le principe **de**   Ne renversons pas le principe **que**
la primauté du droit sur la force.   **le droit prime la force**.

OBJET DIRECT :

J'attends **son retour**.   J'attends **qu'il revienne**.

OBJET INDIRECT :

Je consens **à son départ**.   Je consens **qu'elle parte**.

A Classification

Complément circonstanciel :

Opposez-vous aux attaquants **dès le début du match.**	Opposez-vous aux attaquants **dès que le match aura commencé.**

Complément d'agent :

Il est aimé **de tous.**	Il est aimé **de quiconque le connaît.**

Complément déterminatif :

Le regard **de mon frère** me cloua sur place.	Le regard **que mon frère me jeta** me cloua sur place.

Complément explicatif :

Le champagne, **boisson de fête,** fut choisi pour le repas de noces.	Le champagne, **qui est une boisson de fête,** fut choisi pour le repas de noces.

Complément d'adjectif :

Certain **de la victoire,** le lièvre se repose.	Certain **qu'il vaincra,** le lièvre se repose.

Complément du comparatif :

Marie est plus curieuse **que Louis.**	Marie est plus curieuse **qu'on ne pense.**

Complément du présentatif :

Voici **la nuit.**	Voici **que la nuit vient.**

D'après cela, on peut distinguer :

1° Les subordonnées **sujets** ;
2° Les subordonnées **attributs** ;
3° Les subordonnées **en apposition** ;
4° Les subordonnées **compléments d'objet** (direct ou indirect) ;
5° Les subordonnées **compléments circonstanciels** ;
6° Les subordonnées **compléments d'agent** ;
7° Les subordonnées **compléments de nom ou de pronom** : compléments déterminatifs, compléments explicatifs ;
8° Les subordonnées **compléments d'adjectif** (parmi lesquelles il y a les subordonnées **compléments du comparatif**).

ℝemarques

1. On appelle: **subordonnée relative** toute proposition subordonnée introduite par un *pronom relatif* (y compris le pronom relatif indéfini, sans antécédent: [voir § 257, N.B. et Rem. 1]); subordonnée **conjonctionnelle**, celle qui est introduite par une conjonction de subordination; subordonnée **infinitive**, celle qui a pour base un infinitif, ayant son sujet propre [voir § 461, 4°]; subordonnée **participe**, celle qui a pour base un participe, ayant son sujet propre [voir § 392].

2. Parmi les subordonnées compléments d'objet direct, on peut ranger la **subordonnée complément du présentatif** *voici* ou *voilà* [voir § 462 *in fine*, Rem. 5].

ℬ Les subordonnées sujets

a) Formes et mots subordonnants

455 La subordonnée **sujet** peut être (🅑ᵤ § 1124):

1° Une proposition introduite par la conjonction **que**, après un verbe de forme impersonnelle; cette proposition est le sujet *réel* du verbe de forme impersonnelle (qui a pour sujet *apparent* le pronom *il*);

*Il faut **que l'on travaille**.*
*Il convient **que vous veniez**.*
*Il est nécessaire **que chacun reste calme**.*

> Il —— faut o—— que —o l'on travaille

2° Une proposition introduite par la conjonction **que** et placée en tête de la phrase:

Que tu aies gagné ce concours, *me remplit de joie.*
Que des vérités si simples soient dites et répétées, *n'est certainement pas inutile.* (G. Duhamel)

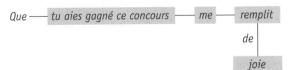

B Les subordonnées sujets

Remarques

1. Le plus souvent la subordonnée sujet introduite par *que* et placée en tête de la phrase est reprise par un des pronoms démonstratifs neutres *ce, cela,* ou par un nom de sens général comme *la chose, le fait,* etc.[1]:
   *Que tu aies gagné ce concours, **cela** me remplit de joie.*
   *Que toutes vos dettes soient remboursées, **le fait** reste à prouver.*

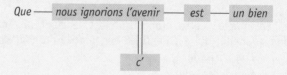

2. Il y a des subordonnées sujets commençant par **que, si, comme, quand, lorsque...** placées après la principale, mais annoncées en tête de la phrase par un des pronoms démonstratifs neutres *ce, ceci, cela* (familièrement: *ça*)[2]:
   *C'est un bien **que nous ignorions l'avenir**.*
   *Ce fut miracle **s'il ne se rompit pas le cou**.*
   *C'est étonnant **comme elle a grandi**.*
   *C'est fort rare **quand il se grise**.* (P. Loti)
   *Cela m'étonne **qu'elle ne m'ait pas averti**.*

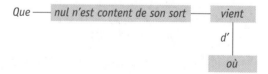

3° Une proposition introduite par la conjonction **que**, après certaines expressions comme *d'où vient...? de là vient..., qu'importe...? à cela s'ajoute...*:
   *D'où vient **que nul n'est content de son sort**?*
   *À cela s'ajoute **qu'il a manqué de prudence**.*

```
Que ─── nul n'est content de son sort ─── vient
                                            │
                                            d'
                                            │
                                            où
```

---

1. On pourrait admettre aussi que cette proposition est *en apposition* à *ce, cela, la chose, le fait,* etc.
2. Il est loisible aussi de considérer ces propositions comme des subordonnées *en apposition* à *ce, ceci, cela, ça.*

Les subordonnées sujets

B

4° Une proposition introduite par un des pronoms relatifs indéfinis **qui** ou **quiconque** :

Qui veut la fin veut les moyens.
Quiconque veut m'accompagner est le bienvenu.

> *Qui veut la fin* —— *veut* —— *les moyens*

> **N.B.**
>
> La proposition infinitive [voir § 461, 4°] employée comme sujet n'est introduite par aucun mot subordonnant ; elle est reprise par *ce, cela,* ou par un nom de sens général comme *la chose, le fait,* etc. :
>
> *Cette rivière déborder de son lit,* le cas n'est jamais arrivé.

b) L'emploi du mode

456 Le verbe de la subordonnée sujet se met (**Bu** § 1125) :

– À l'**indicatif** après les verbes de forme impersonnelle marquant la certitude ou la vraisemblance et exprimant un sens positif :

*Il est certain (sûr, évident) que vous vous **trompez**.*
*Il est probable que nous **partirons** demain.*

> **R**emarque
>
> Après **il me (te, lui...) semble que**, on met généralement l'indicatif :
> *Il me semblait bien que ce temps **était venu**.* (G. Sand)
>
> Après **il semble que**, on met l'indicatif ou le subjonctif selon qu'on exprime le fait avec plus ou moins de certitude :
> *Il semblait bien que c'**était** surtout la haine qui faisait parler Françoise.* (M. Proust)
> *Il semblait que les forces révolutionnaires **dussent** triompher.* (J.-P. Sartre)

– Au **subjonctif** (**Bu** § 1126) :

1° Après les verbes de forme impersonnelle marquant la nécessité, la possibilité, le doute, l'obligation ou exprimant un sentiment personnel (*il faut, il importe, il est nécessaire, ... possible, ... urgent, ... heureux, ... regrettable, il convient, il est temps, c'est dommage,* etc.) :

*Il faut qu'on **soit** sincère.*
*Il importe que chacun **fasse** sa part de travail.*
*Il est nécessaire que l'on **surveille** mieux les abords de l'école.*

B Les subordonnées sujets

> *Il est heureux que tu **retrouves** la santé.*
> *Il est temps que vous **partiez**.*
> *C'est dommage qu'elle ne **comprenne** pas mieux les avantages de ce contrat.*

2° Après les verbes de forme impersonnelle marquant la certitude ou la vraisemblance et exprimant un sens négatif, interrogatif ou conditionnel :

> *Il n'est pas certain que nous **parvenions** au but fixé.*
> *Est-il sûr que Cédric **ait** commis une pareille erreur ?*
> *S'il est vrai que tu **sois** sensible à mes arguments, signe ce contrat.*

ℝemarque

Dans ces sortes de phrases, le subjonctif n'est pas toujours requis ; c'est l'**indicatif** qu'on emploie si l'on veut marquer la réalité du fait :

> *Il n'est pas sûr que nous **partirons**.*
> *Est-il certain que vous **viendrez** ?*
> *N'est-il pas certain que l'ordre **vaut** mieux que le désordre et que la paix **est** préférable à la guerre ?*

3° Quand la subordonnée, introduite par *que,* est placée en tête de la phrase :

> *Que le bombardement **eût** cessé avait fait naître de l'espoir.*
> (J. de Lacretelle)
>
> *Qu'elle **sourît** aux employés de la clinique, au contrôleur des billets, (...), ce n'était jamais qu'un os accordé à la vie pour qu'elle n'aboyât pas trop.*
> (M. Lambert)

ℝemarque

Après *d'où vient que...?* on met l'**indicatif** ou le **subjonctif** selon la nuance de la pensée :

> *D'où vient que vous **partez** (ou **partiez**) si vite ?*

– Au **conditionnel** après les verbes de forme impersonnelle marquant la certitude ou la vraisemblance, lorsqu'on exprime un fait éventuel ou dépendant d'une condition énoncée ou non ; il en est de même dans la proposition sujet introduite soit par *que* après *d'où vient...? de là vient..., qu'importe...? à cela s'ajoute...,* soit par un des relatifs indéfinis *qui* ou *quiconque* (🅑🅤§ 1126) :

> *Il est évident, il n'est pas sûr, que vous **feriez** bien ce travail.*
> *Est-il certain que vous **feriez** bien ce travail ?*
> *Il est certain (sûr, probable) que vous **réussiriez**, si vous étiez plus méthodique.*

*D'où vient que tant d'admirateurs **voudraient** rencontrer cette vedette de cinéma?*

*Qui **trahirait** ma confiance serait aussitôt renvoyé de l'équipe.*

*Quiconque n'**observerait** pas cette loi serait puni.*

> **N.B.**
>
> Le verbe de la subordonnée sujet est parfois un **infinitif** accompagné de son sujet propre:
>
> *Un chien **engendrer** un chat, cela ne se verra jamais.*

C Les subordonnées attributs

a) Formes et mots subordonnants

457 La subordonnée **attribut**[1] est une proposition introduite par la conjonction **que** et venant après certaines locutions formées d'un nom sujet et du verbe **être**, telles que: *mon avis est, le malheur est, le mieux est, la preuve en est,* etc.:

*Mon avis est **que vous avez raison**.*

> Mon avis —— est ○—— que ——○ vous avez raison

> **R**emarques
>
> 1. On a parfois une subordonnée attribut introduite par le relatif indéfini *qui* (au sens de *celui que*) ou par le relatif indéfini *quoi* précédé d'une préposition:
> *Comment je devins **qui je suis**.* (A. Gide)
> *Le coupable n'est pas **qui vous croyez**.*
> *C'est précisément **à quoi je pensais**.*
>
> 2. On peut considérer comme des subordonnées attributs certaines propositions relatives qui, après les verbes *être, se trouver, rester...* suivis d'une indication de lieu ou de situation – ou après un verbe de perception –, expriment une manière d'être du sujet ou du complément d'objet direct de la principale; ces propositions, introduites par *qui*, équivalent à un participe présent ou à un adjectif:
> *Votre amie est là **qui attend** [= attendant].*
> *Il est au jardin **qui rêve** [= rêvant ou: rêveur].*
> *Je la vois **qui arrive** [= arrivant].*

---

1. Le *Bon usage* classe les propositions selon le «type de mot qui sert à les rattacher à la phrase dont elle font partie» (**Bu** **§ 1110**), et non selon la fonction des propositions. C'est pourquoi on n'y trouve pas de rubrique particulière pour les subordonnées attributs.

b) L'emploi du mode

458 Le verbe de la subordonnée attribut se met:

– À l'**indicatif** quand cette subordonnée exprime un fait considéré dans sa réalité:
> *Mon opinion est que tu **as rempli** tes obligations.*
> *L'essentiel est que nous **avons** la victoire.*

– Au **subjonctif** quand on exprime un fait envisagé simplement dans la pensée, avec un sentiment personnel (souhait, désir, volonté, etc.):
> *Mon désir est que tu **remplisses** tes obligations.*
> *L'essentiel est que nous **ayons** la victoire.*

– Au **conditionnel** quand on exprime un fait éventuel ou dépendant d'une condition énoncée ou non:
> *Mon opinion est que tu **remplirais** ainsi tes obligations.*
> *La vérité est que, si nous agissions sans retard, nous **aurions** la victoire.*

D Les subordonnées en apposition

a) Formes et mots subordonnants (Bu § 1124)

459 La subordonnée **en apposition** est une proposition introduite par la conjonction **que** (au sens de *à savoir que*) et jointe à un nom ou à un pronom pour le définir ou l'expliquer comme le ferait un nom en apposition [voir § 63, e]:
> *Nous condamnerons cette maxime **que la fin justifie les moyens**.*
> *La bêtise a ceci de terrible **qu'elle peut ressembler à la plus profonde sagesse**.* (V. Larbaud)
> *Je ne désire qu'une chose: **que vous soyez heureux**.*

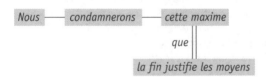

> ## **R**emarques
>
> 1. Dans *qui mieux est, qui pis est, qui plus est,* on a des subordonnées en apposition introduites par le pronom relatif **qui** (au sens neutre de *ce qui*) :
>   *Elle m'a bien accueilli et, **qui plus est**, elle m'a félicité.*
>
> 2. Nous avons rangé parmi les subordonnées *sujets* les propositions introduites par *que* et reprises par *ce, cela, la chose, le fait,* etc., comme dans la phrase : ***Que vous ayez trouvé la bonne solution, cela** vous honore;* de même les propositions introduites par *que, si, comme, quand, lorsque,* et annoncées par *ce, ceci, cela, ça,* comme dans la phrase : *C'est un bien **que nous ignorions l'avenir.***
>
> On pourrait admettre aussi que ces deux catégories de propositions sont en apposition à *ce, cela, la chose, le fait,* ou à *ce, ceci, cela, ça.* [**voir § 455, Rem. 1 et 2.**]

b) L'emploi du mode

460 Le verbe de la subordonnée en apposition se met :

– À l'**indicatif** quand cette subordonnée exprime un fait considéré dans sa réalité (**Bu** § 1125) :

> *Le fait qu'il **reprend** courage présage sa guérison.*

– Au **subjonctif** quand elle exprime un fait envisagé simplement dans la pensée avec un sentiment personnel (souhait, désir, volonté, etc.) (**Bu** § 1126) :

> *Cette chose est tout à fait inadmissible que Biche **doive** mourir.*
> (A. Lichtenberger)
> *Je m'élève contre votre hypothèse que tous mes plans **soient** faux.*

– Au **conditionnel** quand elle exprime un fait éventuel ou soumis à une condition énoncée ou non (**Bu** § 1125) :

> *Je reviens à ce principe que les hommes **seraient** meilleurs s'ils se connaissaient mieux eux-mêmes.*
> *Je partage votre sentiment que nous **ferions** bien ce travail.*

E Les subordonnées compléments d'objet

a) Formes et mots subordonnants

461 La subordonnée **complément d'objet** (direct ou indirect) peut se présenter sous quatre formes (**Bu** § 1122) :

1° Elle peut être introduite par la conjonction **que** :

*Vous savez **que votre heure viendra**.*

*Je ne doute pas **que la lecture n'enrichisse l'esprit**.*

> Vous —— savez ○—— que ——○ votre heure viendra

> **R**emarques
>
> 1. La subordonnée complément d'objet indirect est parfois introduite par une des locutions conjonctives **à ce que, de ce que** (**Bu** § 1123) :
> *Il s'attend **à ce que je revienne**.* (Académie)
> *Je m'étonne **de ce qu'il ne soit pas venu**.*
>
> 2. *Voici, voilà* (qui contiennent le verbe *voir,* à l'impératif, sans *s,* selon un usage ancien) peuvent se faire suivre d'une subordonnée introduite par *que ;* cette subordonnée *complément du présentatif* est assimilable à une subordonnée complément d'objet direct (**Bu** § 1125) :
> *Voici **que la nuit vient**.*
> *Voilà **qu'un orage éclata**.*

2° Elle peut être introduite par un des pronoms relatifs indéfinis **qui** ou **quiconque** :

*Aimez **qui vous aime**. Choisis **qui tu veux**.*

*On pardonne volontiers **à qui avoue ses erreurs**.*

*Elle aide **quiconque la sollicite**.*

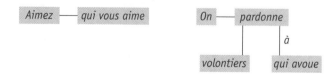

Les subordonnées compléments d'objet

E

3° Elle peut être introduite par un **mot interrogatif** (*si, qui, quel, quand,* etc.), dans l'interrogation indirecte [**voir § 73, Rem. 1**] :

*Dis-moi **qui tu es, quel est ton nom.***
*Je demande **pourquoi il vient, quand il part.***
*Je m'informe **si ses amis sont inscrits.***

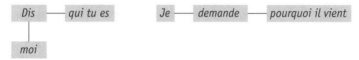

4° Elle peut n'être introduite par aucun mot subordonnant et être constituée par un infinitif avec son *sujet propre :* une telle proposition s'appelle **proposition infinitive :** elle s'emploie comme complément après des verbes marquant une perception des sens : *apercevoir, écouter, entendre, ouïr, regarder, sentir, voir,* ou encore après *faire* ou *laisser* (**Bu** § 1128) :

*J'entends **les oiseaux chanter.***
*Je vois **mes honneurs croître** et **tomber mon crédit.*** (J. Racine)
*Laissez **venir à moi les petits enfants.***

Remarques

1. Il importe de bien observer qu'on n'a une proposition infinitive que si l'infinitif a son *sujet propre,* exprimé ou non ; on se gardera donc de prendre pour une proposition infinitive le simple infinitif complément d'objet, qui a le même sujet que le verbe principal :

   *Le flâneur regarde **couler la rivière*** [prop. infinitive].
   *J'entends **parler autour de moi*** [prop. infinitive].
   J'espère réussir [*réussir* = infinitif complément d'objet direct].
   Elle se plaint de ne rien obtenir [*obtenir* = infinitif compl. d'objet ind.].

2. On peut avoir une proposition infinitive après le présentatif *voici* (qui signifie *vois ici*), surtout avec l'infinitif *venir* :

   *Voici **venir les temps** où vibrant sur sa tige*
   Chaque fleur s'évapore ainsi qu'un encensoir. (Ch. Baudelaire)

3. On trouve parfois une proposition infinitive dépendant d'un des verbes *dire, croire, savoir...,* mais à peu près uniquement avec le pronom relatif *que* sujet[1] :

   *Je ramenai la conversation sur des sujets **que je savais l'intéresser.***
   (B. Constant)

---

1. Voici un exemple où le sujet est un nom : *Charles n'hésita pas, tant il jugeait **cette récréation** lui **devoir être** profitable.* (G. Flaubert)

E Les subordonnées compléments d'objet

b) L'emploi du mode

Les subordonnées introduites par *que*

462 Le verbe de la subordonnée complément d'objet (direct ou indirect) introduite par *que* se met:

– À l'**indicatif** après un verbe exprimant une opinion, une déclaration, une perception (*affirmer, croire, espérer, déclarer, dire, penser, entendre, voir, sentir...*), quand le fait est considéré dans sa réalité (**Bu** § 1125) :

> *Je crois (j'affirme, je dis, je vois) que la richesse ne **fait** pas le bonheur.*
> *Je m'aperçois que j'**ai** fait une erreur.*

– Au **subjonctif** (**Bu** § 1126) :

   1° Après un verbe principal exprimant une opinion, une déclaration, une perception, quand le fait est envisagé simplement dans la pensée et avec un sentiment personnel, ce qui se présente souvent lorsque ces verbes sont dans une principale négative, interrogative ou conditionnelle:

   > *Je ne crois pas (je ne dis pas, je ne vois pas) que la richesse **fasse** le bonheur.*
   > *Croyez-vous (pensez-vous, voyez-vous) que la richesse **fasse** le bonheur?*
   > *Si vous croyez que la richesse **fasse** le bonheur, vous vous trompez.*

> **R**emarque
>
> Même quand la principale est négative ou interrogative, ces verbes d'opinion, de déclaration, de perception, demandent dans la subordonnée l'**indicatif** si l'on veut marquer la réalité du fait:
>
> *Elle ne croit pas (elle ne dit pas, elle ne voit pas) que la santé **vaut** plus que tout.*
> *Il ne s'aperçoit pas qu'il **va** à sa ruine.*
> *Croyez-vous que la véritable amitié **est** rare?*

   2° Après un verbe principal exprimant la *volonté* (ordre, prière, désir, souhait, défense, empêchement), le *doute,* ou quelque *sentiment* (joie, tristesse, crainte, regret, admiration, étonnement...):

   > *Je veux (j'ordonne, je commande, je demande, je désire, je souhaite) qu'on **dise** la vérité.*
   > *Le règlement interdit que vous **franchissiez** cette limite.*
   > *Empêchez qu'il ne **sorte**.*
   > *Je regrette que votre amie ne **puisse** venir.*
   > *Je me réjouis qu'il **revienne** à de meilleurs sentiments.*
   > *Je m'étonne que vous **fassiez** si peu d'efforts.*

3° Quand cette subordonnée complément d'objet introduite par *que* est mise en tête de la phrase, avant la principale dont elle dépend (et dans laquelle elle est reprise par un pronom neutre):

*Que mon ordre **doive** être exécuté, vous le savez.*

*Que la richesse ne **fasse** pas le bonheur, elle s'en aperçoit.*

– Au **conditionnel** quand cette subordonnée complément d'objet exprime un fait éventuel ou dépendant d'une condition énoncée ou non (**Bu** § 1125):

*Je dis (je sais, je crois, je conviens) que vous **feriez** bien ce travail.*

*Je ne crois même pas que l'on **pourrait** lui reprocher une distraction.* (G. Duhamel)

*Convenez-vous que vous **auriez dû** suivre une autre méthode?*

Remarques

1. Certains verbes comme *admettre, entendre, dire, prétendre*... expriment tantôt l'opinion ou la perception, tantôt la volonté; construits avec *que* et employés affirmativement, ils demandent après eux l'**indicatif** dans le premier cas, le **subjonctif** dans le second (**Bu** § 1126):

   J'entends [= je perçois par l'ouïe] *qu'on **vient**.*

   J'entends [= je veux] *qu'on **vienne**.*

   Je dis [= je déclare] *qu'elle **part**.*

   Je lui dis [= je commande] *qu'elle **parte**.*

2. Après **arrêter que, décider que, décréter que, établir que, exiger que, mander que, ordonner que, prescrire que, régler que, résoudre que,** on exprime parfois à l'**indicatif** le contenu de l'ordre ou de la décision dont il s'agit (c'est-à-dire au mode où on le mettrait s'il n'était pas subordonné, comme si *que* était remplacé par deux points):

   *Le gouvernement décrète que la peine de mort **est abolie**.*

   *Le tribunal a décidé que la donation **était** nulle.* (Académie)

   *Le conseil ordonne que la façade de la maison commune **sera** illuminée sur-le-champ.* (A. France)

3. **Nier, douter, contester, démentir, disconvenir, dissimuler,** suivis de *que* et employés affirmativement, veulent le **subjonctif**, mais admettent aussi l'**indicatif** quand on veut insister sur la réalité du fait:

   *Il nie que cela **soit**.* (Académie)

   *Je doute fort que cela **soit**.* (Id.)

   *Je ne nie pas qu'il **ait** fait cela.* (Id.)

   *Je ne doute pas que ce ne **fût** une cigogne.* (G. Flaubert)

   *Je ne doute pas qu'il **fera** tout ce qu'il pourra.* (É. Littré)

E Les subordonnées compléments d'objet

▼
4. Certains verbes de sentiment comme *se plaindre, se lamenter, s'étonner, s'irriter, se réjouir...* admettent, pour la construction de la subordonnée complément d'objet, non seulement *que* avec le **subjonctif**, mais parfois aussi *de ce que*, ordinairement avec l'**indicatif** :
*Elle se plaint qu'on l'**ait** ridiculisée.*
*Elle se plaint de ce qu'on l'**a** ridiculisée.*

5. La subordonnée complément du présentatif *voici* ou *voilà* a son verbe à l'**indicatif** ou au **conditionnel**, selon le cas :
*Voici que la nuit **vient**.*
*Et voilà que tu **voudrais** t'en aller !*

N.B.
La subordonnée complément du présentatif *voici* peut être une proposition infinitive [voir § 461, 4°, Rem. 2].

Les subordonnées introduites par *qui* ou *quiconque* (🅑 § 1112)

463 Le verbe de la subordonnée complément d'objet (direct ou indirect) introduite par un des pronoms relatifs indéfinis *qui* ou *quiconque* se met :

– À l'**indicatif** si le fait est considéré dans sa réalité :
*Choisis qui tu **veux**.*
*Je me souvenais du jour où il s'était retrouvé en possession d'un paquet de bonbons et de sa façon particulière de les offrir à **quiconque lui plaisait**.* (F. Dannemark)

– Au **subjonctif** si le fait est envisagé simplement dans la pensée et avec un sentiment personnel :
*Cherchez qui vous **comprenne**.*
*Tant d'autres... avaient trouvé qui les **aimât**.* (R. Rolland)

– Au **conditionnel** si le fait est éventuel ou soumis à une condition énoncée ou non :
*Il flatte quiconque **pourrait** lui nuire.*
*On a donné cet emploi à qui ne l'**aurait** jamais obtenu en d'autres temps.*

Les subordonnées dans l'interrogation indirecte (🅑 § 1156, 1160-1163)

464 Le verbe de la subordonnée complément d'objet (direct ou indirect) dans l'interrogation indirecte se met :

– À l'**indicatif** si l'on exprime un fait considéré dans sa réalité :
*Dis-moi si tu **pars**.*

*Je demande où tu **vas**, quel chemin tu **prends**.*
*Informez-vous si on **partira** bientôt.*
*On n'imagine pas combien il **faut** d'esprit pour n'être pas ridicule.*
(N. de Chamfort)

– Au **conditionnel** si l'on exprime un fait éventuel ou dépendant d'une condition énoncée ou non :

*Dis-moi si tu **accepterais** cet emploi ; informe-toi s'il te **conviendrait**.*
*Je me demande comment tu **vivrais** si tu le refusais.*

> **R**emarque
>
> Dans la subordonnée de l'interrogation indirecte, on a parfois l'**infinitif** lorsque le sujet (non exprimé) de cet infinitif est le même que celui du verbe principal :
> *Il ne savait que **dire** à cette enfant désolée.* (G. de Maupassant)

F Les subordonnées compléments circonstanciels

465 Les subordonnées **compléments circonstanciels** se rangent en divers groupes suivant l'espèce de circonstance qu'elles expriment. Elles peuvent marquer (**Bu** § 1132-1135) :

1° le **temps** ;
2° la **cause** ;
3° le **but** ;
4° la **conséquence** ;

5° la **concession** (ou l'**opposition**) ;
6° la **condition** ;
7° la **comparaison**.

> **R**emarque
>
> Cette classification n'a rien d'absolu : outre les catégories indiquées, on distingue parfois des subordonnées compléments circonstanciels marquant le **lieu**, l'**addition**, la **manière**.

1. Les subordonnées de temps

a) Les mots subordonnants

466 Les principales conjonctions ou locutions conjonctives introduisant les subordonnées compléments circonstanciels de temps sont (**Bu** § 1136) :

Alors que	Chaque fois que	Lorsque
À peine... que	Comme	Maintenant que
Après que	Depuis que	Pendant que
Au moment où	Dès que	Quand
Aussi longtemps que	En attendant que	Sitôt que
Aussitôt que	En même temps que	Tandis que
Avant que	Jusqu'à ce que	Toutes les fois que

> **R**emarque
>
> Au lieu de *répéter* ces conjonctions ou locutions conjonctives (sauf *au moment où*) dans une suite de subordonnées compléments circonstanciels de temps, on peut les remplacer par *que* :
>
> *Quand le soleil se lève et **que** la forêt s'éveille, les oiseaux commencent leurs concerts.*

b) L'emploi du mode (**Bu** § 1137)

467 Le verbe de la subordonnée complément circonstanciel de temps se met :

– À l'**indicatif** quand cette subordonnée marque la simultanéité ou l'antériorité et exprime un fait considéré dans sa réalité :

    *Comme ils **parlaient**, la nue éclatante et profonde s'entrouvrit.* (V. Hugo)

    *Quand nous **aurons fini**, nous partirons.*

Depuis le début du XXe siècle, il y a une tendance à faire suivre *après que* du subjonctif, peut-être par analogie avec l'antonyme *avant que*. Cette

Les subordonnées compléments circonstanciels

F

tendance, bien que critiquée par les grammairiens, se répand tant dans la langue parlée que littéraire.

– Au **subjonctif** après *avant que, en attendant que, jusqu'à ce que* :

*J'irai le voir avant qu'il **parte**.* (Académie)

*En attendant que vous **trouviez** un autre logement, vous pouvez vous installer ici.*

*Je resterai ici jusqu'à ce que vous **reveniez**.* (Académie)

> **℞emarque**
>
> *Jusqu'à ce que* se construit parfois avec l'**indicatif** quand on veut marquer la réalité d'un fait :
>
> *Ils reprenaient haleine, jusqu'à ce qu'enfin Louis, s'étant à demi soulevé, **regarda** la fenêtre blanchissante.* (Fr. Mauriac)

– Au **conditionnel** quand la subordonnée marque la simultanéité ou l'antériorité et exprime un fait simplement possible :

*Pendant que votre sœur **travaillerait**, vous resteriez inoccupé ?*

*J'allais m'y prendre par la bande. Lui dire que j'avais peur de devenir aveugle, et puis, lorsqu'elle m'**aurait consolé** d'un simple clignotement des paupières, lui dire la vérité.* (M. Lambert)

– Au **participe** dans les propositions participes [voir § 392] :

*Le père **mort**, les fils vous retournent le champ.* (J. de La Fontaine)

2. Les subordonnées de cause

a) Les mots subordonnants (Ⓑⓤ § 1139)

468 Les principales conjonctions ou locutions conjonctives introduisant les subordonnées compléments circonstanciels de cause sont : *attendu que, comme, étant donné que, parce que, puisque, vu que, sous prétexte que.*

```
Ce modèle ——— connaît ——— beaucoup de succès
                    ○
              parce │ qu'
                    ○
          il est meilleur marché
```

313

> **R**emarques
>
> 1. Au lieu de *répéter* ces conjonctions ou locutions conjonctives dans une suite de subordonnées compléments circonstanciels de cause, on peut les remplacer par le simple *que* :
>   *Puisqu'elle avoue son erreur et **qu**'elle la regrette, je lui pardonne.*
>
> 2. *Que* (employé seul) introduit parfois une subordonnée complément circonstanciel de cause (non pas du fait principal, mais de la demande ou de l'exclamation que le fait subordonné a suscitée) :
>   *Comme elle dort, **qu**'il faut l'appeler si longtemps!* (V. Hugo)

b) L'emploi du mode

469 Le verbe de la subordonnée complément circonstanciel de cause se met (**Bu** § 1140) :

– À l'**indicatif** quand cette subordonnée exprime un fait considéré dans sa réalité :

> *Je me suis agacée parfois (...) d'entendre des hommes me dire: «Vous pensez telle chose parce que vous **êtes** une femme»; mais je savais que ma seule défense, c'était de répondre: «Je la pense parce qu'elle **est** vraie».* (S. de Beauvoir)

– Au **conditionnel** quand elle exprime un fait simplement possible ou soumis à une condition énoncée ou non :

> *Évitez de prendre cette route, parce qu'elle **pourrait** être coupée par la rivière en crue.*

– Au **participe** dans les propositions participes [voir § 392] :

> *Le soir **approchant**, nous hâtâmes notre marche.*
> *Un orage **ayant éclaté**, nous avons retardé notre départ.*

> **R**emarque
>
> Les expressions *non que, non pas que, ce n'est pas que*, au moyen desquelles on écarte une fausse cause, se construisent avec le **subjonctif** :
> *Je le contredis: non que je **veuille** le vexer, mais la vérité a ses droits.*

3. Les subordonnées de but

a) Les mots subordonnants (🅑ᵤ § 1145)

470 Les locutions conjonctives servant à introduire une subordonnée complément circonstanciel de but sont : *afin que, pour que, de crainte que, de peur que.*

J' ──── ai apporté ──── *ces livres*

pour | *que*

vous les lisiez

> **R**emarques
>
> 1. Au lieu de *répéter* les locutions conjonctives dans une suite de subordonnées compléments circonstanciels de but, on peut les remplacer par *que* :
>   *J'ai installé une barrière, de crainte que les enfants ne piétinent mes semis et qu'ils n'arrachent mes fleurs.*
>
> 2. *Que* (employé seul), après un impératif ou un équivalent de l'impératif, introduit parfois une subordonnée complément circonstanciel de but :
>   *Ôte-toi de là, que je m'y mette.*

b) L'emploi du mode (🅑ᵤ § 1146)

471 Le verbe de la subordonnée complément circonstanciel de but se met toujours au **subjonctif** :

> *Il est des lieux où meurt l'esprit pour que **naisse** une vérité qui est sa négation même.* (A. Camus)

4. Les subordonnées de conséquence

a) Les mots subordonnants (🅑ᵤ § 1143)

472 Les subordonnées compléments circonstanciels de conséquence s'introduisent :

– par *que*, corrélatif d'un mot d'intensité qui précède : *si, tant, tel, tellement* ;
– par les locutions conjonctives *au point que, de façon que, de manière que, en sorte que, de sorte que, si bien que* ;

– par la locution conjonctive *pour que*, corrélative d'un des termes *assez, trop, trop peu, suffisamment,* placé avant elle[1].

ⓡemarques

1. Au lieu de *répéter* la locution conjonctive dans une suite de subordonnées compléments circonstanciels de conséquence, on peut la remplacer par *que*: *Parlez de façon qu'on vous entende et qu'on vous comprenne.*

2. La proposition complément circonstanciel de conséquence est parfois introduite par *que* employé seul: *Les commandes pleuvaient à l'abbaye **que** c'était une bénédiction.* (A. Daudet)

---

b) L'emploi du mode (ⓑⓤ § 1144)

473 Le verbe de la subordonnée complément circonstanciel de conséquence se met:

– À l'**indicatif** quand cette subordonnée exprime un fait réel, un résultat atteint:
 *Il serre la pierre si fort qu'il **gémit** de douleur.* (J.M.G. Le Clézio)

– Au **conditionnel** quand elle exprime un fait simplement possible ou soumis à une condition énoncée ou non:
 *Il s'est tellement entraîné qu'il **pourrait gagner** l'épreuve.*

– Au **subjonctif**:

 1° Après une principale négative ou interrogative:
 *Elle n'est pas si rapide qu'elle **soit** sans rivale.*
 *Est-elle tellement rapide qu'elle **soit** sans rivale?*

---

1. On se gardera d'intercaler un *que* dans *assez pour, trop pour, trop peu pour, suffisamment pour.* Il serait incorrect de dire: *Cette affaire est trop complexe que pour que vous l'entrepreniez. Il a trop peu d'expérience que pour que le ministre le charge d'une telle mission.* Il faut dire, sans *que* devant *pour: Cette affaire est trop complexe pour que vous l'entrepreniez. Il a trop peu d'expérience pour que le ministre le charge d'une telle mission.*

2° Après *assez pour que, trop pour que, trop peu pour que, suffisamment pour que* :

*Le choix de notre avenir est trop important pour que nous le **prenions** à la légère.*

3° Quand la subordonnée exprime un fait qui est à la fois une conséquence et un but à atteindre :

Il faut faire une enceinte de tours
*Si terrible que rien ne **puisse** approcher d'elle.* (V. Hugo)

*Faites les choses de manière que chacun **soit** content.*

> ## ℝemarque
>
> Après de *façon que, en sorte que, de sorte que, si... que*, etc., on met l'**indicatif** quand la subordonnée exprime un fait considéré dans sa réalité :
> *Elle a fait les choses de manière que chacun **est** content.*

5. Les subordonnées d'opposition

a) Les mots subordonnants (🅑 § 1147-1149)

474 Les principales conjonctions ou locutions conjonctives servant à introduire les subordonnées compléments circonstanciels d'opposition sont : *au lieu que, bien que, encore que, loin que, malgré que, pour... que, quoique ; où que, quel que, quelque... que, quelque ... qui, qui que, quoi que, si... que, tout... que*[1].

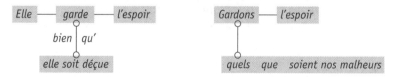

---

1. Comme elles unissent une subordonnée à une principale, les locutions *où que, quel que, quelque ... que, quelque ... qui, qui que, quoi que, si ... que, tout ... que*, ont, si on les considère globalement, la valeur de locutions conjonctives. Dans l'analyse des mots de la subordonnée, chacune de ces locutions (ou, strictement parlant, le premier élément de chacune d'elles) a sa fonction particulière.

F Les subordonnées compléments circonstanciels

Ⓡemarques

1. Certaines expressions marquant le temps ou la supposition peuvent marquer aussi l'opposition : *alors que, alors même que, lors même que, si, même si, quand, quand même, quand bien même, tandis que* :
   *Celui-ci avance **alors que** celui-là recule.*
   ***Si** la parole est d'argent, le silence est d'or.*
   ***Quand** vous le jureriez, on ne vous croirait pas.*
   *Tout le monde la croit heureuse, **tandis qu**'elle est rongée de soucis.*

2. *Malgré que*, selon Littré et selon l'Académie, ne s'emploie qu'avec *en avoir* :
   Malgré qu'il en ait (= en dépit de lui), *nous savons son secret.* (Académie)
   Cependant *malgré que* au sens de *bien que* pénètre de plus en plus dans l'usage courant et même littéraire :
   *De mes quatre chevaux, il en était un qu'on nommait encore « le poulain », **malgré qu**'il eût trois ans passés.* (A. Gide)

3. On trouve assez souvent, dans l'usage moderne, *aussi... que* employé au lieu de *si... que* pour introduire la subordonnée d'opposition :
   ***Aussi** étouffant **qu'il** fasse dans le parc, nous y respirerons mieux.* (Fr. Mauriac)

4. *Que* employé seul marque parfois l'opposition :
   ***Qu**'il ait commis cet accident involontairement, il n'en sera pas moins condamné.*

b) L'emploi du mode

475 En général, le verbe de la subordonnée complément circonstanciel d'opposition se met au **subjonctif** (Ⓑ § 1150) :
   *Quel que **soit** son raffinement, le style a toujours quelque chose de brut.* (R. Barthes)
   *Quelques précautions que vous **preniez**, restez vigilants.*
   *Bien qu'il **soit** malade, il nous a rejoints.*

Ⓡemarques

1. *Quand, quand même, quand bien même, alors même que, lors même que*, marquant l'opposition gouvernent le **conditionnel** :
   *Quand bien même vous **insisteriez**, je ne vous le donnerais pas.*

2. *Tandis que, alors que*, marquant l'opposition sont suivis de l'**indicatif** ou du **conditionnel**, selon le sens :
   *Sa santé décline alors qu'on le **croyait** guéri.* (Académie)
   *Vous reculez, alors qu'il **faudrait** avancer.*

▼

3. *Tout ... que*, selon la règle traditionnelle, demande l'**indicatif** (**Bu** § 1151) :
*Tout Picard que j'**étais**, j'étais un bon apôtre.* (J. Racine)
*Tout ivre qu'il **était**, il a paru très intéressé.* (G. Simenon)
Mais, dans l'usage moderne, il se construit souvent avec le **subjonctif** :
*Il avait en lui, tout vieux qu'il **fût**, des coins d'âme d'enfant qui n'avait pas vieilli.* (R. Bazin).
*Tout simple qu'il **soit**, il a déjà deviné.* (Fr. Mauriac)

6. Les subordonnées de condition

a) Les mots subordonnants (**Bu** § 1153)

476 Les principales conjonctions ou locutions conjonctives servant à introduire les subordonnées compléments circonstanciels de condition (ou de supposition) sont : *si, à (la) condition que, sous (la) condition que, à moins que, au cas où, dans les cas où, dans l'hypothèse où, en admettant que, pour peu que, pourvu que, soit que... soit que, soit que... ou que, supposé que, à supposer que.*

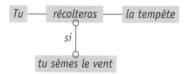

Remarques

1. Au lieu de *répéter* ces conjonctions ou locutions conjonctives (sauf *au cas où, dans le cas où, dans l'hypothèse où*), dans une suite de subordonnées compléments circonstanciels de condition, on peut les remplacer par *que* :
*Vous parviendrez au succès, pourvu que vous travailliez et **que** vous persévériez.*
*Si tu as des loisirs et **que** tu veuilles être utile, rejoins-nous.*

2. *Que* employé seul peut marquer la supposition :
Qu'on lui ferme la porte au nez.
Il reviendra par les fenêtres. (J. de La Fontaine)

b) L'emploi du mode (§ 1155)

Avec *si*

477 Le verbe de la subordonnée complément circonstanciel de condition (ou de supposition) introduite par *si* se met en général à l'**indicatif**:

> Si encore j'**étais** certain de préférer en moi le meilleur, je lui donnerais le pas sur le reste. (A. Gide)

Pour l'ensemble de la phrase, il y a lieu de considérer trois cas:

– Supposition pure et simple

Lorsque la subordonnée exprime une supposition pure et simple (c'est-à-dire quand, sans se prononcer sur la réalité du fait de la subordonnée, on indique simplement que de la réalisation de ce fait résulte, a résulté ou résultera le fait principal), le verbe de chacune des deux propositions se met à l'**indicatif**:

> Si tu **admets** cette opinion, tu **as** tort.
>
> Si tu **as admis** cette opinion, tu **as eu** tort.
>
> Si [plus tard] tu **admets** cette opinion, tu **auras** tort.

> **R**emarque
>
> Si le fait subordonné se rapporte à l'avenir, il s'exprime par le *présent* de l'indicatif (correspondant au futur simple) ou par le *passé composé* (correspondant au futur antérieur) [Voir aussi la remarque 4, ci-dessous]:
>
> S'il **pleut** demain, je ne sortirai pas.
>
> Si demain le mal **a empiré**, vous me rappellerez.

– Potentiel

Lorsque la subordonnée conditionnelle exprime un fait considéré comme une possibilité, son verbe se met, selon le cas, à l'**indicatif** (présent, passé composé, imparfait) ou à l'**impératif**, et le verbe principal, à l'**indicatif** (présent, futur) ou au **conditionnel**:

> Si votre père **est** là, s'il **a terminé** sa besogne, **appelez-le**, il m'**attend**, il me **recevra**.
>
> Si je **gagne** à la loterie, je **partagerai** avec vous.
>
> Si je **gagnais** à la loterie, je **partagerais** avec vous.
>
> Et s'il **revenait** un jour
>
> Que **faut**-il lui dire? (M. Maeterlinck)

Les subordonnées compléments circonstanciels

N.B.

Souvent la *supposition pure et simple* et le *potentiel* se confondent ;
l'une ou l'autre domine suivant la pensée de celui qui parle ou qui écrit.

– Irréel

Lorsque la subordonnée, outre la relation de supposition, exprime un fait irréel :

Si la supposition se rapporte au *présent,* le verbe de cette subordonnée se met
à l'**imparfait de l'indicatif**, et le verbe principal au **conditionnel présent** :

> Si ces pierres **parlaient**, elles **pourraient** nous instruire.

Si la supposition se rapporte au *passé,* le verbe de la subordonnée se met au
plus-que-parfait de l'indicatif, et le verbe principal au **conditionnel passé** :

> Si Napoléon **avait gagné** la bataille de Waterloo, l'Europe **aurait formé**
> sans doute une nouvelle coalition contre lui.

Remarques

1. Après *si* introduisant l'expression d'un fait irréel dans le passé, la langue
   littéraire peut mettre le verbe subordonné et le verbe principal, ou l'un des
   deux seulement, au conditionnel passé 2e forme :
   *Si elle **eût réfléchi**, elle **eût hésité**. Si elle avait réfléchi, elle **eût hésité**.*
   *Si elle **eût réfléchi**, elle aurait hésité.*

2. Parfois le sens est tel qu'on a dans l'une des deux propositions l'irréel du
   présent et dans l'autre l'irréel du passé :
   *Si [l'an dernier] j'avais suivi vos conseils, je serais aujourd'hui directeur
   de l'entreprise.*
   *Si [en ce moment] j'abandonnais mes études, j'aurais étudié trois ans pour
   rien.*

3. *Que* remplaçant *si* dans une suite de subordonnées compléments
   circonstanciels de condition demande après lui le **subjonctif**, mais cette règle
   n'est pas toujours respectée :
   *Si elle travaille bien et qu'elle ne **perde** aucun instant, elle peut encore
   réussir.*
   *S'il revenait et qu'il **fît** une réclamation, vous seriez fort embarrassé.*
   (Académie)

4. Pour exprimer l'idée du futur dans la subordonnée de condition, on emploie
   parfois l'auxiliaire **devoir** :
   *Si cela **doit (devait)** se reproduire, je prendrai (prendrais) des mesures.*

Avec ... *que*

478 Le verbe de la subordonnée complément circonstanciel de condition (ou de supposition) introduite par une locution conjonctive composée à l'aide de *que* se met au **subjonctif** (🅑§ 1158) :

> *On t'écrira, pourvu que tu nous* ***fasses*** *connaître ta nouvelle adresse.*
>
> *Il le fera, pour peu que vous lui en* ***parliez.*** *(Académie)*

ℝemarques

1. Après *au cas où, dans le cas où, dans l'hypothèse où*, on met le **conditionnel** :

   Au cas où une complication se ***produirait****, faites-moi venir.* (Académie)

2. Après *à (la) condition que, sous (la) condition que*, on met l'**indicatif** (futur ou futur du passé) ou, plus souvent, le **subjonctif** :

   Je vous donne cet argent à condition que vous ***partirez*** *demain ou que vous* ***partiez*** *demain.* (É. Littré)

---

7. Les subordonnées de comparaison

a) Les mots subordonnants (🅑§ 1129, 1130, 1142)

479 Les subordonnées compléments circonstanciels de comparaison s'introduisent :

- par *comme, ainsi que, à mesure que, aussi bien que, de même que, selon que, suivant que* ;
- par *que* corrélatif d'adjectifs ou d'adverbes de comparaison tels que : *aussi, autant, si, tant, autre, meilleur, mieux, moindre, moins, plus, tel,* etc.

> *On meurt comme on a vécu.*
> *Cette élève étudie mieux que je ne croyais.*

Les subordonnées compléments circonstanciels

F

ⓡemarques

1. *Si* peut exprimer la comparaison et l'opposition à la fois :
   Si la parole est d'argent, le silence est d'or.

2. *Comme si* marque à la fois la comparaison et la supposition :
   Il me traite comme si j'étais son valet. (Académie)

3. Dans les phrases où la comparaison marque l'égalité, on peut avoir les
   expressions doubles *autant... autant, tel... tel, comme... ainsi* :
   ***Autant** il a de vivacité, **autant** vous avez de nonchalance.* (Académie)

   Quand la comparaison marque la différence, on peut avoir : *autre... autre,*
   autre chose... autre chose :
   ***Autre** est promettre, **autre** est tenir.*

   Quand la comparaison marque l'augmentation ou la diminution
   proportionnelles, on emploie *plus... (et) plus, moins... (et) moins, plus...*
   (et) moins, moins... (et) plus, d'autant plus que, d'autant moins que :
   ***Plus** on est de fous, **plus** on rit.*
   ***Moins** il exigeait, **plus** on lui accordait.* (Voltaire)
   *Mais je le poursuivrai **d'autant plus qu**'il m'évite.* (J. Racine)

4. Quand la subordonnée de comparaison se rattache à un comparatif d'adjectif,
   on peut la considérer comme une subordonnée complément d'adjectif.
   [voir § 487, Rem.]

b) L'emploi du mode

480 Le verbe de la subordonnée complément circonstanciel de comparaison se met (ⓑ § 1131, 1142) :

– À l'**indicatif**, en général :
   *Comme il **sonna** la charge, il sonne la victoire.* (J. de La Fontaine)
   *J'ai autant de poèmes dans la tête que j'**ai** de cheveux sur la tête.*
   (É. J. Maunick)

– Au **conditionnel** quand la subordonnée complément circonstanciel de
comparaison marque un fait simplement possible ou soumis à une condition exprimée ou non :
   *Elle vous traite comme elle **traiterait** son propre fils.*

8. Les autres subordonnées

a) De lieu (🅑 § 1113)

481 Les subordonnées compléments circonstanciels de lieu s'introduisent par l'adverbe de lieu *où (d'où, par où, jusqu'où)* employé comme conjonction.

Ces subordonnées peuvent se rattacher aux relatives [voir § 484].

Les subordonnées compléments circonstanciels de lieu ont leur verbe à l'**indicatif** ou au **conditionnel**, selon le sens :

> *Où tu **iras**, j'irai.*
> *Où il y **aurait** de la gêne il n'y aurait pas de plaisir.*

b) D'addition (🅑 § 1135)

Les subordonnées compléments circonstanciels marquant l'addition s'introduisent par *outre que* et se construisent avec l'**indicatif** ou le **conditionnel**, selon le sens :

> *Outre qu'il **est** trop jeune, il n'a pas le diplôme requis.*
> *Outre qu'il ne **serait** pas sélectionné, il risquerait de perturber le bon climat de l'équipe.*

c) De restriction (🅑 § 257)

Les subordonnées compléments circonstanciels marquant la restriction s'introduisent par *excepté que, sauf que, hormis que, hors que* (= excepté que), *si ce n'est que, sinon que*, et se construisent avec l'**indicatif** ou le **conditionnel**, selon le sens :

> *Ils se ressemblent parfaitement, excepté que l'un **est** un peu plus grand que l'autre.* (Académie)
> *Ces deux emplois sont également intéressants, sauf que l'un **conviendrait** mieux à une femme de votre âge.*

d) De manière (🅑 § 1142)

Les subordonnées compléments circonstanciels marquant la manière s'introduisent par *comme, sans que, que... ne.*

De ces subordonnées, celles qui sont introduites par *comme* peuvent se rattacher aux subordonnées compléments circonstanciels de comparaison ; celles qui sont introduites par *sans que, que ... ne,* peuvent se rattacher aux subordonnées compléments circonstanciels de conséquence.

Après *comme,* la subordonnée complément circonstanciel de manière a son verbe à l'**indicatif** ou au **conditionnel,** selon le sens :

> *Il répondit comme les autres **avaient fait.*** (Académie)
> *J'ai répondu comme vous **auriez fait** vous-même.*

Après *sans que, que... ne,* on met le **subjonctif** :

> *Les dents lui poussèrent sans qu'il **pleurât** une seule fois.* (G. Flaubert)
> *Vous ne sauriez lui dire deux mots qu'il ne vous **contredise.***

G Les subordonnées compléments d'agent

a) Formes et mots subordonnants

482 La proposition subordonnée complément d'agent du verbe passif[1] est introduite par un des pronoms relatifs indéfinis *qui* ou *quiconque,* l'un et l'autre précédés d'une des prépositions *par* ou *de ;* cette subordonnée désigne l'être par qui est faite l'action que subit le sujet du verbe principal :

> *Tout livre doit être rapporté **par qui l'a emprunté.***
> *Il est craint **de quiconque l'approche.***

b) L'emploi du mode

483 Le verbe de la subordonnée complément d'agent se met :

– À l'**indicatif** si le fait est considéré dans sa réalité :

> *Cette forteresse sera occupée par qui la **conquerra.***
> *Elle est aimée de quiconque la **connaît.***

– Au **subjonctif** si le fait est envisagé simplement dans la pensée avec un certain sentiment personnel :

> *Puissiez-vous être encouragés par qui vous **comprenne** !*
> *Ils souhaitaient être loués par quiconque leur **parlât.***

1. Voir la note 1, p. 303.

– Au **conditionnel** si le fait est éventuel ou soumis à une condition énoncée ou non :

*Le vol n'a pas été commis par qui on **croirait**.*

*Il ne sera pas nécessairement méprisé de quiconque le **jugerait**.*

H Les subordonnées compléments de nom ou de pronom

a) Formes et mots subordonnants (Ⓑ § 1124)

484 La subordonnée complément de nom ou de pronom se joint au nom ou au pronom pour en préciser le sens comme pourrait le faire un nom ou un adjectif.

Elle est introduite par un **pronom relatif** : c'est donc une subordonnée **relative**.

485 Au point de vue du sens, la subordonnée relative complément de nom ou de pronom est :

1° **Complément déterminatif** quand elle restreint la signification de l'antécédent ; on ne peut pas la retrancher sans nuire essentiellement au sens de la phrase ; elle sert à distinguer l'être ou la chose dont il s'agit des autres êtres ou choses de la même catégorie :

*Les plantes **qui ne sont pas arrosées régulièrement** dépérissent très vite.*

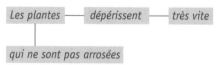

2° **Complément explicatif** quand elle ajoute à l'antécédent une explication accessoire, exprimant un aspect particulier de l'être ou de la chose dont il s'agit ; on peut la retrancher sans nuire essentiellement au sens de la phrase et d'ordinaire elle est séparée par une virgule :

*Notre projet de barrage, **qui a connu une forte concurrence**, vient d'être sélectionné.*

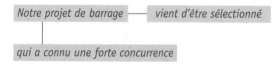

326

Les subordonnées compléments de nom ou de pronom

H

Mes yeux cherchent en vain un brave au cœur puissant
Et vont, tout effrayés de nos immenses tâches,
*De ceux-là **qui sont morts** à ceux-ci **qui sont lâches**.* (V. Hugo)

ℝemarques

1. La subordonnée introduite par la conjonction *que* et précisant un nom comme *bruit, certitude, conviction, crainte, espoir, fait, nouvelle, opinion, preuve, sentiment...*, est une subordonnée *complément déterminatif* du nom[1] :
*L'espoir **qu'elle guérira** me soutient.*
*On a donné la preuve **que l'accusé est innocent**.*
*La nouvelle **que l'ennemi approchait** jeta partout la consternation.*
*J'ai le sentiment **que cette femme dit la vérité**.*

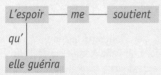

2. On a déjà signalé [voir § 457, Rem. 2] que certaines propositions relatives comme dans les phrases *Votre ami est là **qui attend**; je le vois **qui arrive**,* peuvent être considérées comme des subordonnées *attributs*.

3. Souvent la subordonnée relative, tout en précisant un nom ou un pronom, joue censément le rôle d'un complément circonstanciel et exprime une idée de but, de cause, de condition, de conséquence, etc. :
*Je cherche un médecin **qui puisse me guérir*** [but].
*L'espoir est nécessaire aux sans-emploi, **qui doivent garder un but dans l'existence*** [cause].

---

b) L'emploi du mode

486 Le verbe de la subordonnée complément de nom ou de pronom se met (🅑🅤 § 1125) :

– À l'**indicatif** quand cette subordonnée exprime un fait considéré dans sa réalité :
*Elle écoute le bruit étrange que **fait** le vent dans les structures métalliques.* (J.M.G. Le Clézio)
*J'ai choisi la solution que le bon sens me **dictait**.*

---

1. Certains grammairiens tiennent cette subordonnée pour une subordonnée *en apposition;* d'autres en font une subordonnée complément d'objet direct du verbe impliqué dans le nom.

– Au **subjonctif** quand on exprime un fait envisagé simplement dans la pensée et avec un sentiment personnel; en particulier (**Bu** § 1126) :

1° Lorsque la subordonnée marque un but à atteindre, une conséquence :

*Je voudrais inventer une machine qui me **fasse** voyager dans le temps.*
*Je cherche un médecin qui **puisse** me guérir.*

2° Lorsque l'antécédent est accompagné d'un superlatif relatif ou de *le seul, l'unique, le premier, le dernier* :

*Le meilleur auxiliaire que **puisse** trouver la discipline, c'est le danger.*
(A. de Vigny)
*Je vais continuer d'écrire sur ma mère. Elle est la seule femme qui **ait** vraiment **compté** pour moi.* (A. Ernaux)

ℝemarques

1. Cette dernière règle n'est pas absolue; on met l'**indicatif** quand la subordonnée relative exprime un fait dont on veut marquer la réalité :
*Les mauvais succès sont les seuls maîtres qui **peuvent** nous reprendre utilement.* (J.B. Bossuet)

2. Après une principale *négative, interrogative* ou *conditionnelle,* si la subordonnée relative exprime un fait envisagé simplement dans la pensée et avec un certain sentiment, elle a son verbe au **subjonctif** :
*Il n'y a pas d'homme qui **soit** immortel.*
*Est-il une vie qui ne **vaille** pas la peine d'être vécue ?*
*S'il existe une seule chance qu'il **survive**, il faut l'opérer.*

Mais on met l'**indicatif** si la relative exprime un fait dont on veut marquer la réalité :
*Je ne crains pas ce chien qui nous **poursuit**.*
*Oublierons-nous les lieux qui nous **ont** vus naître ?*
*Si vous repoussez celui qui vous **comprend**, vous finirez seul.*

– Au **conditionnel** quand la subordonnée exprime un fait éventuel ou soumis à une condition énoncée ou non :

*L'homme qui **connaîtrait** l'avenir serait-il plus heureux ?*
*Voilà un homme qui **serait** plus heureux s'il avait du travail.*
*Les seuls traités qui **compteraient** sont ceux qui **concluraient** entre les arrière-pensées.* (P. Valéry)

– À l'**infinitif** sans sujet exprimé, dans certains cas où la subordonnée relative implique l'idée de *devoir, pouvoir, falloir* :

*Il cherchait une main à quoi **s'accrocher**.* (Cl. Farrère)
*Il indique l'endroit où **pratiquer** la plaie.* (J. de Pesquidoux)

1 Les subordonnées compléments d'adjectif

a) Formes et mots subordonnants

487 La subordonnée **complément d'adjectif** se joint à certains adjectifs exprimant, en général, une opinion ou un sentiment, tels que : *sûr, certain, heureux, content, digne...*, pour en préciser le sens ; elle est introduite par la conjonction **que** (parfois **de ce que** ou **à ce que**) ou par un des pronoms relatifs indéfinis **qui** ou **quiconque**, précédé d'une préposition (**Bu § 1124**) :

*Cet homme d'affaires, soucieux **qu'on le protège**, avait engagé des gardes du corps.*

*Sûr **qu'il gagnerait la course**, le lièvre s'amusa longtemps.*

*Heureux **de ce que ses amis se souviennent de son anniversaire**, il les invita tous au restaurant.*

*Les hommes ingrats **envers qui les a aidés** méritent d'être blâmés.*

*Ce mode d'emploi est utile seulement **pour qui n'y connaît rien**.*

*Certaines gens sont, quand il s'agit d'exprimer un avis, semblables à **quiconque les approche**.*

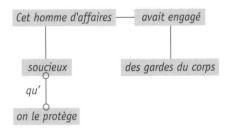

> ℝemarque
> Parmi les subordonnées compléments d'adjectif, il y a les subordonnées **compléments du comparatif** :
> *Les hommes plus heureux **qu'ils ne le croient** et moins malheureux **qu'ils ne le disent** sont fort nombreux.*
> *Mon amie, aussi calme **que je suis impulsif**, me conseille la prudence.*

b) L'emploi du mode

488 Le verbe de la subordonnée complément d'adjectif se met:

– À l'**indicatif** quand cette subordonnée exprime un fait considéré dans sa réalité (**Bu** § 1125):

*Trop certain qu'il **peut** compter sur mon aide, il tarde à terminer son projet.*

– Au **subjonctif** quand elle exprime un fait envisagé simplement dans la pensée et avec un sentiment personnel (**Bu** § 1126):

*Heureux qu'on lui **fasse** tant d'honneur, il se confond en remerciements.*

– Au **conditionnel** quand on exprime un fait éventuel ou soumis à une condition énoncée ou non:

*Mes parents, sûrs que je **réussirais** à mon examen si ma santé était meilleure, me ménagent du repos.*

*Mon amie, certaine que toute autre situation lui **conviendrait** mieux, se plaint de son emploi.*

ℝemarques

1. Quand l'adjectif est construit avec le verbe **être**, le mode de la subordonnée complément de cet adjectif dépend de la forme de la principale ou de la nuance à exprimer; ainsi après une principale négative ou interrogative, on a d'ordinaire le **subjonctif** (mais l'**indicatif** est possible aussi):
   *Je ne suis pas certaine qu'il **vienne** (ou: qu'il **viendra**).*
   *Êtes-vous sûr qu'elle **ait** raison? (ou: qu'elle **a** raison?)*

2. Certains adjectifs exprimant un sentiment admettent, pour la construction de la subordonnée qui les complète, non seulement *que,* avec le **subjonctif,** mais parfois aussi *de ce que,* ordinairement avec l'**indicatif:**
   *Il partit très vite, vexé que je lui **aie fait** des remarques.*
   *Il partit très vite, vexé de ce que je lui **avais fait** des remarques.*

J La concordance des temps

489 La **concordance des temps** est le rapport qui s'établit entre le temps de la subordonnée et le temps de la principale dont elle dépend.

Deux cas sont à considérer:

1° Le verbe de la subordonnée est à l'*indicatif.*
2° Le verbe de la subordonnée est au *subjonctif.*

1. La subordonnée à l'indicatif

490 a) Lorsque le verbe principal est au **présent** ou au **futur**, le verbe subordonné se met au temps demandé par le sens, comme s'il s'agissait d'une proposition indépendante :

J'affirme / J'affirmerai ...
*... qu'il **travaille** en ce moment.*
*... qu'elle **a travaillé** hier.*
*... qu'il **travaillait** au moment de l'accident.*
*... qu'elle **avait travaillé** avant votre arrivée.*
*... qu'il **travailla** la semaine dernière.*
*... qu'elle **travaillera** demain.*
*... qu'il **aura travaillé** avant deux jours.*
*Nous partirons quand vous **voudrez**.*
*Elle mourra comme elle **a vécu**.*

b) Lorsque le verbe principal est au **passé**, le verbe subordonné se met, selon le sens :
à *l'imparfait* ou au *passé simple,* si le fait est simultané ;
au *futur du passé* ou au *futur antérieur du passé,* si le fait est postérieur ;
au *plus-que-parfait* ou au *passé antérieur,* si le fait est antérieur :

Simultanéité :
*J'ai remarqué qu'elle **travaillait** quand je suis entré.*
*Il se fit qu'à ce moment même il **entra**.*
*Il courut à moi au moment même où il me **vit**.*

Postériorité :
*J'ai déclaré qu'elle **travaillerait** demain.*
*J'ai confirmé qu'elle **aurait travaillé** avant deux jours.*

Antériorité :
*J'ai observé qu'il **avait travaillé** avant mon arrivée.*
*Dès qu'il **eut parlé**, une clameur s'éleva.*

℞emarques

1. Après un **passé** dans la principale, on peut avoir le **présent** de l'indicatif dans la subordonnée lorsque celle-ci exprime un fait vrai dans tous les temps :
   *La Fontaine a dit que l'absence **est** le plus grand des maux.* (A. Hermant)

2. Après un **passé** dans la principale, on peut avoir dans la subordonnée un temps dont il faut expliquer l'emploi en observant que le fait subordonné est envisagé par rapport au moment de la parole:

*Je vous ai promis que je **ferai** désormais tout mon possible.*
*Nous disions que vous **êtes** l'orateur le plus éminent du diocèse.* (A. France)
*On m'a assuré que cette affaire **aura pris** fin avant deux jours.*
*Elle chercha tant qu'elle **trouva**.*
*Vous avez tant travaillé que vous **réussirez**.*

2. La subordonnée au subjonctif (🅑 § 898-899)

491 a) Lorsque le verbe principal est au **présent** ou au **futur**, le verbe subordonné se met:

1° Au **présent** du subjonctif pour marquer la *simultanéité* ou la *postériorité*:

*Je demande qu'il **vienne** immédiatement.*
*Je demande qu'il **vienne** demain.*
*Je demanderai qu'il **vienne** immédiatement.*
*Je demanderai qu'il **vienne** demain.*

2° Au **passé** du subjonctif pour marquer l'*antériorité*:

*Je doute qu'elle **ait écrit** hier.*
*Je doute qu'elle **ait écrit** avant mon départ.*

b) Lorsque le verbe principal est à un temps du **passé**, le verbe subordonné se met:

1° À l'**imparfait** du subjonctif pour marquer la *simultanéité* ou la *postériorité*:

*Je voulais (j'ai voulu, j'avais voulu) qu'elle **écrivît** sur-le-champ.*
*Je voulais (j'ai voulu, j'avais voulu) qu'elle **écrivît** le lendemain.*

2° Au **plus-que-parfait** du subjonctif pour marquer l'*antériorité* :

*Je voulais (j'ai voulu, j'avais voulu) qu'elle **eût écrit** la veille.*

*Je voulais (j'ai voulu, j'avais voulu) qu'elle **eût écrit** avant mon départ.*

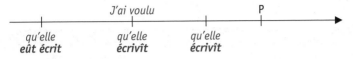

	J'ai voulu		P
qu'elle	qu'elle	qu'elle	
eût écrit	**écrivît**	**écrivît**	

℞emarques

1. Après un **présent** dans la principale, quand le verbe de la subordonnée est au subjonctif, il se met à l'**imparfait** ou au **plus-que-parfait**, selon les cas, si la subordonnée exprime un fait simplement possible ou soumis à une condition énoncée ou non :

   *En est-il un seul parmi vous qui **consentît** ?* (Académie)

   *On craint que la guerre, si elle éclatait, n'**entraînât** des maux incalculables.* (É. Littré)

2. Après un **passé** dans la principale, quand le verbe de la subordonnée est au subjonctif, il se met au **présent** si la subordonnée exprime un fait présent ou futur par rapport au moment où l'on est, ou encore si elle exprime un fait vrai dans tous les temps :

   *Il m'a rendu trop de services pour que je le **renvoie** en ce moment.*

   *Il m'a rendu trop de services pour que je le **renvoie** demain.*

   *Qui a jamais douté que deux et deux ne **fassent** quatre ?*

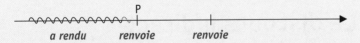

| | P | | |
| **a rendu** | **renvoie** | **renvoie** | |

3. Après un **conditionnel présent** dans la principale, quand le verbe de la subordonnée doit être au subjonctif, il se met au **présent** ou à l'**imparfait** :

   *Je voudrais qu'il **vienne** ou qu'il **vînt**.* (É. Littré)

c) Dans la langue parlée et dans la langue écrite ordinaire.

L'*imparfait* du subjonctif ne s'emploie plus dans la langue parlée, ni dans la langue écrite ordinaire, sauf peut-être les deux formes *eût* et *fût*. La langue écrite en conserve parfois l'emploi dans les verbes *avoir* et *être* et à la 3ᵉ personne du singulier des autres verbes ; mais, d'une manière générale, elle le remplace fréquemment par le *présent* du subjonctif. Parallèlement, le *plus-que-parfait* du subjonctif est souvent remplacé par le *passé* du subjonctif :

*Je voulais qu'elle **écrive** le lendemain.*
*J'avais voulu qu'elle **ait écrit** avant mon départ.*
*Elle a exigé que je me **débarrasse**.* (H. Bordeaux)
*Peu s'en est fallu qu'il ne **soit** tué.* (Académie)

Concordance des temps : résumé			
Verbe principal		**Verbe subordonné**	
		à l'indicatif	*au subjonctif*
Présent ou **Futur**	Simultanéité	**Présent**	**Présent**
	Postériorité	**Futur simple**	**Présent**
	Antériorité	**Imparfait** **Passé simple** **Passé composé** **Plus-que-parfait**	**Passé**
Passé	Simultanéité	**Imparfait** **Passé simple**	**Imparfait**
	Postériorité	**Futur du passé** **Fut. ant. du passé**	**Imparfait**
	Antériorité	**Plus-que-parfait** **Passé antérieur**	**Plus-que-parfait**

K Le discours indirect

1. Définitions

492 Le **discours** (ou style) **direct** consiste à rapporter, en les citant textuellement, les paroles ou les pensées de quelqu'un (**Bu** § 414) :

> *Il répondit avec plus de douceur : **« C'est ce que je n'ai pas, je le sais.**
> **(...) »** (A. Camus)
> *Ma mère me dit : **« Viens. »***

Le **discours** (ou style) **indirect** consiste à rapporter les paroles ou les pensées de quelqu'un, non plus en les citant textuellement, mais en les subordonnant à un verbe principal du type *dire* :

> *Il répondit avec plus de douceur **que c'était ce qu'il n'avait pas,**
> **qu'il le savait**.*
> *Ma mère me dit **de venir**.*

> **R**emarque
>
> Parfois les propositions du discours indirect, au lieu d'être subordonnées
> à un verbe déclaratif, se présentent sans principale introductive et sans *que*
> subordonnant, le verbe *dire* étant implicitement contenu dans ce qui précède :
> c'est le **style indirect libre** :
> *Le lion se confessa le premier : il **avait dévoré** force moutons*
> *et même il lui **était arrivé** quelquefois de manger le berger.*

---

493 ## 2. Mode, temps et personne (**Bu** § 417-422)

Dans la transposition du discours direct en discours indirect, certains changements de *mode,* de *temps* et de *personne* ont lieu :

a) Le mode

L'*impératif* est remplacé par le *subjonctif,* ou plus souvent par l'*infinitif;* les autres modes ne subissent pas de changement :

DISCOURS DIRECT	DISCOURS INDIRECT
Pars : le temps **presse**; on ne **gagnerait** rien à **attendre**; que l'on **fasse** vite.	[Il a dit] de **partir** (...que l'on **parte**, ... que l'on **partît**) : que le temps **pressait**; qu'on ne **gagnerait** rien à **attendre**; que l'on **fît** vite.

b) Le temps

Si la principale introductive est au *présent* ou au *futur,* aucun changement n'a lieu, quant à l'emploi des temps :

DISCOURS DIRECT	DISCOURS INDIRECT
On **travaille**, on **travaillait**, on **travaillera**, on **a travaillé**.	[Elle dit, elle dira] qu'on **travaille**, qu'on **travaillait**, qu'on **travaillera**, qu'on **a travaillé**.

Si la principale introductive est au *passé,* le discours indirect emploie, conformément à la concordance des temps :

1° l'*imparfait* pour marquer la simultanéité;

2° le *futur du passé* ou le *futur antérieur du passé* pour marquer la postériorité;

3° le *plus-que-parfait* pour marquer l'antériorité :

[Il a dit] *qu'on **travaillait**, qu'on **travaillerait**, qu'on **aurait travaillé**, qu'on **avait travaillé**.*

c) La personne

La 1re et la 2e personne sont, en général, remplacées par la 3e personne :

DISCOURS DIRECT	DISCOURS INDIRECT
Je te comprends.	[Elle a dit] *qu'elle **le** comprenait.*

On a cependant la 1re personne quand le narrateur rapporte des paroles qui le concernent lui-même ou qui concernent le groupe dont il fait partie :

[Il a dit] *qu'il **me** comprenait, qu'il **nous** comprenait.*

On a la 2e personne quand le narrateur rapporte des paroles qui concernent celui ou ceux à qui il les rapporte :

[Elle a dit] *qu'elle **te** comprenait, qu'elle **vous** comprenait.*

Appendices

Ⓐ Les variations de la langue

494 La langue française s'est progressivement stabilisée au fil des siècles, grâce au travail des grammairiens, qui ont codifié ses règles d'utilisation et son orthographe, et qui les ont inscrites dans des grammaires, des dictionnaires, des manuels divers. Depuis la deuxième moitié du XIXᵉ siècle, l'école a également contribué à diffuser l'usage d'une langue française normalisée, au détriment parfois des langues et usages régionaux, ce qui était jugé nécessaire pour assurer sa bonne compréhension par tous les usagers, d'où qu'ils viennent, et quel que soit leur niveau de formation. Pour arriver à définir un système de règles communes à tous, il a fallu gommer certaines différences d'usage et privilégier un emploi standardisé. C'est ainsi que les grammaires décrivent essentiellement les règles utilisées à l'écrit dans une langue formelle (les textes des écrivains, par exemple), fondée sur une organisation rigoureuse de la phrase, alors que le français parlé en situation informelle repose parfois sur des constructions moins hiérarchisées (en privilégiant la juxtaposition de phrases simples, les parataxes [voir §§ 74 et 75] au détriment des phrases composées). Au XXᵉ siècle, des écrivains ont voulu imiter ces tournures parlées dans leurs romans pour retrouver une forme d'écriture proche de la langue informelle. C'est, par exemple, le cas de Louis-Ferdinand Céline, dans son roman *Voyage au bout de la nuit*, publié en 1932 :

> *Sous le pont, l'eau était devenue toute lourde. J'avais plus du tout envie d'avancer. Aux boulevards, j'ai bu un café crème et j'ai ouvert ce bouquin qu'elle m'avait vendu. En l'ouvrant, je suis juste tombé sur une page d'une lettre qu'il écrivait à sa femme le Montaigne, justement pour l'occasion*

d'un fils à eux qui venait de mourir. Ça m'intéressait immédiatement ce passage, probablement à cause des rapports que je faisais tout de suite avec Bébert. Ah ! qu'il lui disait le Montaigne, à peu près comme ça à son épouse. T'en fais pas va, ma chère femme ! Il faut bien se consoler !... Ça s'arrangera !...

La juxtaposition de propositions est systématisée, l'emploi des négations est simplifié (*J'avais plus du tout envie, t'en fais pas*), le vocabulaire est plus familier (*ce bouquin*), l'emploi des temps est calqué sur l'oral (le passé composé plutôt que le passé simple). Les personnes elles-mêmes sont désignées en utilisant un article devant le nom propre (*le Montaigne*), comme dans certains usages régionaux. Cet exemple montre que la langue française n'est pas une, mais multiple.

Le **français écrit**, utilisé dans des textes assez formels tels qu'on en trouve dans la littérature ou les documents administratifs, ou des textes plus informels comme une correspondance entre amis, est différent du **français parlé**, qui s'emploie dans les communications en situation directe, de personne à personne, ou à distance, par téléphone.

En plus de cette première distinction, il y a aussi des différences d'usage liées aux contextes dans lesquels la langue française est utilisée. Il y a ainsi des **registres de langue** qui sont déterminés à la fois par les origines géographiques, sociales, culturelles, voire le sexe des locuteurs (et des locutrices) et par les contextes dans lesquels le discours est produit. En fonction de leurs niveaux d'étude, de leur situation professionnelle, de leur environnement familial, les personnes qui ont en commun la langue française ne disposent pas du même bagage de mots et d'expressions, n'utilisent pas exactement les mêmes règles d'orthographe et de syntaxe. Il y a donc dans la langue des registres de parole différents d'un locuteur à l'autre, et d'une situation à l'autre. Un même locuteur, dans des situations différentes, utilise sa langue avec des modalités adaptées au contexte de communication. Le français utilisé pour rédiger un document dans un **contexte formel** (administration, examen...) n'est pas le même que le français employé dans une lettre à un ami, voire dans un message expédié par courriel ou via un téléphone portable. La langue utilisée en situation familiale ou dans une conversation amicale (**contexte informel**) est différente de celle que le locuteur choisit quand il doit s'adresser à une personne avec laquelle il a des liens plus distants, dans un autre contexte, plus formel. Ces variations portent autant sur le vocabulaire que sur la syntaxe.

La neuvième édition du Dictionnaire de l'Académie française propose ainsi sur son site de consultation en ligne www.academie-francaise.fr/dictionnaire/index.html des exemples de mots nouvellement introduits, en les classant selon les catégories suivantes (reprenant à chaque fois une liste dont n'est reprise ici que la première occurrence) : usage courant (*aérosol*), sciences/techniques (*aéroglisseur*), société/politique (*acculturation*), emplois familiers (*barbant*), emplois populaires (*arnaque/arnaqueur*), termes vulgaires ou triviaux (*connerie*), termes argotiques (*baroud*). L'Académie reconnaît au moins cinq registres de langue : courant, familier, populaire, vulgaire, argotique, et deux domaines d'emploi spécifiques : sciences/techniques et société/politique. Ces catégories peuvent être discutées, elles peuvent varier selon les théories (on y ajoute souvent le registre soutenu, particulièrement soigné), mais elles permettent de reconnaître que la langue est utilisée selon des niveaux variables, en fonction des personnes, des situations, des contextes.

Nous ne nous attarderons pas sur l'évolution historique (la **diachronie**), qui doit être prise en compte pour montrer que la langue évolue, qu'elle se transforme. De nouveaux mots sont nécessaires (les **néologismes**, [voir § 25]) pour permettre de désigner des inventions récentes, de nouvelles pratiques sociales ; des expressions, des tournures de phrase, des constructions grammaticales tombent dans l'oubli, tandis que d'autres se répandent, sous l'influence de langues étrangères, ou grâce à la créativité ou au prestige de certains locuteurs. La langue se transforme donc sans arrêt, entre autres parce qu'elle est utilisée dans de nouveaux supports. Le développement de la téléphonie mobile a, par exemple, entraîné l'émergence de formes d'expression adaptées à l'envoi de messages courts qui doivent compter moins de cent cinquante caractères. La langue connaît aussi des variations en **synchronie**, qui sont liées à l'origine géographique des locuteurs ou à leur appartenance sociale. Cela se remarque à l'oral, puisque les Français du Sud, par exemple, prononcent davantage les [ə] muets ou caducs [voir § 7, n° 5] que les locuteurs du domaine d'oïl [voir § 24, n° 2]. Mais cela se retrouve dans des termes spécifiques (le *dépanneur* au Québec ne vend pas de *pistolets* belges[1]) et dans des tournures particulières. La langue française est partagée par plus de cent cinquante millions d'usagers à travers le monde. Elle est donc marquée par certaines particularités locales, les **régionalismes**, qui peuvent rester limités à une zone géographique bien circonscrite (pour désigner un outil ou une pratique qui n'existe que dans cette région) ou être progressivement adoptés dans l'ensemble de la francophonie. La mondialisation entraîne les hommes à se déplacer plus que jamais et les usages locaux du français connaissent donc aussi une circulation plus grande qu'auparavant.

Toutes ces variations doivent être reconnues et acceptées, pour autant qu'elles soient utilisées à bon escient, en connaissance du contexte dans lequel elles sont employées. Il ne s'agit pas d'imposer un seul registre de

---

1. Au Québec, le *dépanneur* est un petit commerce de proximité où l'on trouve tous les produits ménagers courants ; il est souvent ouvert tard le soir. En Belgique, le *pistolet* est un petit pain rond et croquant.

langue mais de connaître les différentes variantes afin de pouvoir adapter l'usage de la langue au contexte de la situation de communication. Le français écrit n'est pas meilleur que le français oral, le registre neutre n'est pas plus correct que le registre familier. Mais chacun de ces registres doit être utilisé en conformité avec la situation dans laquelle sont inscrits les interlocuteurs. Ce qui importe donc, c'est d'être capable de maîtriser les différents registres, c'est-à-dire de les reconnaître, pour pouvoir les employer dans les circonstances appropriées.

B Les rectifications de l'orthographe

495 Le 6 décembre 1990, le *Journal officiel de la République française* publiait, sous le titre «Les rectifications de l'orthographe», les propositions du Conseil supérieur de la langue française, mis en place par le Premier ministre, relatives à une certaine harmonisation de quelques règles de l'orthographe française. Nous reprenons ci-dessous l'introduction de ce rapport ainsi que les chapitres II et III relatifs aux règles d'application générale et aux modifications de graphies particulières. Ces règles sont accompagnées, dans le texte complet, par une analyse commentant et justifiant les rectifications, ainsi que par des recommandations pour les auteurs de dictionnaires (**Bu** § 90).

Ces recommandations peuvent être appliquées par tous les usagers de la langue, ainsi que les y ont d'ailleurs encouragés diverses instances et associations, sans que leur usage puisse être imposé. La liberté de l'utilisateur est donc de mise, et l'usage tranchera. Ceux qui souhaitent davantage d'informations à ce propos peuvent consulter le site Internet de l'Académie française (www.academie-francaise.fr/langue/orthographe/plan.html) qui reprend l'ensemble du texte du *Journal officiel* du 6 décembre 1990, dont seuls des extraits sont repris ci-dessous.

Des informations complémentaires sont disponibles sur d'autres sites, tel celui de l'APARO (Association pour l'application des recommandations orthographiques), à l'adresse http://sweet.va.pt/nfmart/aparo.htm. Ce site reprend, entre autres, une liste des huit cents mots les plus fréquents touchés par ces modifications.

Les rectifications de l'orthographe

Conseil supérieur de la langue française

Introduction

Dans son discours du 24 octobre 1989, le Premier ministre a proposé à la réflexion du Conseil supérieur cinq points précis concernant l'orthographe :

- le trait d'union ;
- le pluriel des mots composés ;
- l'accent circonflexe ;
- le participe passé des verbes pronominaux ;
- diverses anomalies.

C'est sur ces cinq points que portent les présentes propositions. Elles ne visent pas seulement l'orthographe du vocabulaire existant, mais aussi et surtout celle du vocabulaire à naître, en particulier dans les sciences et les techniques.

Présentées par le Conseil supérieur de la langue française, ces rectifications ont reçu un avis favorable de l'Académie française à l'unanimité, ainsi que l'accord du Conseil de la langue française du Québec et celui du Conseil de la langue de la Communauté française de Belgique.

Ces rectifications sont modérées dans leur teneur et dans leur étendue.

En résumé :

- le trait d'union : un certain nombre de mots remplaceront le trait d'union par la soudure (exemple : *portemonnaie* comme *portefeuille*) ;
- le pluriel des mots composés : les mots composés du type **pèse-lettre** suivront au pluriel la règle des mots simples (des *pèse-lettres*) ;
- l'accent circonflexe : il ne sera plus obligatoire sur les lettres **i** et **u**, sauf dans les terminaisons verbales et dans quelques mots (exemples : *Qu'il fût, mûr*) ;
- le participe passé : il sera invariable dans le cas de **laisser** suivi d'un infinitif (exemple : *elle s'est laissé mourir*) ;
- les anomalies :
  - mots empruntés : pour l'accentuation et le pluriel, les mots empruntés suivront les règles des mots français (exemple : *un **imprésario**, des **imprésarios***) ;
  - séries désaccordées : des graphies seront rendues conformes aux règles de l'écriture du français (exemple : *douçâtre*), ou à la cohérence d'une série précise (exemples : *boursouffler* comme *souffler*, *charriot* comme *charrette*).

Ces propositions sont présentées sous forme, d'une part, de règles d'application générale et de modifications de graphies particulières, destinées aux usagers et à l'enseignement, et, d'autre part, sous forme de recommandations à l'usage des lexicographes et des créateurs de néologismes.

Chapitre II : Règles

496 **1. Trait d'union** (🅑 § 110)

On lie par des traits d'union les numéraux formant un nombre complexe, inférieur ou supérieur à cent.

> *Elle a **vingt-quatre** ans, cet ouvrage date de l'année **quatre-vingt-neuf**, elle a **cent-deux** ans, cette maison a **deux-cents** ans,*
> *il lit les pages **cent-trente-deux** et **deux-cent-soixante-et-onze**,*
> *il possède **sept-cent-mille-trois-cent-vingt-et-un** francs.*

497 **2. Singulier et pluriel des noms composés comportant un trait d'union** (🅑 § 530-531)

Les noms composés d'un verbe et d'un nom suivent la règle des mots simples, et prennent la marque du pluriel seulement quand ils sont au pluriel, cette marque est portée sur le second élément.

> *Un **pèse-lettre**, des **pèse-lettres**; un **cure-dent**, des **cure-dents**; un **perce-neige**, des **perce-neiges**; un **garde-meuble**, des **garde-meubles*** (sans distinguer s'il s'agit d'un homme ou de lieu); *un **abat-jour**, des **abat-jours**.*

Il en va de même des noms composés d'une préposition et d'un nom.

> *Un **après-midi**, des **après-midis**; un **après-ski**, des **après-skis**; un **sans-abri**, des **sans-abris**.*

Cependant, quand l'élément nominal prend une majuscule ou quand il est précédé d'un article singulier, il ne prend pas de marque de pluriel.

> *Des **prie-Dieu**, des **trompe-l'œil**, des **trompe-la-mort**.*

498 **3. Accent grave** (🅑 § 103)

a) On accentue sur le modèle de **semer** les futurs et conditionnels des verbes du type **céder** : *je **cèderai**, je **cèderais**, j'**allègerai**, j'**altèrerai**, je **considèrerai**,* etc.

b) Dans les inversions interrogatives, la première personne du singulier en *e* suivie du pronom sujet **je** porte un accent grave : ***aimè-je, puissè-je**,* etc.

499 **4. Accent circonflexe** (🅑 § 104)

Si l'accent circonflexe placé sur les lettres *a, o,* et *e,* peut indiquer utilement des distinctions de timbre (***mâtin** et **matin**; **côte** et **cote**; **vôtre*** et **votre**; etc.), placé sur *i* et *u* il est d'une utilité nettement plus restreinte (**voûte** et **doute** par exemple ne se distinguent dans la prononciation que par la première consonne). Dans quelques terminaisons verbales (passé simple, etc.), il indique des distinctions morphologiques nécessaires. Sur les autres mots, il ne donne généralement aucune indication, excepté pour de rares distinctions de formes homographes.

En conséquence, on conserve l'accent circonflexe sur *a, e,* et *o,* mais sur *i* et sur *u* il n'est plus obligatoire, excepté dans les cas suivants :

a) Dans la conjugaison, où il marque une terminaison :

Au passé simple (première et deuxième personnes du pluriel) :
Nous **suivîmes**, *nous* **voulûmes**, *comme nous* **aimâmes** *;*
Vous **suivîtes**, *vous* **voulûtes**, *comme vous* **aimâtes**.

À l'imparfait du subjonctif (troisième personne du singulier) :
Qu'il **suivît**, *qu'il* **voulût**, *comme qu'il* **aimât**.

Au plus-que-parfait du subjonctif, aussi nommé parfois improprement conditionnel passé deuxième forme (troisième personne du singulier) :
Qu'il **eût suivi**, *il* **eût voulu**, *comme qu'il* **eût aimé**.
Nous **voulûmes** *qu'il* **prît** *la parole.*
Il **eût** *préféré qu'on le* **prévînt**.

b) Dans les mots où il apporte une distinction de sens utile : **dû, jeûne**, les adjectifs **mûr** et **sûr**, et le verbe **croître** (étant donné que sa conjugaison est en partie homographe de celle du verbe **croire**). L'exception ne concerne pas les dérivés et les composés de ces mots (exemple : *sûr,* mais *sureté; croître,* mais *accroître*). Comme c'était déjà le cas pour **dû**, les adjectifs **mûr** et **sûr** ne prennent un accent circonflexe qu'au masculin singulier.

Les personnes qui ont déjà la maîtrise de l'orthographe ancienne pourront, naturellement, ne pas suivre cette nouvelle norme.

ℝemarques

– Cette mesure entraîne la rectification de certaines anomalies étymologiques, en établissant des régularités. On écrit désormais *mu* (comme déjà *su, tu, vu, lu*), *plait* (comme déjà *tait, fait*), *piqure, surpiqure* (comme déjà *morsure*), *traine, traitre,* et leurs dérivés (comme déjà *gaine, haine, faine*), et *ambigument, assidument, congrument, continument, crument, dument, goulument, incongrument, indument, nument* (comme déjà *absolument, éperdument, ingénument, résolument*).

> – Sur ce point comme sur les autres, aucune modification n'est apportée aux noms propres. On garde le circonflexe aussi dans les adjectifs issus de ces noms (exemples : *Nîmes, nîmois.*)

500 **5. Verbes en -*eler* et -*eter*** (**Bu** § 791)

L'emploi du *e* accent grave pour noter le son [ɛ] dans les verbes en **eler** et en **eter** est étendu à tous les verbes de ce type.

On conjugue donc, sur le modèle de **peler** et d'**acheter** : *elle ruissèle, elle ruissèlera, j'époussète, j'étiquète, il époussètera, il étiquètera.*

On ne fait exception que pour **appeler** (et **rappeler**) et **jeter** (et les verbes de sa famille), dont les formes sont les mieux stabilisées dans l'usage.

Les noms en **-ement** dérivés de ces verbes suivront la même orthographe : *amoncèlement, bossèlement, chancèlement, cisèlement, cliquètement, craquèlement, craquètement, cuvèlement, dénivèlement, ensorcèlement, étincèlement, grommèlement, martèlement, morcèlement, musèlement, nivèlement, ruissèlement, volètement.*

501 **6. Participe passé** (**Bu** § 951)

Le participe passé de **laisser** *suivi d'un infinitif* est rendu invariable : il joue en effet devant l'infinitif un rôle d'auxiliaire analogue à celui de **faire,** qui est toujours invariable dans ce cas (avec l'auxiliaire **avoir** comme emploi pronominal).

Le participe passé de **laisser** suivi d'un infinitif est donc invariable dans tous les cas, même quand il est employé avec l'auxiliaire *avoir* et même quand l'objet est placé avant le verbe.

> *Elle s'est laissé mourir* (comme déjà *elle s'est fait maigrir*).
>
> *Elle s'est laissé séduire* (comme déjà *elle s'est fait féliciter*).
>
> *Je les ai laissé partir* (comme déjà *je les ai fait partir*).
>
> *La maison qu'elle a laissé saccager* (comme déjà *la maison qu'elle a fait repeindre*).

502 **7. Singulier et pluriel des mots empruntés** (**Bu** § 534)

Les noms ou adjectifs d'origine étrangère ont un singulier et un pluriel réguliers : *un **zakouski**, des **zakouskis**; un **ravioli**, des **raviolis**; un **graffiti**, des **graffitis**; un **lazzi**, des **lazzis**; un **confetti**, des **confettis**; un **scénario**, des **scénarios**; un **jazzman**, des **jazzmans**,* etc. On choisit comme forme du singulier la forme la plus fréquente, même s'il s'agit d'un pluriel dans l'autre langue.

Ces mots forment régulièrement leur pluriel avec un *s* non prononcé (*des matchs, des lands, des lieds, des solos, des apparatchiks*). Il en est de même pour les noms d'origine latine (*des maximums, des médias*). Cette proposition ne s'applique pas aux mots ayant conservé valeur de citation (*des mea culpa*).

Cependant, comme il est normal en français, les mots terminés par *s, x* et *z* restent invariables : *un boss, des boss ; un kibboutz, des kibboutz ; un box, des box.*

> **R**emarque
>
> Le pluriel de mots composés étrangers se trouve simplifié par la soudure : *des covergirls, des bluejeans, des ossobucos, des weekends, des hotdogs.*

Tableau résumé des règles		
NUMÉRO	**ANCIENNE ORTHOGRAPHE**	**NOUVELLE ORTHOGRAPHE**
1	*vingt-trois, cent trois*	*vingt-trois, cent-trois*
2	*un cure-dents* *des cure-ongle* *un cache-flamme(s)* *des cache-flamme(s)*	*un cure-dent* *des cure-ongles* *un cache-flamme* *des cache-flammes*
3 a	*je céderai, j'allégerais*	*je cèderai, j'allègerais*
3 b	*puissé-je, aimé-je*	*puissè-je, aimè-je*
4	*il plaît, il se tait* *la route, la voûte*	*il plait, il se tait* *la route, la voute*
5	*il ruisselle, amoncèle*	*il ruissèle, amoncèle*
6	*elle s'est laissée aller* *elle s'est laissé appeler*	*elle s'est laissé aller* *elle s'est laissé appeler*
7	*des jazzmen, des lieder*	*des jazzmans, des lieds*

Chapitre III : Graphies particulières fixées ou modifiées

Ces listes, restreintes, sont limitatives.

Il s'agit en général de mots dont la graphie est irrégulière ou variable ; on la rectifie, ou bien l'on retient la variante qui permet de créer les plus larges régularités. Certains de ces mots sont déjà donnés par un ou plusieurs dictionnaires usuels avec la graphie indiquée ici : dans ce cas, c'est une harmonisation des dictionnaires qui est proposée.

503 **1. Mots composés** (**Bu** § 109)

On écrit soudés les noms de la liste suivante, composés sur la base d'un élément verbal généralement suivi d'une forme nominale ou de «tout».

Les mots de cette liste, ainsi que ceux de la liste B ci-après (éléments nominaux et divers), sont en général des mots anciens dont les composants ne correspondent plus au lexique ou à la syntaxe actuels (***chaussetrappe***); y figurent aussi des radicaux onomatopéiques ou de formation expressive (***piquenique, passepasse***), des mots comportant des dérivés (***tirebouchonner***), certains mots dont le pluriel était difficile (*un **brisetout**, dont le pluriel devient des **brisetouts**, comme un **faitout**, des **faitouts**, déjà usité), et quelques composés sur **porte-**, dont la série compte plusieurs soudures déjà en usage (***portefaix, portefeuille***, etc.). Il était exclu de modifier d'un coup plusieurs milliers de mots composés, l'usage pourra le faire progressivement.

Liste A

arrachepied (d')	croquemitaine	passepasse	risquetout
boutentrain	croquemonsieur	piquenique	tapecul
brisetout	croquemort	porteclé	tirebouchon
chaussetrappe	croquenote	portecrayon	tirebouchonner
clochepied (à)	faitout	portemine	tirefond
coupecoupe	fourretout	portemonnaie	tournedos
couvrepied	mangetout	portevoix	vanupied
crochepied	mêletout	poucepied	
croquemadame	passepartout	poussepousse	

504 **2. Mots composés**

On écrit soudés également les noms de la liste suivante, composés d'éléments nominaux et adjectivaux.

Liste B

arcboutant	bassecourier	chèvrepied	lieudit
autostop	basselisse	cinéroman	millefeuille
autostoppeur, euse	basselissier	hautecontre	millepatte
bassecontre	bassetaille	hautelisse	millepertuis
bassecontriste	branlebas	hautparleur	platebande
bassecour	chauvesouris	jeanfoutre	potpourri

prudhomme	saufconduit	vélopousse	
quotepart	téléfilm	véloski	
sagefemme	terreplein	vélotaxi	

505 **3. Onomatopées** (Bu § 532)
On écrit soudés les onomatopées et mots expressifs (de formations diverses) de la liste suivante.

Liste C

blabla	grigri	pingpong	traintrain
bouiboui	kifkif	prêchiprêcha	troutrou
coincoin	mélimélo	tamtam	tsétsé
froufrou	pêlemêle	tohubohu	tohubohu

506 **4. Tréma** (Bu § 105)
Dans les mots suivants, on place le tréma sur la voyelle qui doit être prononcée: *aigüe* (et dérivés, comme *suraigüe*, etc.), *ambigüe, exigüe, contigüe, ambigüité, exigüité, contigüité, cigüe.* Ces mots appliquent ainsi la règle générale: le tréma indique qu'une lettre *(u)* doit être prononcée (comme voyelle ou comme semi-voyelle) séparément de la lettre précédente *(g)*.

507 **5. Tréma** (Bu § 105)
Le même usage du tréma s'applique aux mots suivants où une suite -gu- ou -geu- conduit à des prononciations défectueuses (*il argue* prononcé comme *il nargue*). On écrit donc: *il argüe* (et toute la conjugaison du verbe **argüer**); *gageüre, mangeüre, rongeüre, vergeüre.*

508 **6. Accents** (Bu § 103)
On munit d'un accent les mots de la liste suivante où il avait été omis, ou dont la prononciation a changé.

Liste D

asséner	gélinotte	recépée	sèneçon
bélitre	québécois	recéper	sénescence
bésicles	recéler	réclusionnaire	sénestre
démiurge	recépage	réfréner	

509 **7. Accents** (Bu § 103)

L'accent est modifié sur les mots de la liste suivante qui avaient échappé à la régularisation entreprise par l'Académie française aux XVIIIe et XIXe siècles, et qui se conforment ainsi à la règle générale d'accentuation.

Liste E

abrègement	*complètement (nom)*	*empiètement*	*règlementation*
affèterie	*crèmerie*	*évènement*	*règlementer*
allègement	*crèteler*	*fèverole*	*sècheresse*
allègrement	*crènelage*	*hébètement*	*sècherie*
assèchement	*crèneler*	*règlementaire*	*sènevé*
cèleri	*crènelure*	*règlementairement*	*vènerie*

510 **8. Mots composés empruntés**

On écrit soudés les mots de la liste suivante, composés d'origine latine ou étrangère, bien implantés dans l'usage et qui n'ont pas valeur de citation.

Liste F

Mots d'origine latine (employés comme noms – exemple : *un apriori*)

apriori	*exlibris*	*exvoto*	*statuquo*	*vadémécum*

Mots d'origine étrangère

baseball	*covergirl*	*hotdog*	*sidecar*
basketball	*cowboy*	*lockout*	*striptease*
blackout	*fairplay*	*majong*	*volleyball*
bluejean	*globetrotteur*	*motocross*	*weekend*
chichekébab	*handball*	*ossobuco*	
chowchow	*harakiri*	*pipeline*	

511 **9. Accentuation des mots empruntés** (Bu § 103)

On munit d'accents les mots de la liste suivante, empruntés à la langue latine ou à d'autres langues lorsqu'ils n'ont pas valeur de citation.

Liste G

Mots d'origine latine

artéfact	exéquatur	placébo	tépidarium
critérium	facsimilé	proscénium	vadémécum
déléatur	jéjunum	référendum	vélarium
délirium trémens	linoléum	satisfécit	vélum
désidérata	média	sénior	véto
duodénum	mémento	sérapéum	
exéat	mémorandum	spéculum	

Mots empruntés à d'autres langues

allégretto	condottière	pédigrée	sombréro
allégro	décrescendo	pérestroïka	téocalli
braséro	diésel	péséta	trémolo
candéla	édelweiss	péso	zarzuéla
chébec	imprésario	piéta	
chéchia	kakémono	révolver	
cicérone	méhalla	séquoia	

512 **10. Anomalies**

Des rectifications proposées par l'Académie (en 1975) sont reprises, et sont complétées par quelques rectifications de même type.

Liste H

absout, absoute (participe, au lieu de absous, absoute)
appâts (au lieu de appas)
assoir, rassoir, sursoir (au lieu de asseoir, etc.) [a]
bizut (au lieu de bizuth) [b]
bonhommie (au lieu de bonhomie)
boursoufflement (au lieu de boursouflement)
boursouffler (au lieu de boursoufler)
boursoufflure (au lieu de boursouflure)
cahutte (au lieu de cahute)
charriot (au lieu de chariot)

chaussetrappe (au lieu de chausse-trape)
combattif (au lieu de combatif)
combattivité (au lieu de combativité)
cuisseau (au lieu de cuissot)
déciller (au lieu de dessiller) [c]
dissout, dissoute (au lieu de dissous, dissoute)
douçâtre (au lieu de douceâtre) [d]
embattre (au lieu de embatre)
exéma (au lieu de eczéma) et ses dérivés [e]
guilde (au lieu de ghilde, graphie d'origine étrangère)
homéo- (au lieu de homoeo-)
imbécilité (au lieu de imbécillité)
innommé (au lieu de innomé)
levreau (au lieu de levraut)
nénufar (au lieu de nénuphar) [f]
ognon (au lieu de oignon)
pagaille (au lieu de pagaïe, pagaye) [g]
persifflage (au lieu de persiflage)
persiffler (au lieu de persifler)
persiffleur (au lieu de persifleur)
ponch (boisson, au lieu de punch) [h]
prudhommal (avec soudure) (au lieu de prud'homal)
prudhommie (avec soudure) (au lieu de prud'homie)
relai (au lieu de relais) [i]
saccarine (au lieu de saccharine) et ses nombreux dérivés
sconse (au lieu de skunks) [j]
sorgo (au lieu de sorgho, graphie d'origine étrangère)
sottie (au lieu de sotie)
tocade (au lieu de toquade)
ventail (au lieu de vantail) [k]

NOTES

(a) Le *e* ne se prononce plus. L'Académie française écrit déjà *j'assois* (à côté de *j'assieds*), *j'assoirai*, etc. (mais *je surseoirai*). *Assoir* s'écrit désormais comme *voir* (ancien français *veoir*), *choir* (ancien français *cheoir*), etc.

(b) À cause de *bizuter, bizutage*.

(c) À rapprocher de *cil*. Rectification d'une ancienne erreur d'étymologie.

(d) *Cea* est une ancienne graphie rendue inutile par l'emploi de la cédille.

(e) La suite *cz* est exceptionnelle en français. *Exéma* comme *examen*.

(f) Mot d'origine arabo-persane. L'Académie a toujours écrit *nénufar*, sauf dans la huitième édition (1932-1935).

(g) Des trois graphies de ce mot, celle-ci est la plus conforme aux règles et la moins ambiguë.

(h) Cette graphie évite l'homographie avec *punch* (coup de poing) et l'hésitation sur la prononciation.

(i) Comparer *relai-relayer*, avec *balai-balayer, essai-essayer*, etc.

(j) Des sept graphies qu'on trouve actuellement, celle-ci est la plus conforme aux règles et la moins ambiguë.

(k) À rapprocher de *vent*; rectification d'une ancienne erreur d'étymologie.

513 11. Anomalies

On écrit en **-iller** les noms suivants anciennement en **-illier**, où le *i* qui suit la consonne ne s'entend pas (comme *poulailler, volailler*): *joailler, marguiller, ouillère, quincailler, serpillère.*

514 12. Anomalies

On écrit avec un seul *l* (comme *bestiole, camisole, profiterole,* etc.) les noms suivants: *barcarole, corole, fumerole, girole, grole, guibole, mariole,* et les mots moins fréquents: *bouterole, lignerole, muserole, rousserole, tavaïole, trole.* Cette terminaison se trouve ainsi régularisée, à l'exception de *folle, molle,* de *colle* et de ses composés.

515 13. Anomalies

Le *e* muet n'est pas suivi d'une consonne double dans les mots suivants qui rentrent ainsi dans les alternances régulières (*lunette, lunetier,* comme *noisette, noisetier; prunelle, prunelier,* comme *chamelle, chamelier,* etc.); *interpeler* (au lieu de *interpeller*); *dentelière* (au lieu de *dentellière*); *lunetier* (au lieu de *lunettier*); *prunelier* (au lieu de *prunellier*).

C La féminisation des noms (B₁₁ § 487)

516

Depuis quelques années, différents pays de la francophonie ont publié des règles destinées à féminiser les noms de métier, de fonction, de grade ou de titre. Ce fut le cas, dès 1979, au Québec, puis en France en 1986, et dans certains cantons suisses. La Communauté française de Belgique a également légiféré en ce sens, en 1993, adaptant ainsi la langue à l'évolution de notre société, en reconnaissant la place que les femmes occupent désormais dans la vie publique. En 1998, le gouvernement français a demandé un nouveau rapport à la commission générale de terminologie et néologie qui a abouti à la publication, en 1999, d'un *Guide d'aide à la féminisation,* et en 2000, d'une *Note du ministère de l'Éducation nationale* relative à la féminisation des noms[1].

Ces règles, le plus souvent rédigées par des commissions de linguistes, respectent les principes généraux en usage dans la langue. Elles ont force de loi dans les textes officiels et les documents administratifs, mais elles ne peuvent bien sûr être contraignantes pour les particuliers. Nous reproduisons ci-dessous les deux annexes du décret de la Communauté française de Belgique du 21 juin 1993. Il est en effet représentatif des réglementations en vigueur dans tous les pays francophones. Y sont en outre clairement explicitées les modalités à respecter pour féminiser tous ces noms, en y incluant les usages québécois et suisses.

Pour plus d'informations, on pourra consulter la « Circulaire du 11 mars 1986 relative à la féminisation des noms de métier, fonction, grade ou titre » parue au *Journal officiel de la République française* du 16 mars 1986. Ou les brochures *Au féminin. Guide de féminisation des titres de fonction et des textes* (Office de la langue française, Les Publications du Québec, 1991) ; *Mettre au féminin, Guide de féminisation des noms de métier, fonction, grade ou titre* (Communauté française de Belgique, Service de la langue française, 1994) ; *Femme, j'écris ton nom* (INALF – La Documentation française, 1999[2]). Ou encore Th. Moreau, *Dictionnaire féminin-masculin des professions, des titres et des fonctions* (Genève, Éd. Metropolis, 1999).

Arrêté du Gouvernement de la Communauté française établissant les règles de féminisation des noms de métier, fonction, grade ou titre du 13 décembre 1993

517 Annexe I
Règles de féminisation visées à l'article 1er *de l'arrêté du Gouvernement de la Communauté française établissant les règles de féminisation des noms de métier, fonction, grade ou titre*

Les féminins des noms de métier, fonction, grade ou titre sont formés par l'application des règles suivantes :

---

1. Tous ces documents sont disponibles aux adresses Internet suivantes : http://www.culture.gouv.fr/culture/dglf/cogeter/feminisation/accueil-feminisation.html; ou encore http://www.ciep.fr/chroniq/femi/femi.htm; ou aussi http://www.cfwb.be/franca/femini/feminin.htm.

2. Ce rapport est téléchargeable sur le site www.ladocumentationfrancaise.fr/rapports-publics.

1. Règles morphologiques

518 **A.** *Noms terminés au masculin par une voyelle dans l'écriture*

1. D'une manière générale, le féminin est formé par l'adjonction d'un -*e* final à la forme masculine:

   Une chargée de cours, une députée, une préposée, une apprentie.

2. Si la voyelle terminant le masculin est déjà -*e*, la forme féminine est identique à la forme masculine (formes dites épicènes):

   Une aide, une architecte, une comptable, une dactylographe, une diplomate, une ministre, une secrétaire.

   On ne crée plus de nouveaux mots en -*esse*, le procédé paraissant vieilli. Toutefois, les emplois consacrés par l'usage sont toujours admis:

   Une poétesse.

3. Si la voyelle est -*a* ou -*o*, la forme féminine est identique à la forme masculine:

   Une para (commando), *une dactylo, une imprésario.*

519 **B.** *Noms terminés au masculin par une consonne dans l'écriture*

1. D'une manière générale, le féminin se construit par l'adjonction d'un -*e* final à la forme masculine:

   Une agente, une artisane, une avocate, une échevine, une experte, une lieutenante, une magistrate, une marchande, une présidente, une principale.

   Cette règle générale s'assortit dans certains cas de conséquences orthographiques:

   – le redoublement de la consonne finale:

   -el/-elle: *une contractuelle.*
   -ien/-ienne: *une chirurgienne, une doyenne, une mécanicienne, une pharmacienne.*
   -on/-onne: *une maçonne.*

   – l'apparition d'un accent grave:

   -er/-ère: *une conseillère, une huissière, une officière, une ouvrière.*
   -et/-ète: *une préfète.*

   Cas particuliers: *une chef, une conseil* (juridique), *une écrivain*[1], *une mannequin, une marin, une médecin.*

---

1. On acceptera aussi *une écrivaine*, l'usage devant trancher.

2. Lorsque le nom masculin se termine par *-eur* :

a) la forme féminine se termine par *-euse* lorsqu'au nom correspond un verbe en rapport sémantique direct :

Une carreleuse, une chercheuse, une contrôleuse, une vendeuse.

b) la forme féminine est identique à la forme masculine lorsqu'au nom ne correspond pas de verbe[1] :

Une docteur, une ingénieur, une procureur, une professeur.

Cas particuliers : *une ambassadrice, une chroniqueuse.*

3. Lorsque le nom masculin se termine par *-teur* :

a) la forme féminine se termine par *-teuse* lorsqu'il existe un verbe correspondant qui comporte un *t* dans sa terminaison :

Une acheteuse, une rapporteuse, une toiletteuse.

Cas particuliers : *une éditrice, une exécutrice, une inspectrice.*

b) la forme féminine se termine par *-trice* lorsqu'il n'existe aucun verbe correspondant ou lorsque le verbe correspondant ne comporte pas de *t* dans sa terminaison :

Une administratrice, une apparitrice, une aviatrice, une directrice, une éducatrice, une rédactrice, une rectrice.

520 **2. Règles syntaxiques**

A. On recourt systématiquement aux déterminants féminins :

Une architecte, la comptable, cette présidente.

De même avec les appellations complexes :

Une agent de change.

B. Les adjectifs et les participes en relation avec les noms concernés s'accordent systématiquement au féminin, y compris dans les appellations professionnelles complexes :

Une conseillère principale, une contrôleuse adjointe, une ingénieur technicienne, une première assistante, la doyenne s'est montrée intéressée, la présidente directrice générale.

---

1. Les dispositions québécoises et suisses prévoient dans ces cas des formes en *-eure* (ex. : *professeure*). Les usagers auront la possibilité de choisir entre ces formes et celles adoptées ici, l'usage devant trancher dans les décennies qui viennent. Pour *docteur*, on laissera le choix entre *une docteur* et *une doctoresse*.

521 **Annexe II**
Recommandations générales du Conseil supérieur de la langue française en matière de féminisation des noms de métier, fonction ou titre d'origine étrangère et en matière d'emploi des formes féminines

1re recommandation

De manière générale, lorsque les noms de titre, fonction, métier sont d'origine étrangère, il est recommandé d'utiliser l'équivalent français et de le féminiser selon les règles définies à l'annexe I:

> *Une joueuse de tennis, plutôt qu'une tenniswoman.*

2e recommandation

Dans les offres ou les demandes d'emploi visées à l'art. 3 du décret relatif à la féminisation des noms de métier, fonction, grade ou titre, il est recommandé que la forme féminine figure de manière systématique et en entier à côté de la forme masculine (ex.: on recrute *un mécanicien* ou *une mécanicienne*). Les formulations du type *un(e) mécanicien(ne)* ou *un mécanicien (H/F)* sont déconseillées.

3e recommandation

Dans les autres textes visés à l'article 1er du décret relatif à la féminisation des noms de métier, fonction, grade ou titre, il est recommandé que l'on veille à éliminer les formulations sexistes et à assurer au mieux la visibilité des femmes. Pour assurer cette visibilité, il est recommandé de ne pas abuser de l'emploi générique des noms masculins. Toutefois, ceux-ci ne doivent pas être perçus comme désignant nécessairement des hommes (ex.: *les étudiants sont inscrits d'office aux examens*).

4e recommandation

L'emploi de formes féminines ne doit cependant pas nuire à l'intelligibilité des textes ni à leur lisibilité.

Dans cet ordre d'idée, il est recommandé que l'on n'abuse pas des formulations écrites qui n'ont pas de correspondant oral (ex.: *l'étudiant(e), l'étudiant-e, l'étudiant/l'étudiante, l'instituteur-trice*) et que l'on fasse un emploi prudent des termes abstraits (ex.: *le lectorat* pour les lecteurs ou les lectrices).

5e recommandation

Il est recommandé de généraliser l'appellation *Madame* en lieu et place de *Mademoiselle,* dans les textes visés par le décret.

Index

◼ Index alphabétique

Les numéros renvoient aux **paragraphes**.
Les termes généraux (par exemple **Accents**) sont en caractères gras.
Les termes particuliers (par exemple *Acheter*) sont en italiques.

A

À, préposit. (répétit.), 435.
– préposit. vide, 48, Rem. 2
À lui, à moi (~ signalé etc.), 234, Rem. 1.
Abréviation, 32.
Accents (signes orthogr.), 12.
Accent circonflexe sur *dû, mû,* etc., 336, 499.
– sur les adv. en *-ûment,* 407, *b*, Rem., 499.
Accent d'insistance, 18, Rem. 3.
Accent d'intensité (ou accent tonique), 17.
– Accent de mot, 18
– – de groupe, 18
Accord de l'adjectif, 177.
– – composé, 186.
– – possessif, 213.
– de certains adjectifs, 188.

– des mots de couleur, 185.
– du participe passé, 378.
– du verbe, 393
Accru, 336, Rem.
À ce que, 461, 1°, Rem.
Acheter, 329.
À (la) condition que, 476.
Active (voix ~), 293.
À demi, 188, *b.*
Adjectifs, 23, *a,* 3°; 152.
– Accord, 177
– Complém. de l'adj., 65.
– composés (accord), 186.
– Degrés des adjectifs, 172.
– démonstratifs, 214.
– indéfinis, 217.
– interrogat., exclamat., 216, *b, c.*
– numéraux, 199.
– possessifs, 206.

Les numéros renvoient aux paragraphes.

Les numéros renvoient aux paragraphes.

T

t euphonique (dans *aime-t-il*), 345, Rem. 3.
Tant, 412.
Tautologie, 33.
Tel, 225.
Temps du verbe, 295.
– dans chaque mode, 296.
– simples, composés, 297.
– surcomposés, 298.
– Concordance des temps, 489.
– Finales des temps, 320.
– Syntaxe des temps, 350.
Terre-plein (plur.), 127.
Tien (adj.), 207.
Tiers (fém.), 160, Rem.
Timbre des voyelles, 7, Rem. 7.
Tiret, 91.
Ton, 18, Rem. 4.
Toniques (syllabes ~), 17.
Tout, 223.
Tout de suite, 416.
Tout-puissant, 186, *d,* Rem.
Tout... que (emploi du mode), 475, Rem. 3.
Trait d'union, 16, 496.
– dans les adj. numér., 200, Rem. 2.
– dans *grand-mère,* etc., 192.
Travers (à ~, au ~), 436.
Tréma, 13, 506, 507.
Turc (fém.), 99, 8° ; 163.

U

u consonne, 8, Rem. 6.
Un de ceux qui (accord du vb.), 398, Rem. 4.
Un des... qui (accord du vb.), 398, Rem. 4.
Unième, 204, Rem. 2.

V

Valu, 383, b.
Variations de la langue, 494.

Va-t'en, 315, Rem.
Vécu, 383, *a.*
Vendeur (féminin), 100, Rem. 3.
Vengeur (fém.), 100, *a.*
Verbe, 23, *a,* 5°.
– Accord du verbe, 393.
– terme de la propos., 46.
– copule, 58, Rem. 1 ; 284.
– Ses compléments, 47.
– Voix du verbe, 293.
Verbes auxiliaires, 299.
– défectifs, 248.
– impersonnels, 288.
– irréguliers, 347.
– pronominaux, 287.
– transitifs, intransitifs, 286.
–– avec *être,* 301, 2° ; 303 ; 313.
– en *-aître, -oître,* 340.
– en *-cer,* 327.
– en *-eler, -eter,* 329, 500.
– en *-ger,* 328.
– en *-indre, -soudre,* 337.
– en *-ire,* 341.
– en *-yer,* 331 ; 332.
– ayant un *e* muet à l'av.-dernière syllabe, 329.
– ayant un *e* fermé à l'av.-dern. syllabe, 330.
– Similitudes entre cert. formes verbales, 321.
Vieux (fém.), 157, Rem.
Vingt, 201.
Virgule, 84.
Voici, voilà, 72, Rem. 2 ; 432.
Voici + inf., 461, Rem. 2.
Vôtre (adj.), 207.
Voyelles, 6.
Vraisemblablement que, 72, Rem. 1.
Vu, 381.

Y

Y, pronom, 230 ; 243.
– apr. impér., 315, Rem.
Y compris, 381.

Les numéros renvoient aux paragraphes.

B Index thématique des questions les plus fréquentes

Les numéros renvoient aux **paragraphes**.

Les numéros renvoient aux paragraphes.

Orthographe

L'orthographe de certains mots (principalement les noms, les adjectifs et les verbes) est spécifiée tout au long de la grammaire. Certains mots particuliers sont repris dans l'index précédent. Pour les autres, il faut se référer à un dictionnaire.

Pluriel (107-133 et 168-171)

des adjectifs (168-171**).**
Règle générale, 168.
Règles particulières, adjectifs en
- –al, 170.
- –eau, 171.
- –s, 169.
- –x, 169.
des noms (107-133).
Règle générale, 108.
Règles particulières, noms en
- –ail, 112.
- –al, 110.
- –au, 111.
- –eu, 111.
- –ou, 113.
- –s, 109.
- –x, 109.
- –z, 109.

Ponctuation (80-94)

Propositions subordonnées (454-493)

Table des matières

Chapitre 4 — Le pronom

Appendices